当代经济统计学批判系列

国际比较机理挖掘：
ICP 何以可能

邱　东◎著

本书是国家社会科学基金重大项目"国际统计标准测度问题挖掘与中国参与的方法论基础研究"（18ZDA123）和国家自然科学基金"中美实际经济规模比较研究"（71873019）的阶段性成果

科 学 出 版 社
北 京

内 容 简 介

国际购买力和实际 GDP 的比较对国势判断非常重要，是国民经济统计学的主要内容。尽管"国际比较项目"已经历 50 多年，但其方法论研究仍应持续。本书给出了研究格局，即"国际比较项目逻辑图"，提出了 50 多个有待思考的方法论问题。重点剖析了"纯价比假设"和"等价比假设"及对国际比较项目数据结果的影响。还对新近国际比较项目的重要文献做了述评，特别指出了国际比较项目数据结果面临"反基本事实"的测度风险。本书回溯研究了"Ryten 报告"，探索了空间经济比较原理和相应的经济学基础概念。

本书适用于以下三类学者、研究生和高年级本科生：①愿意深入、拓展和提升经济统计学理论、方法论研究和教学的；②切实从事国际比较和经济实证分析的；③愿意将数理方法切实应用在国际比较和社会经济领域的。

图书在版编目（CIP）数据

国际比较机理挖掘：ICP 何以可能 / 邱东著. —北京：科学出版社，2022.6
（当代经济统计学批判系列）
ISBN 978-7-03-071525-8

Ⅰ. ①国… Ⅱ. ①邱… Ⅲ. ①国际经济—经济统计 Ⅳ. ①F222.5

中国版本图书馆 CIP 数据核字（2022）第 028214 号

责任编辑：陶 璇 / 责任校对：贾娜娜
责任印制：张 伟 / 封面设计：润一文化

科 学 出 版 社 出版

北京东黄城根北街 16 号
邮政编码：100717
http://www.sciencep.com

北京建宏印刷有限公司 印刷

科学出版社发行 各地新华书店经销

*

2022 年 6 月第 一 版 开本：720 × 1000 1/16
2023 年 7 月第三次印刷 印张：18
字数：348 000

定价：186.00 元

（如有印装质量问题，我社负责调换）

作 者 简 介

邱东，江西财经大学讲席教授。1993 年获国务院学位委员会办公室批准为博士生导师，1995 年国务院政府特殊津贴获得者，2008 年长江学者特聘教授。

现任全国哲学社会科学规划项目学科评审统计学组召集人、全国统计教材编审委员会副主任等。

曾任第十届全国人大代表、世界银行第 8 轮 ICP 技术咨询组成员、教育部科学技术委员会管理学部委员、中国统计学会副会长、国务院学位委员会应用经济学学科评议组成员、统计学科评议组（共同）召集人，国家统计局统计咨询委员会委员、中国国民经济核算研究会副会长、中国国情研究会副会长、中国市场信息调查业协会副会长。

担任（或曾任）浙江工商大学、湖南工商大学、东北财经大学、浙江财经大学、天津财经大学、天津财经大学珠江学院、西南财经大学、中南财经政法大学、河南财经政法大学、暨南大学、青岛大学、山西财经大学、成都信息工程大学、河北金融学院等高校的兼职教授或兼职博士生导师。

研究成果集中于国民经济核算、经济测度、国际比较、中国统计改革与发展、多指标综合评价方法、可持续发展、宏观调节与区域发展等领域。

追求国际经济统计"可比性"未有穷期

（自序）

如果只允许用一个字概括社会经济统计，那么我的选择是"比"（comparison）字。认真观察并深入思考就会发现，"比"或"比较"，社会经济统计领域中无处不在。即便是所谓"总量指标"或"绝对量指标"，在测度时也需要参照一定的标准，从而内含了一种比较，正如丈量东西需要用尺子，丈量本身就是一种比较。当然这是隐性比较，此外还有显在的比较——专门的比较指标。

从形式上看，部分与总体比较是"结构相对数"（比重），部分与部分相比是"比例相对数"，时点或时期的比较是"动态相对数"，如此等等。从内容上看，价格指数、"物量指数"是经济统计的经典算法，而国力、国情、国势的比较，则是社会经济现象的空间比较，如生产率国际比较、购买力平价（purchasing power parity，PPP）等。

PPP 是国际比较项目（international comparison program，ICP）的核心内容，ICP 是世界上最大的经济统计项目，开创于 1968 年，迄今已经经历了 9 轮比较。联合国统计委员会已经做出决定，将其列为三年一轮的常规性统计项目，似乎这个项目已经成熟，国外国内多数人持这种看法。

20 年前的 2002 年，清华大学、国务院发展研究中心与哈佛大学共同举办公共管理培训班，一位国内非常活跃的大牌教授去做报告，就以 ICP 数据为准来分析国际经济形势。课间笔者前去询问，对 ICP 可能隐含的方法论问题怎么看？能不能把 ICP 数据当作判断的绝对标准？不承想对方理直气壮地说，"那我不管，美欧国家那么多世界级大咖都能用的数据，我怎么就不能用？"顿时让人无语，内心对这位教授的尊敬全无，这根本不是做学问的心态啊。反过来，这个遭遇也让笔者的研究方向更为坚决：要把对 ICP 方法论的专业思考坚持下去，这是经济统计学的学科职责所在。

经过多年思考，笔者的基本认识是，ICP 的理论和方法论的成色未必那么足，还存在需要深入思考的若干疑题，甚至存在与国际经济关系基本认知相悖的地方。典型的例子可以从最近一轮 ICP 数据结果中发现，即 ICP 会出现反常识的数据结果。

我们知道，按照两种转换方法（PPPs 和汇率法）调整计算的人均支出数值存在系统差异，按照 PPPs 调整计算的人均支出均大于（基准经济体为等于）按照汇率法调整计算的人均支出。但值得特别注意的是：对不同类型经济体而言，变换人均支出空间调整计算方法（由按汇率法计算转为按 PPPs 计算）的"膨胀率"大为不同（这里，将该"膨胀率"定义为按 PPPs 调整计算的人均支出与按汇率法调整计算的人均支出之比）。

从亚太地区 2017 基年 ICP 数据结果看，人均支出水平高的经济体，其空间调整计算方法（转换方法）改变后的人均支出"膨胀率"比较低；而人均支出水平低的经济体，其空间调整计算方法（转换方法）改变后的人均支出"膨胀率"比较高。

从经济统计学的指标内涵看，这意味着，人均支出水平高的经济体，其名义值中需要扣除的数额比较大，也即原数值的"水分"多（即质量低），从而需要剔除的空间相对价格因素含量多，所以，用 PPPs 调整后的数值相对于用汇率法计算的数值增加较少。在亚太地区 22 个参比经济体中，人均支出（按汇率法计算，按 PPPs 计算稍有变动）排在前五位的是新加坡（第 1）、文莱（第 3）、马尔代夫（第 5），以及中国香港（第 2）和中国台湾（第 4），这五个经济体的转换方法改用 PPPs 后，人均支出"膨胀率"分别排在第 21 位、第 17 位、第 19 位、第 22 位和第 18 位，都特别靠后。

而就人均支出水平低的经济体而言，其名义值中需要扣除的数额比较小，也即原数值的"水分"少（即质量高），从而需要剔除的空间相对价格因素含量少，所以，用 PPPs 调整后的数值相对于用汇率法计算的数值增加更多。在亚太地区 22 个参比经济体中，改用 PPPs 作为转换方法后，人均支出"膨胀率"排在前五位的是缅甸、不丹、尼泊尔、印度和巴基斯坦，而这些经济体的人均支出（按汇率法计算，按 PPPs 计算稍有变动）分别排在第 21 位、第 13 位、第 22 位、第 17 位和第 19 位，都比较靠后。

下表给出了亚太地区 22 个参比经济体的相关指标及其分布关系。

这种指标关系与人们的国际比较常识相悖，不同类型经济体其经济发展水平与质量之间的关系应该正好与此相反，应该是发展中经济体支出额的质量比较低，需要扣除的"水分"比较多；而发达经济体支出额的质量比较高，需要扣除的"水分"比较少。

造成这种相悖数据结果的原因在于，国际比较操作时无法找到真正的"经济同一产品"，"纯价比要求"无法达成，只能是个理论假设，即在基本类别（basic heading，BH）PPPs 的计算中包含着"纯价比假设"，也即不同经济体所谓"同一产品"中实际上隐含着质量差异，比较时只能混在价格因素中，被当成了不同经济体之间的价格水平差异。

又由于，发达经济体支出项的质量通常比发展中经济体的质量高，两类经济体存在着系统的质量水平差异，于是同样的空间比较处理，发达经济体的价格水平中混入的质量因素相对较多，而发展中经济体的价格水平中混入的质量因素相对较少，这就导致了发达经济体的空间相对价格因素扣除得较多，而发展中经济体的空间相对价格因素扣除得比较少，从而出现了反常识的国际比较结果。

经济体	人均支出		人均支出		PLIs[①]		膨胀率（基于 PPPs 法的人均支出/基于汇率法的人均支出）	
	基于 PPPs 法/港元	排序	基于汇率法/港元	排序	中国香港 = 100	排序	测算值	排序
孟加拉国	26 400.7	20	12 653.5	18	47.9	11	2.1	12
不丹	70 855.0	11	27 094.2	13	38.2	21	2.6	2
文莱	362 379.3	2	220 064.8	3	60.7	6	1.6	17
柬埔寨	23 852.6	21	10 904.3	20	45.7	12	2.2	11
中国	85 061.3	8	68 261.8	7	80.3	3	1.2	20
斐济	80 772.2	9	47 572.5	9	58.9	7	1.7	16
中国香港	360 246.8	3	360 246.8	2	100.0	1	1.0	22
印度	36 965.5	17	15 194.5	17	41.1	19	2.4	4
印度尼西亚	66 418.9	13	30 216.5	11	45.5	13	2.2	10
老挝	43 943.8	15	19 025.6	15	43.3	14	2.3	9
马来西亚	153 532.1	5	76 589.4	6	49.9	8	2.0	15
马尔代夫	112 186.6	6	77 136.6	5	68.8	4	1.5	19
蒙古	67 241.3	12	28 277.6	12	42.1	16	2.4	7
缅甸	26 518.5	19	9 267.5	21	34.9	22	2.9	1
尼泊尔	17 431.4	22	6 753.8	22	38.7	20	2.6	3
巴基斯坦	29 905.3	18	12 348.6	19	41.3	18	2.4	5
菲律宾	46 721.2	14	23 294.7	14	49.9	9	2.0	14
新加坡	564 960.1	1	469 907.3	1	83.2	2	1.2	21
斯里兰卡	75 587.1	10	31 747.6	10	42.0	17	2.4	6
中国台湾	283 877.5	4	190 165.4	4	67.0	5	1.5	18
泰国	106 891.6	7	52 444.4	8	49.1	10	2.0	13
越南	43 179.1	16	18 505.7	16	42.9	15	2.3	8

以上数据实例充分表明，对 ICP 方法论的研究还应该深入、提升和拓展。

从经济统计学专业角度看，货币购买力的国际比较是方法论研究的重要领域，

---

① price level indexs，相对价格水平指数。

而确保"可比性"则应该是该方法的核心和底线，否则比较就失去了灵魂。在有些文献中，国外知名学者堂堂正正地谈论所谓"比较不可比之事物"（comparing the incomparable），实在令人吃惊，到底所提出的各种国际比较方法或模型其神力何在？竟然能够"化不可比为可比"呢！其中的方法论机理究竟如何？这个学科基本问题（原理性问题）多年来萦绕在笔者心头，挥之不去。

经过这么多年的努力，笔者对国际经济比较机理（可比性）的思考深入了许多，同时疑问也越来越多，陆续撰写了十多篇论文，试图呼吁对这些方法论问题的公共讨论。这次规划出版"当代经济统计学批判系列"，便将这些年来关于国际经济比较的相关文章整理成一册，书名定为《国际比较机理挖掘：ICP 何以可能》。

下面，将笔者对国际比较方法机理的探索过程[①]及其得出的主要观点和内容做一些线索性的回顾。

1. 最初涉及 ICP 的两篇论文

《对国际经济比较方法的若干思考》是笔者第一篇关于 ICP 的论文。当时业内的流行观点是大褒 ICP 法，同时大贬"汇率法"，笔者却强烈地质疑这种绝对化倾向。毕竟，"汇率法"基于观察值，而 ICP 法基于估算值，多年来的经济统计方法论的学习和研究，笔者头脑中被植入了一个根深蒂固的判断：在经济测度中观察值通常优于估算值，除非人（或专家）比市场更聪明。

当然，市场汇率波动剧烈，直接用观察值来进行国际比较或有失当之虞，容易扭曲现实经济关系，然而，经济统计对付"波动数据"恰恰最为擅长，修匀方法林林总总，如果仅仅是因为数据波动，为什么一定得放弃市场汇率，另起炉灶改用 ICP 法呢？

笔者对国际经济比较的探索聚焦于方法机理[②]，第一篇论文奠定了"原理性思考"的基础和路径，今天看来，笔者的后续研究往往是当年提出问题的展开。本文特别值得注意的几点如下。①笔者认为需要思考汇率是否也具备"货币购买力转换因子"的作用，还仅仅只是"货币单位换算因子"？②论文尝试构想了一个思想实验模型——"可比因子随国家间经济距离加大而快速衰减"。[③]③ICP 的"实

---

① 后记中将交代笔者进行国际比较机理探索的心路历程。

② 这是笔者撰写博士学位论文时养成的一个专业思考习惯。在经济学博士学位论文《多指标综合评价方法的系统分析》中，笔者对各种常规方法、模糊方法和多元统计方法进行纵横比较，首要问题就是：为什么这些方法可以用来进行多指标综合评价，"何以可能？"其内在机理逻辑究竟如何链接。参见《谁是政府统计的最后东家》（"统计百家丛书"），中国统计出版社 2003 年版，第 1～155 页。该学位论文最初由中国统计出版社 1991 年单独出版，已经脱销。

③ 非常有趣的是，2017 基年 ICP 技术咨询组（Technical Advisory Group，TAG）负责人、2015 年诺贝尔经济学奖获得者迪顿（Angus Deaton）教授介绍过一个相关的历史片段。1949 年理查德·斯通（Richard Stone）教授（1984 年诺贝尔经济学奖获得者）询问迪顿，对经济发展水平相差极大的国家进行比较，究竟有何必要。显然，这与笔者国家间可比性思想模型的指向一致。参见《逃离不平等——健康、财富及不平等的起源》第 190 页，中信出版社 2014 年中文版。

物原则"与代表商品质量相称的原则存在相悖之处。④从组织实施上看，ICP 处于两种两难境地。其一，如果比较结果用于政策目的，将引发参与国"修正"数据的倾向；如果仅用于学术研究，则又会降低各国的参与兴趣和投入。其二，要减少比较偏误，就需要增加比较过程的复杂程度和投入；而这与发展中国家可用于数据采集的公共资源限制相悖。⑤ICP 不应该是国际经济比较的绝对标准，所谓"汇率偏差指数"的说法不科学。

第二篇论文是《偏差测度悖论与方法改进陷阱》，以"汇率法"和 ICP 法二者的方法比较为例，更为一般化地概括了偏差测度上的三个悖论：行为意义悖论、比较对象悖论和测度结果悖论。在考察测度结果时，就其重叠程度、逼近方向和量值大小三个因素的组合，归结出 17 种可能情形，指出方法改进未必都能达到预期目的。

经济测度方法改进未必如意的原因在于存在着测度陷阱，因为方法越精密，需要的假定前提条件就越多。经济测度方法改进固然会提高结果的准确程度，但在方法应用时往往需要放松预设的假定前提条件，这又会降低结果的准确程度。所以，方法改进是否奏效，不能一概而论，而需要看具体应用场合中两种测度质量升降因素的比较。一般来说，方法的效度取决于其"有效空间"与现实空间的匹配程度，并不是方法越先进，结果就越可靠。所以，需要打破"方法万能论"的思维模式。

本文还阐述了经济周期测度中的基准问题，强调研究应该"回到基本问题"（back to the original），强调在学习和使用新方法时要重视"批判体验"，主动承担科学"麦田守望者"的责任。

当时笔者此项课题研究的问题在于，两篇论文的参考文献列示较少，反映出笔者在这个领域的国外文献研究还很不够①。对中国真正有志于研究经济统计学的学者来说，那么多的英文参考文献需要阅读，那么多的方法论问题需要厘清，显然，这都需要花费时间和精力潜心钻研。不过，后来笔者发现，自己所感兴趣的话题在国际比较文献中并没有足够的讨论。或许，笔者论文参考文献不足的问题反过来表明，本研究或思考在某种意义上具有"补白"的性质。

2. 国际经济比较方法论问题的再思考——ICP 的 RAQs ②

《国际经济比较方法论问题的再思考——ICP 的 RAQs》是系统研究 ICP 方法论的开篇，主要从四个方面展开讨论。

第一，比较同质性前提的认定。这应该从微观（支出项目）和宏观（经济体）两个方面来认识，商品的"同质性"可以从产出、投入、过程及综合等不同角度

---

① 当时笔者已经承担高校的行政管理工作，很难有整块时间和平静的心态进行专题研究，实在是力有不逮。
② 全称为 rarely asked questions，鲜被问及的问题。

来确定，颇为流行的"汉堡指数"其实并不符合"同质性要求"，因为在富国和穷国之间其文化内涵大异，虽然在全球都按统一标准生产。"实物原则"仅是"同质性原则"的次位原则，仅按物理性质确定"同质性"，忽略"销售条件"等服务因素差异，将导致货币购买力的误判。ICP 对调查地区的选择提出了基本要求，这反证了各国经济中存在着不可比的项目，国际比较既要满足"可比性要求"，又要满足"代表性要求"，便采用了"取其有、代其无、表其全"的办法，假设"非代表品"的价比等于代表品的价比（即笔者所定义的"等价比假设"），但二者的差异并没有真正被消除，只是被分解了。ICP 处于两难的境地：参比国多了，才能反映全球真实的经济规模，但"同质性"保障却更加困难。

第二，ICP 法与汇率法比较的再思考。这是业内后期已经不屑于讨论的话题，然而笔者却总是认定，以前关于两方法优劣的结论未必能了结方法争论，论辩中还存在不少逻辑漏洞。本文从结果真实性的指向、如何看待所谓"政治扭曲"、方法"有效空间"与现实空间的差异、两种方法的综合比较这四个方面开展了讨论。

第三，空间结构及其测度比较。笔者认为，ICP 采取了偏重技术的进路，不过是把时间比较中的指数方法借用到空间比较。而问题的关键在于，方法借用势必会面临可行性问题，但相关文献对此讨论得并不充分，相当于做了一个假设：能够用于时间比较的方法就可以用于空间比较。笔者认为空间本身多维，并不同于单向维度的时间比较，因而空间结构问题需要深入剖析。本文分别从以下五个方面进行了探讨：①参比经济体的范围；②全球比较区域划分；③经济体规模及其内部结构；④不同经济体的统计能力；⑤不同类别经济体比较时测度和比较方法的选用。

第四，开展国际比较需要进一步研究的问题和建议。笔者认为，ICP 还是一种"发展中"的方法，还存在许多需要深入探讨的课题，除了文中的改进思路外，论文末尾还专门提出三点补充建议：一是设计 PPP "同质度指数"；二是对国际比较进行专题研究；三是对项目采取开放的发展战略。

同期稍早，笔者还撰写了《PPP 同质度指数的设计》一文，本文首先尝试阐述国际比较的基本原理，而后探讨如何构建国际比较的可靠性指标，以应对民众对 ICP 结果的质疑。论文包含了以下七节内容。①从"定义概念"到"计算概念"：PPP 的计算过程。②可比性缺失的根源：购买力与 PPP 的定义域不同。③计算指标的"经济性要求"掩盖了"比价子集"为空的困难。④"可比性原则"与"代表性原则"的内在博弈。⑤PPP 的"核心同质度指数"。⑥PPP 的"可靠性增量指数"。⑦"可靠性指数"系列。笔者只是构想了计算 ICP 结果可靠性的指数，至于这个设计是否可行，尚未进行实例试算。但笔者坚信，开展可靠性测度工作非常重要，确实应该纳入 ICP 操作者的视野。

3. "等价比假设"和"纯价比假设"的专题研究

对 ICP 方法论的再思考完成框架性论文后,笔者分专题推进,完成了三篇论文。

第一篇是《ICP 基本类别 PPP 中隐含的"纯价比假设"——"标准产品描述法"确认"经济同一产品"的风险》,这是笔者研究 ICP 的核心成果,2015 年形成于日本滋贺大学。

本文采用价格—产品—特征—质量四因素循环的"PPCQ 认知过程",较为系统地分析了"纯价比假设"的内涵。论文首先分析国际比较中的基本类别 PPP 为什么需要"纯价比要求",ICP 采用"标准产品描述法"是否能够满足这一要求?为了确切回答这些问题,首先回溯剖析有关产品的四个基础性概念——实物产品和服务、实物因素与非实物因素、"实物同一产品"(physically identical product)与"经济同一产品"(economically identical product)、"产品特征集"(the set of product characteristic)及其两分。其次,从销售点类型、市场营销中的因素、"产品密度"(product density)、"组服务"(grouped services)的质量不确定性等方面,分别探讨了确认"经济同一产品"的微观困难,进而,从经济结构和经济环境等角度探讨了确认"经济同一产品"的宏观困难。由于存在这些确认同质性的困难,在国际比较中我们面临着相当大的风险:将"质量差异"混淆为"价格差异",采用类似边际分析的思路便于发现这种混淆,而其内在原因主要在于因素分解估算中需要用"数量"(quantity)替代"物量"(volume),总之,ICP 的"纯价比要求"无法充分实现,因而基本类别 PPP 的计算结果隐含了"纯价比假设",数据结果的可靠性面临着不确定性风险。

第二篇《价格测度不确定性定理与"宾大效应"》,是笔者对 ICP 内含"纯价比假设"深入分析的接续,主要内容分为三节。第一节强调一个观点,虽然经济统计方法论研究应该以经济科学理论为基础,但购买力国际比较的深入研究对经济科学理论的发展也存在反馈作用,二者的作用关系应该是双向的,经济科学研究应该重视经济统计学的这种正向反馈作用。本文引发了"当代经济统计学批判系列"的一个专题:《"使女"的揭露:当代经济学的基础性缺陷》。第二节主要从"质价混淆观"和"质价一体观"两个角度阐述价格测度的不确定性。提出了"名义价格"与"实际价格"的区分,与产出的两分相对应。如果这种公理性思考有其内在道理,那么经济指数中"质价分离范式"的可用性或可靠性就值得重新审视。第三节从人们付高价的原因、"机会效益"和富国穷国比较与城乡比较的相似性三个方面说明了"宾大效应"只是特定时空条件下的一种规律性现象,好多人所确信的"宾大效应"并没有那么强,或许只是一种"弱存在"。

最初笔者的注意力主要集中在"基本类别"的价格比率上,"非目录产品"

（non-on-list-product）的价比由"目录产品"（on-list-product）的价比来替代，实际上隐含着"等价比假设"（非匹配项目的价格比率等于匹配项目的价格比率），这种替代究竟是否可行？此假设对比较结果的影响究竟如何？2015 年笔者撰写了《PPP 计算中隐含的"等价比假设"及其意义》初稿。

本文通过讨论"等价比假设"，以明确用"基本类别 PPP"综合得出高层级 PPP 的内在机理。所谓"等价比假设"是指国家间"非匹配支出项目"的价格比率应该等于其"入表项目"的价格比率，其前提条件应该是"基本类别 PPP"的范围与相应"类别项目支出额"相一致。

本文主要内容分成以下九个部分：①计算基本类别 PPP 所面临的支出项目结构；②价格比率与"类别项目支出额"范围的差别；③价格比率的几种存在状态；④"货币购买力"与"PPP"的定义域不同；⑤PPP 加总估算中隐含的"等价比假设"；⑥价格比率替代的偏误风险；⑦价格比率替代有效性的思考；⑧从正反两个方面关注不同经济体之间支出项目的"重合程度"；⑨研究价格比率相等假设有效性的进一步工作。

4. 对 2017 基年 ICP 的数据结果和方法论思考

第 9 轮 ICP 以 2017 年为数据基年，是最近的一轮 ICP。对其数据结果和方法论的思考，表明了 ICP 的最新进展，笔者对新近几篇相关论文做了述评，这部分包括四篇论文。

第一篇从 ICP 法与汇率法比较的角度再次概述了笔者对 ICP 的基本认知，主要包括八个小节：第一，两种方法都可能出现奇异结果；第二，ICP 本身是"类政府组织"的产物；第三，两种方法都可能存在高估和低估产出及价格水平的倾向，只是作用方向相反；第四，国内贸易和国际贸易之间并没有"柏林墙"，不应该断言汇率仅仅反映国际贸易的购买力关系；第五，ICP 并没有经过系统的比较机理研究；第六，并不是技术含量高的方法就准确；第七，ICP 的质量隐含三个基础性要求；第八，ICP 无法与汇率绝缘，不宜用正确与否裁定二者。

第二篇是一篇述评性质的论文。第 9 轮 ICP 结果于 2020 年 3 月发布，正值全球新冠肺炎（COVID-19）疫情肆虐之际，故而国际社会没有什么反响。不过，ICP 技术咨询组负责人迪顿教授和 OECD（Organization for Economic Co-operation and Development，经济合作与发展组织）施莱尔先生发表了 NBER（National Bureau of Economic Research）工作论文，内容是关于 ICP 最新数据结果的思考。

笔者认为，这篇工作论文主要论述与 ICP 相关的经济测度问题，在评述中笔者提炼了二位经济统计学大师在文中的概要内容，并借题发挥，直言不讳地提出了自己对宏观经济测度及其分析的相关认知①。主要观点是：①国内收入分配问题值得重视，但收入的国际分配问题更为重要；②超越 GDP（gross domestic product，国内生产总值）的实质就是超越 SNA（the system of national accounts，国民核算体系），究竟是放弃 GDP 的"超越"，还是采用"GDP+"模式，需要厘清；③不同国家比较时，ICP 结果与汇率法结果的差异大小不一，事实上给出了是否为发展中国家的一种判据；④所谓"新兴国家"是发展中国家的一种分化，是全球化拓展的一种新现象，其范围并不止通常所说的"金砖 5 国"（Brazil，Russia，India，China，and South Africa，BRICS）；⑤在经济测度和国际比较中重视当下全球态势，保持经济统计的相关性，是一种职业担当；⑥就"健康产出"测度而批评"健康支出"对产出的替代，将涉及如何认识国民核算"三方等价原则"的效度；⑦所谓"防御性支出"是经济统计学一个久而未决的难题，此次新冠肺炎疫情再次凸显了这一"测度悖境"；⑧"GDP+"模式能否达成国民核算扩展后的"内在一致性"，目前尚未见到令人信服的论证；⑨GNI（gross national income，国民总收入）与 GDP间的差异在空间比较中相当重要，尤其值得新兴国家特别重视；⑩拓展微观账户是对传统经济测度边界的重大突破，而且发展中国家数据基础结构薄弱，此进路的前景不容乐观；⑪此文对"代理指标"的使用持相当审慎态度，盲目效仿流行指标者应该注意此警告；⑫案例试算与常规化统计存在着统计资源可行性上的重大差别，不可由此及彼混为一谈。

　　从迪顿教授和施莱尔先生的论文中，也可以得到对国际比较方法论的启示，笔者提炼出以下几点。①在 ICP 实施中，并非参比国越多越好。②不同轮次 ICP间的一致性，不能仅从国际经济关系变动"方向"上辨认，其在变动"程度"上差异多大也值得深究。如果后者差异过大，就不能确认两次比较结果的一致。③不同轮次 ICP 结果间，数据结果的一致性或可区分为两种："形式一致性"和"内容一致性"，前者是为了一致性而刻意保持所用方法不变，而后者则需要使得所用方法与变化了的国际经济关系相协调，二者孰轻孰重，值得深究。④ICP 的"层级化处理"客观上产生了一个"数据重心问题"，即究竟是"全球比较优先"，还是"地区比较优先"。此项选择涉及国际比较过程的程序安排。

　　需要特别强调的是，笔者在述评中指出：ICP 存在"反直觉认知"（富国 GDP水分多于穷国）和"反基本事实"（"海淘"现象表明"宾大效应"未必处处存在）的风险，值得深入思考。2015 年笔者体会到这一点，而"纯价比假设"的研究可以解释这种风险存在的内在原因。

　　第三篇也是一篇述评性论文，是对霍诺汉先生新近关于 ICP 论文的一个经济

---

① 其中一些观点在笔者已出版的"当代经济统计学批判系列"中曾经做过分析。参见邱东《经济测度逻辑挖掘：困难与原则》（科学出版社 2018 年版）和《基石还是累卵：经济统计学之于实证研究》（科学出版社 2021 年版）。两本书的英文版分别于 2019 年和 2021 年在美国学术出版社出版。

统计学评论。包括七个部分：①霍诺汉论文的背景和概要；②ICP 基于对市场汇率法的否定；③各轮 ICP 间的"动态一致性"；④基于生产率因素对 ICP 结果的修正；⑤注重 ICP 的比较机理和现实意义；⑥基于全球化影响因素对 ICP 的修正；⑦ICP 需要拓展研究的若干课题。主要关注从生产率角度调整 ICP 数据结果的必要性，此种调整与其他国际比较结果的关系。

《关注 ICP 中产品划分的测度基础——兼评两项 ICP 分解性研究》是第四篇述评文章，主要针对 ICP 数据结果的"分解性研究"，其中所涉及的产品划分问题，关键在于"分解"是否可行，是测度时需要特别关注的问题。全文分为七小节：①赫斯顿教授和劳教授论文的创新之处；②现实国际购买力关系、ICP 实践方法与 ICP 结果三者之间的关系；③参比国范围大小与国际比较质量的关系；④Zhang Qi 论文的主要观点；⑤从 ICP 方法论视角看 Zhang Qi 论文的优点；⑥Zhang Qi 的论文中包含或隐含的基本假设；⑦Zhang Qi 的论文中值得进一步研究的问题。

5. 货币购买力国际经济比较研究的格局和一般方法论

这方面内容主要体现在本书第一、九、十、十一篇论文中。

思考 ICP 的 RAQs，特别是集中进行"纯价比"和"等价比"研究，其实是 ICP 方法论研究的一种转型，涉及国际经济比较研究的格局。笔者给出了 ICP 研究的"逻辑图"，包含目标、核心和基础三大板块。以往的 ICP 研究主要集中于 PPP 总量方法，但基本类别 PPP 的研究还不到位，研究重心应该下沉。在 ICP 研究中主要有两种方法论倾向（路径），一种强调指数方法及其应用研究，另一种则更强调国际比较的经济学基础。笔者认为，在研究国际比较时还应该注重第三种路径——"公理链接路径"，从基本经济现实出发，提炼基本概念，注重比较逻辑的切实链接，尽可能减少失实性假设对国际比较的影响。

尽管 50 多年来 ICP 的研究重心集中在 PPP 总量方法上，但是这并不意味着在这个方面研究就没有进一步深化、提升和拓展的空间了。笔者认为，从总体上看，业内对 PPP 总量方法的研究过于技术化，对各方法的经济意义挖掘得不够，对其适用场合的分析不够，对方法所应该满足的"公理化性质"之间的关系也尚待进一步梳理，对诸总量方法之间的关系也应该进一步概括总结。总之，关于 PPP 总量方法的一般化工作还大有文章可做。

《ICP 中 PPP 汇总方法的谱系梳理：比较机理与经济意义的追问》是笔者对 PPP 汇总方法系统思考的一个尝试，主要包括以下八个部分：①国际比较的"公理化性质"和检验；②国际比较所涉及的一般计算问题；③PPP 汇总方法对基础数据的要求；④PPP 汇总方法的一般性概括；⑤GK（Geary Khamis）系方法；⑥GEKS（Gini-Elteto-Koves-Szuic）系方法（链式方法系）；⑦CPD（country product dummy，国家产品虚拟）系方法；⑧其他 PPP 汇总方法。

《如何深入解读 Ryten 的 ICP 评估报告和世界银行对之的观察报告》是对1998 年一份 ICP 评估报告的深度挖掘，主要包括以下七个部分。

（1）应该如何对待 Ryten 的 ICP 评估报告，主要包括：注意"Ryten 报告"的由来和背景；避免 ICP 原理研究已经完结的误解；可比性研究未有穷期；Ryten 风格的经济统计学研究。

（2）ICP 作为经济统计项目的特殊性：ICP 仅仅属于 SNA，还是一个相对独立的经济统计领域；梳理 ICP 作为经济统计项目的特殊性；空间比较不同于时间比较的特性。

（3）ICP 面临的核心矛盾与若干悖境及其社会意义：特征性与可比性的核心矛盾对 ICP 究竟意味着什么；由可比性与特征性的核心矛盾所造成的若干比较悖境。

（4）"原理型方法论"研究的必要性：ICP 方法论的两层次划分与注重比较原理思考；以总量函数为例说明"原理型"方法论研究的必要；ICP"原理型"方法论研究任重道远。

（5）如何深入认知本领域中现实关系、比较方法与数据结果三者关系：数据"可解释性"与"反直觉诧异"；国际购买力比较领域中对象、工具和产品三者之间的关系。

（6）"Ryten 报告"关于 ICP 与市场汇率（market exchange rate，MER）的议题：国际购买力关系分析能够全然放弃市场汇率数据吗；市场汇率和 ICP 的 PPP 都是"货币转换因子"；用 ICP 制定官方汇率所暴露的逻辑缺陷。

（7）如何理解世界银行对"Ryten ICP 评估"的观察报告：三大关键因素之"概念相关性"、方法论框架、数据管理过程；世界银行对 ICP 结果、低层级支出项目比较和"一致性偏误"的评价。

《空间经济比较原理若干问题的探究——接续并拓展"Ryten 报告"的研究议题》是对国际经济比较原理的思考。本文尝试从以下几个方面进行探索。

（1）经济学基础性概念对购买力国际比较的潜在影响，具体包括：PPP 与价格；支付价格的广义解读；确认产品质量差异时的信息成本和时间成本；效用与商品篮子相同的必要性；"域理性"还是"点理性"；支出法中是否可以考虑"生产者视角"的添加；多元文化差异对国际购买力比较的影响。

（2）对货币三种"相对"能力的思考：货币的购买力是货币与商品（货物与服务）相对的能力；货币购买力功能与货币其他功能相对的能力；某种货币与其他货币相对的能力。

（3）时间空间因素的混同与分解问题，具体包括：并没有纯粹的时间比较或空间比较，两种维度的比较在实际测度中往往彼此混杂；测度实践中需要将两类因素分解开，假定一种因素固定，从而测度得到另一种因素的变动（差异）。

（4）ICP 的"基本悖境"及系列"操作性悖境"："可比性与代表性之悖"；"全

球性诉求"与参比国同质性之悖；产品分类详细程度与重合率之悖；方法"精细性诉求"与假设局限之悖；"总可比性"与支出"项目可比性"之悖；方法"同步改进诉求"与参比国工作条件之悖；"经济距离"远近与国际比较意义之悖；"可比性诉求"与"全球性诉求"之悖；汇率法与 ICP 相反相成之悖；ICP 社会功能与数据中立性诉求之悖。

（5）空间结构与空间经济比较单位：全球生产链对国际比较的影响；ICP 区域分组的标志问题；在现有区域划分的前提下，需进一步思考的若干操作问题。

（6）系统比较汇率法与 ICP 法的思路：为什么在"原理型"方法论研究中还应该探讨汇率法？国际贸易和国内贸易与市场汇率的关系；汇率与 PPP 一致性的例证与思考；结果的奇异值与汇率波动性；sub-national PPP 的法理性；汇率法与ICP 法——观察值与构造值。

需要坦白的是，本书在许多问题上并未给出结论，思考中遇到的问题很多，只是如实地把疑问和对之的思考整理出来。或许有的疑问是因为笔者的能力不足，是出于个人对 ICP 的误解。

为什么敢于或应该把这些疑问摆出来？我的想法是，即便是笔者对 ICP 方法论理解上的偏颇，公开发表出来也有利于人们对相关问题的进一步思考。对于 ICP操盘者而言，避免人们对其方法论产生误解，或许可以激励人们研究出更容易被接受的描述和解读方法。

当然笔者坚信，本书所提出的许多问题值得深究。正所谓：追求国际经济统计"可比性"未有穷期，真正的思考永远在路上。

江西财经大学讲席教授

邱　东

2021 年 10 月写定于读壁斋

目　　录

货币购买力国际比较研究的格局①

　　比较是经济统计学的核心，经济统计的对象都处于特定的时间和空间之中，对之测度与核算都需要在比较之中达成。所选定的对象及其结构究竟可比与否？或者，对象结构在什么社会经济意义上可比？又应该如何去比较？构成了经济测度与国民核算的本质问题。

　　国内专门从事经济统计学说研究的学者不多，而专门从事国际比较方法论研究的学者更少。有学者将 ICP②视为一个专门的研究领域，是否涉足关系不大。不过笔者却坚持认为，这是宏观经济统计的三大内涵之一，一道绕不过去的坎。

　　笔者将宏观经济统计概括为三大方面：经济测度（economic measurement）、国民核算（national accounting）与时空比较（temporal and spatial comparison），用三个核心单词的英文首字母来表示就是 MAC。笔者潜心于此的切身体会是：经济统计学的三大方面互相作用，不可或缺。比如，如果不懂得经济测度和国民核算，就很难真正搞好国际比较；但如果不搞懂国际比较，很难说就搞懂了经济测度和国民核算。

　　比较分为时间比较（动态比较）和空间比较。而国家是社会当中为人们谋求利益的基本单位，自然也是经济计量分析的基本单位。所以，国际比较是空间经济比较的主要内容。

　　广义来看③，国际经济比较统计包括国际贸易统计、国际收支统计和货币购买力国际比较，还包括综合国力和国际竞争力评价。在《理解国民账户》④中，第三章就是国际比较，其中除了货币购买力国际比较之外，还阐述了生产率国际比较；储蓄率、利润率和公共债务比率的国际比较；住户消费的国际比较。并不是所有空间经济比较都需要用 ICP 方法，增长率可以直接比较，"政府债务占 GDP 比重"⑤也可以直接比较。

---

　　① 本文主要内容曾作为《国际比较项目基本类别 PPP 中隐含的"纯价比假设"及其经济意义》的第一部分，发表在《经济统计学季刊》2018 年第 2 期。

　　② ICP 只是一个简称，全称中包含"价格和物量"，即"国际价格和物量比较项目"（international price and volume comparison program），故命名时需要注意。

　　③ 参见佟哲晖，邱东. 1991. 国民经济统计学[M]. 第 8 章. 北京：中国统计出版社.

　　④ 参见 Lequiller F，Blades D，Understanding National Accounts，second edition，OECD Publishing，也可参见勒盖耶 F，布莱兹 D. 2017. 理解国民账户（第二版）[M]. 国家统计局国际统计信息中心，译. 北京：中国统计出版社.

　　⑤ 其实应该用 GNI，该指标与政府债务的关系更直接，GDP 未必是该国所能支配的。只是因为人们误以为在多数国家两个指标差不多，就采用流行指标替代了。

从上述国际经济比较的内容看，货币购买力比较最具综合性，是宏观的国际比较，从方法技术上看在国际比较中也最为复杂，故而地位也相当重要。因此狭义地看，人们提及在"国际（经济）比较"时，指的往往就是"货币购买力国际比较"，而采用直指货币购买力的称谓，就是强调所特指的比较内容，以免误解。

我们用图 1 概括一下上述"比较"内容的分解路径。

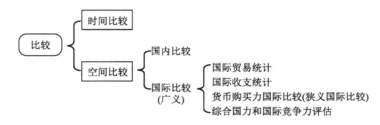

图 1 经济比较的主要构成

到 2020 年，专门针对货币购买力的 ICP 已经开创 52 周年，50 多年里 ICP 共进行了 9 轮。2017 年，联合国统计委员会将其确定为全球常规经济统计项目，由世界银行主导，每三年采用全球调查数据估算，其中间两年采用插值法补足国际比较数据。

提起经济统计，人们可能容易联想到 SNA，然而世界上最大的经济统计项目却是 ICP，"宾大表"则是世界上最大的经济统计数据库。欧盟与 OECD（EU-OECD）和世界银行都发布并适时更新了 ICP 的方法论手册。世界银行在 2013 年出版了 *Measuring the Real Size of the World Economy: the Framework, Methodology, and Results of the International Comparison Program—ICP*，这是 ICP 最新的方法论手册。

在这个大背景下，是不是意味着 ICP 的方法已经近乎完善，无须开展空间经济比较的方法论研究了？项目发展到了这个地步，对 ICP 的研究是否只需对其数据结果开展应用？这些年来在国际交流中我们感受到这样一种基本态度：ICP 方法论万事俱备，只要落后国家学习好手册并按照程序操作，全球实际经济规模就可测。

那么，最新轮次 ICP 的结果中有没有奇异值？其判定标准是什么？公布数据时是否应该对此做出交代？有没有实现对此的专门分析？对于这些疑问，在有的专家看来，可以做的顶多是对比较方法的小修小补。总之，对 ICP 而言存在着一种方法论的"完备性幻觉"。

若真是如此，本书的题目又从何提起呢？就国际比较的方法论研究而言，究竟是大功告成，还是任重道远？

可能是天生愚钝，笔者这些年参与了 ICP 的若干活动，也努力阅读了部分 ICP 相关的文献，既解惑也生惑，积累下来竟然仍是疑问多多，不过独特想法也不少。在这些年的交流中，笔者的某些想法也得到了有关专家的认可，比如评语"你说得很有道理"。问题是，如果笔者的某些见解有道理，那又意味着什么？笔者所阐述的道理会指向哪里？其实，并非只有笔者进行了思考，这些年来从各个角度思考 ICP 的学者不算少，如何将这些思考深化且系统化呢？集大成的工作谁来担当？

人们在学术研究中特别看重"视角"（perspective），这固然对头，但笔者以为，研究的"格局"[①]更为重要，即需要多维视角的综合。笔者在关于"经济统计意识"的讲座[②]中提出，苏轼的"题西林壁"应该成为经济统计学学者的座右铭。东坡居士有云："横看成岭侧成峰，远近高低各不同。不识庐山真面目，只缘身在此山中。"这里，从横竖、远近、高低、里外等各种不同的视角得出不同的认知，结合在一起，或许方能识得庐山之一二。笔者还曾试着补充另外的视角："日看成岭夜成峰，春夏秋冬各不同。不识庐山真面目，只缘身隔雾雨风。"时间变化、观察条件等都会影响我们的认知，所以研究应该尽可能地从多个视角进行，且综合之，格局足够，认知才能提升、深入和拓展。

设想一位司机驾车从甲地到乙地，见到乙地下雨的场景。试问，甲乙两地有没有雨的天气判断，究竟是基于地域差异，还是动态变化？是驾车过程中甲乙两地都下起了雨，还是甲地晴天乙地下雨，司机驾车进入了雨区？

只有扩展观察空间，延续观察时间，才能得出对甲乙两地天气情况的正确认知。如果局限于司机微观的亲身经历，他很可能认定只是乙地在下雨，而且潜意识里可能有对甲乙两地天气情况的推论：似乎他从甲地出发的时候乙地就有雨，而甲地在他到达乙地时还是晴天。

一般而言，只有结合了时间和空间更大格局的观察信息，尽可能避免单个或部分微观观察可能隐含的偏误——基于有限信息进行主观推断所造成的认知偏误，才能得出相应范围内的正确认知。这个思想实验说明了格局对认知的重要性。

鉴此，让我们从"ICP 逻辑图"开始。

1 "ICP 逻辑图"

世界银行在 2013 年 ICP 手册《测度世界经济的真实规模——国际比较项目的

---

① 究竟选用哪个英文词来翻译"格局"，笔者还把握不准。
② 2015 年在北京师范大学经济管理学院。

框架、方法和结果》中给出了一张 ICP 主要内容图，为各地区、各国从事 ICP 工作提供了基本框架，发挥了应有的作用。图 2 为 "ICP 主要构成图"①

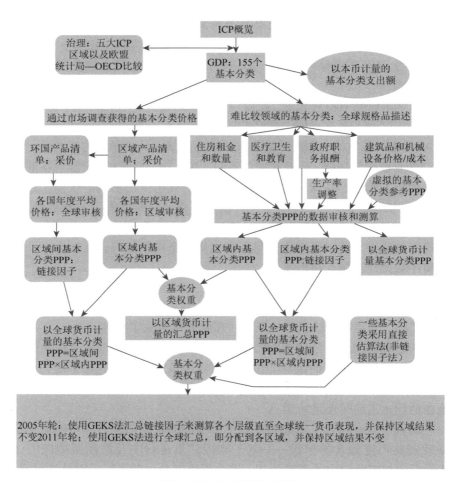

图 2　ICP 的主要组成部分

资料来源：ICP

GEKS = Gini-Élteto-Koves-Szulc 法

但是笔者不甚满意，因为这张图主要针对 ICP 工作，内容繁杂，不容易看出 ICP 内在的经济比较逻辑关系。所以，笔者另外总结了一张 "ICP 逻辑图"（图 3），概括货币购买力国际比较的机制，特别是各环节的链接。如果过程中

---

①　引自 The World Bank. 2013.Measuring the Real Size of the World Economy：the Framework, Methodology, and Results of the International Comparison Program—ICP. Executive Summary ⅩⅨ.

隐含了假设，则需要考察 ICP 诸环节之间究竟是切实链接，还是逻辑虚搭。"ICP 逻辑图"是对研究格局的构建，便于我们发现可能存在的缺陷，进一步明确研究的重心。

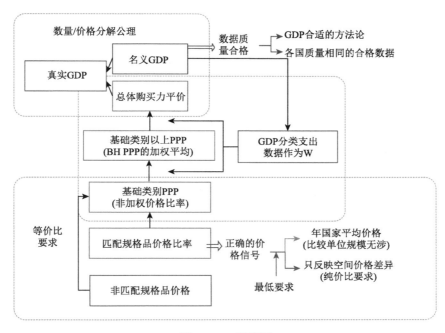

图 3　ICP 逻辑图

本图由北京师范大学王亚菲教授代为绘制

我们可以从以下几个角度来解读 ICP 逻辑图。

首先，从两个系列内容看 ICP 的逻辑节点。

从主要内容看，ICP 可以分为 GDP 和 PPP 两个系列。GDP 是数据基础系列，由于总体 PPP 的分层计算，GDP 分类支出数据作为权数出现，这对货币购买力大小起到权衡作用，其数据质量非常重要。

这里需要特别注意的是，并不是各国数据质量水平越高越好，国际比较需要的是各国数据质量水平尽可能相当，否则就会出现系统性偏差，这是空间比较不可忽视的一个特点。

第二个系列是 PPP 数据，可分为"基本类别 PPP"和"基本类别以上 PPP"两大层次，基本类别 PPP 又分为匹配规格品和非匹配规格品两类，对匹配规格品价格有两项要求。

下面用图 4、表 1 表现这两个系列。

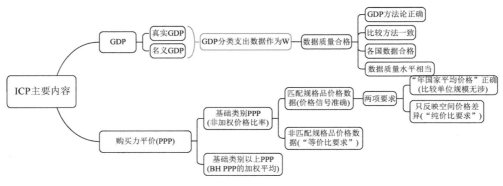

图 4　ICP 的主要内容

表 1　ICP 比较逻辑链条中的两个系列

真实 GDP	
名义 GDP	总体 PPP
GDP 分类支出数据作为（W_{ij}）	1. 基本类别以上 PPP（BH-PPP 的加权平均）
数据质量合格	2. 基本类别 PPP（非加权价格比率）
①GDP 方法论正确	（1）匹配规格品价格数据，价格信号准确
②比较方法一致	①"年国家平均价格"正确（与比较单位规模无关）
③各国数据合格	②只反映空间价格差异（"纯价比要求"）
④数据质量水平相当	（2）非匹配规格品价格数据（"等价比要求"）

　　在存在"纯价比假设"和"等价比假设"的情况下，如何证明 ICP 方法的有效性程度，此乃"基本类别 PPP"研究中的重大课题，应该给出支出法 ICP 仍然优于汇率法和生产法 ICP 的证明，至少是需要加以说明的。

　　其次，从 ICP 系统的内生因素与外生因素看其逻辑节点。

　　如果把 ICP 看作一个独立的经济统计系统，则 GDP 统计对其就是外生的。从这个视角出发，更便于确定 ICP 方法论的重心所在。下面用图 5 表现 ICP 逻辑链条中内生和外生两类因素。

　　1. "内生"冲击因素

　　（1）方法要求。总量方法，如何加权？如何平均？各种方法的共同点和差异点，适用的场合，优势和不足。

　　（2）价比要求。可匹配规格品："纯价比要求"。不可匹配规格品："等价比要求"。

（3）"年国家平均价格"（annual national average prices）的"代表性要求"。

（4）指标方法与数据质量水平在各国间的协调一致。

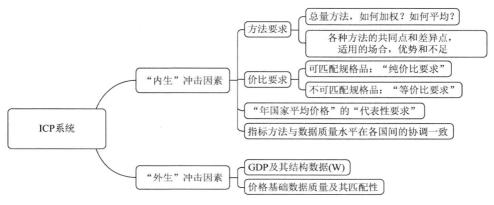

图 5　ICP 逻辑链条中内生和外生两类因素

2. "外生"冲击因素

（1）GDP 及其结构数据（W）。

（2）价格基础数据质量及其匹配性。

最后，从目标、核心与基础三大板块看 ICP 的逻辑节点。

"ICP 逻辑图"包括相互衔接的三大板块，第一板块位于逻辑图的左上方，是 ICP 目标——测度世界及各国经济的真实规模，通过对"名义 GDP"剔除空间价格差异 PPP 而实现，这需要第二板块的结果，即总体 PPP，作为基础。

第二板块位于逻辑图的中部，是 ICP 的主要工作，即各层次 PPP 的估算，ICP 采用"金字塔法"计算 PPP，包含了主要项目（main aggregate）、类别（categories）、组（group）、大类（class）和基本类别（basic heading）。基本类别以上 PPP 的估算为 PPP 汇总方法，笔者用一句话概括总量层次 PPP 的"计算性质"，即匹配品价格比率的加权平均或其等价算法。[①]几十年来，这部分一直是 ICP 研究的重心。

PPP 汇总方法的数据基础就是基本类别 PPP，这是第三板块的结果。第三板块位于逻辑图的底部，这里需要采集质量合乎比较要求的规格品价格数据，

---

① 笔者的这一概括强调各种 PPP 总量方法的共性，加权平均法包括 GK 法系列和 GEKS 法系列，其等价算式主要是 CPD 法系列。从计算性质的角度看，GK 法系列等各种总量方法不过是加权平均法的衍生品。尽管这些年来对 PPP 总量方法已经做了大量研究，但是仍然存在进一步提升的空间，比如对各种 PPP 方法的共性、特性及其适用性的系统性比较和归纳。

图 3 中明确标示出"纯价比要求""等价比要求"，还有"年国家平均价格"的代表性要求，意在呼吁业内能重视并深入思考空间经济比较的"微观基础"（the micro foundation）。

下面用图 6 表现 ICP 比较中的三大板块。

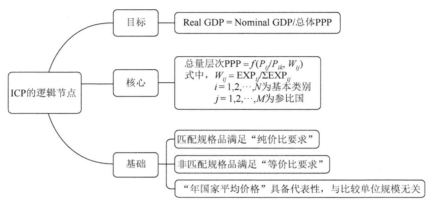

图 6　ICP 的逻辑节点

ICP 比较中的三大板块：

目标：Real GDP = Nominal GDP/总体 PPP

核心：总量层次 PPP $= f(P_{ij}/P_{ik}, W_{ij})$

式中，$W_{ij} = \mathrm{EXP}_{ij}/\sum \mathrm{EXP}_{ij}$；$i = 1, 2, \cdots, N$ 为基本类别；$j = 1, 2, \cdots, N$ 为参比国。

基础：①匹配规格品满足"纯价比要求"；②非匹配规格品满足"等价比要求"；③"年国家平均价格"具备代表性，与比较单位规模无关。

2　为什么要进行基础性研究？

2.1　学术前沿与原点

从"ICP 逻辑图"可以看出，其实 ICP 的难点并不在于数值计算，而更在于基础数据的匹配，在于所隐含的要求是否能够实现，如果确实藏匿了假设，对 PPP 数据结果的影响究竟能有多大。

笔者意识到，自己的思考重心过于基础，其实并不符合 ICP 的发展潮流，似乎远离了研究前沿。笔者之所以要坚持 ICP 的基础性思考，从个人学术倾向上看，这基于对研究"前沿"的一个判断。我们来看经济学中对生产前沿的描述（如图 7 所示，黄油与枪支生产的例子）。

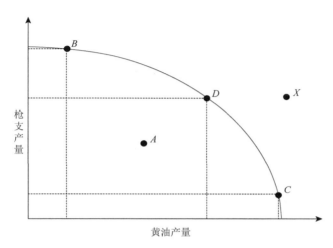

图 7　最大生产可能性边界（前沿）图

该曲线的凸性表明生产前沿趋于远离原点，但此图隐含着一个重大局限：它基于二维思维。试想，如果再添加一个维度，前沿方向就可能未必远离原点，前沿本身就成为多维的，既可远离原点，也可走向原点，研究"前进"过程中也可能折返，这样生产前沿曲线就可能会发生"相变"，由曲线变成"曲面"，前沿有可能靠近原点。学术研究也是一种生产，按此推理，在多维格局下，基础性思考看似回溯，但有可能也是研究前沿不可或缺的组成部分。①

图 8 呈现的是一种多维曲面，试问，最大生产可能性边界如果存在的话，一定远离原点吗？

应该考虑到，这种三维以上的空间关系更符合社会经济现实，所以，研究前沿也就未必远离所谓原点，回溯性思考是非常必要的，并不是"炒冷饭"。

2.2　经济统计研究中的两种角色

世界银行第 8 轮 ICP 技术咨询组成员罗伯特·希尔（Robert Hill）教授 2018 年 3 月在 *The Review of Income and Wealth* 上发表了一篇文章，纪念自己的父亲、国民

---

① 北京师范大学王亚菲教授认为，基础性研究是永恒存在的，而前沿无非是某一个特定时期关注的一些具体问题而已。例如，日本 18 年间获得了 18 个诺贝尔奖就是基础研究重要性的例子，这些获得诺贝尔奖的研究一定同时也是前沿的。

核算大师彼得・希尔（Peter Hill）先生，提到了经济统计中的两种角色[①]："概念思考者"（conceptual thinker）和"数据工作者"（data person）[②]。这是学术研究中一个非常重要的区分。

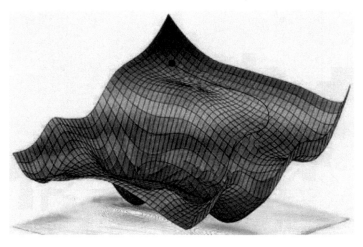

图 8　多维曲面图

笔者以为，现在经济统计学（包括 ICP）研究中，对基础概念的思考还远远不够，讲方法（method）的多，深究方法论（methodology）的少。手册（handbook）多，"脑书"（headbook）[③]少。因此，还需要更多的"概念思考者"，即经济比较逻辑的思考者或挖掘者。

当然，如果重视数据之"据"，"较质"以考"据"，即对"数据"做"计量且较质"的理解，即便"数据工作者"也应该避免那种只做数字计算的"非智能机器"倾向。

2.3　ICP 研究重心需要下移——罗伯特・希尔教授的看法

希尔教授指出："国际比较中采用了两步骤程序，第一步估计每个基本类别的基本指数，第二步则将所得到的基本指数与相应的支出数据相结合，以得出更高

---

① "Peter was a conceptual thinker rather than a data person or a bureaucrat"，from the Review of Income and Wealth，Series 64 Number 1 March 2018：241.

② 其实，如果对 data 做中文式的理解，讲究数之"据"，那么概念思考之意就包含在其中了，不顾概念和数之依据的计算者，实质上是"number calculator"（数字计算者），不是真正的"数据工作者"。

③ 笔者自创的一个英文词，既然可以有 handbook 和 facebook，那么更应该有 headbook。

层次的价格指数。"① "问题在于：学术文献将注意力过度地集中于第二步骤的总量方法上。"①

"然而，基本价格指数的估计至少与其上的加总方法同样重要。" "基本类别价格指数提供了构建整体比较的基石，如果它存在偏误或者其他毛病，那么构建于其上的所有成果都将被污染。"①遗憾的是，以笔者之见，罗伯特·希尔教授所担心的这个"如果"确实发生了，我们的数据结果确实置身于高风险的"如果"之上。

既然基础性研究这么重要，为什么 ICP 研究还是集中在 PPP 汇总方法上？笔者尝试对其给出解释，这主要在于：①PPP 汇总方法的技术含量相对较高；②PPP 汇总方法研究的"学术生产率"相对较高；③研究成果的显示度相对较高；④基于几十年来经济核算的发展，数据与定量研究已经形成了互为基础的正反馈循环。

但是，如果切实重视基本经济现实，如果切实坚持"公理原则"，如果切实重视技术方法、理论模型与基本经济现实的匹配性，则基础性研究比起套用数学方法所受的限制其实更多，从而需要更宽的知识结构，需要领域知识的切实支撑，需要持续的学术坚守。

2.4　数据结果研究和方法论机制研究

国际经济比较何以可能？采用的比较方法究竟可行与否？通常应该有两大类研究。

（1）检查方法应用得出的计算结果，关键在于是否能得出合乎经济意义的数据②，特别引人注目的是，是否会产生与基本事实、与共识不合的"奇异结果"（anomalous result）？应该看到，ICP 本质上是一种平均法，相对汇率法的市场观察值而言，出现奇异值的概率和风险比较小，然而，ICP 法并不能保证避免出现奇异值。

还有一个方法论问题需要深入思考：比较方法的效力究竟如何解读？数据结果出现奇异结果与否，是不是评价方法优劣的（唯一或重要）标准？以打靶为例，如果一个枪手成绩为八个十环和两个脱靶，另一位枪手则为十个七环，哪一位枪手更优秀呢？不同判据恐怕会做出不同的选择。

（2）深入检查空间比较过程的机制，深入考察：过程的逻辑节点是否真正连

---

① 引自 Hill R J，Hill T P，2009.Recent developments in the international comparison of prices and real output [J]. Macroeconomic Dynamics，13（2）：194-217. 这个划分有利于看出 ICP 研究力量的分布。北京师范大学王亚菲教授提出，不应该误认为"两步骤程序"之间存在较大的方法差异。

② "可计算"意指模型是否有数值解，"可计算"不等于"可测度"。我们知道，任何两组数据都可以计算其相关系数，但所得结果未必具有现实经济意义。

接？是否隐含着假设？模型为什么需要所隐含的假设？如果隐含着假设，其在经济现实中的实现程度如何？特别是，假设对比较结果的影响如何？如果不能对这些隐含假设做出系统解释，国际比较方法论就难以真正实现其"内在一致性"。笔者认为，在这些方面我们实质上面临着不少研究难题。[①]基于这个认识，对 ICP 的方法论研究应该更侧重于第二种检查。

2.5　ICP 研究的两种方法论倾向及其拓展可能性

从国际经济比较研究的重心看，主要有两种方法论倾向（路径）：多数强调指数方法及其应用研究，也有的学者更强调比较的经济学基础。

指数法主要为时间比较而创建和发展[②]，作为后来者的空间比较研究，很自然地加以借用。对经济统计学者来说，指数方法是驾轻就熟的方法，其隐含的基本假设应该是，既然指数方法可以有效地用于时间经济比较，那么也能有效地用于空间经济比较。

但是这种推理未必成立，由于空间本身的多元性，其复杂性往往超出了维度相对单一的时间比较。时间比较相对空间比较而言，"其他条件保持不变"这一推理前提更容易达成，所以，从时间指数"借用"方法时还需要专门从空间多维视角进行深入思考，应该从多种维度探究指数方法在空间比较中的适用性。

一直以来，ICP 研究中多数学者循着指数法路径前行，但也有少数学者更偏好基于经济学理论的比较方法探索，比如 J. Peter Neary 先生的研究。

强调理论基础，从而避免"没有理论的测度"（measurement without theory），是发展经济统计方法的题中应有之义。然而，经济理论基础，应该是国际比较正确的充分条件，但未必是其必要条件。因为理论的有效边界与现实经济空间往往不一致，符合经济理论的指数测度未必符合经济现实，未必正确。

理论通常都要基于假设，是一种抽象。比如，有的国际比较模型需要假设价格和数量为独立变量，这显然是不能成立的。经济现实是多元的，而且经济理论

---

①　2016 年，笔者将自己对 ICP 隐含基础假设的思考送给 Prasada Rao 教授审阅，得到了其悉心指导和热情鼓励。2018 年笔者提出了关于 ICP 50 个"鲜被问及的问题"，不是"常被问及的问题"（frequently asked questions, FAQs），衷心感谢 Prasada Rao 教授专门抽出半天时间逐个问题与笔者和王亚菲教授一起讨论。笔者原本期待 ICP 50 周年时业界会有对方法论的系统总结，因为那才是对当年 ICP 创新最好的纪念。

②　就固定空间以专门比较时间变化的思路而言，时间指数也存在不确定性，或者说包含着假设。比如，当我们比较"规模以上企业（简称规上企业）"的年度动态时，就需要假定"规上企业"的范围在比较期间不变。但在现实中，这个范围会有跨期变化，有的"规上企业"产值跌破阈值，甚至破产倒闭；有的企业产值增加乃至超过阈值，成为新的"规上企业"；当然正常年景时多数"规上企业"保持其规模大于阈值，只有跨越阈值的变动才会导致"规上企业"范围的变动。深入进行"规上企业"的产值增长分析，需要区分"规上企业"不同变动的影响。鉴此，我们在借用时间比较指数方法时，应该充分注意到这种不确定性，仅仅照搬就容易将其隐含的问题也移植过来。

本身也是一个关注重心不同且流派纷呈的庞杂体系，很难用单一的"理论—现实映射关系"来做出一般性的概括。

复杂经济学创始人布莱恩·阿瑟（W.Brian Arthur）指出：理论是一种"薄"的关联，因为只有在满足一组有限和精确的条件的情况下，理论才会很好地拟合现象。[①]

无论是理论模型的内在一致性，还是数学方法的内在一致性，都不能替代理论、方法与经济现实匹配性，这三者之间可能存在相当大的差异，绝对不能将它们混为一谈，经济统计学的独特作用恰恰是作为理论、方法与经济现实之桥。

所以，我们在研究国际比较时还应该注重第三种路径——"公理链接路径"，从基本经济现实出发，提炼基本概念，注重比较逻辑的切实链接，尽可能减少失实性假设对国际比较的影响。

所谓第三种路径并不是要另起炉灶，而是呼吁在国际比较中更重视基本经济现实，无论是指数方法开发和应用，还是经济理论的比较构建，都应该注重现实基础，这里是经济比较逻辑的出发点。

公理链接路径需要的假设少，故而其受到的限制也比较少，这是其优势所在。提出这个路径是要把指数路径（技术路径）和理论路径朝经济现实方向调整，尽可能地接地气，因为经济学说到底是致用之学。

参 考 文 献

（1）Kravis I B，Heston A W，Summers R. 1982. World Product and Income—International Comparison of Real Gross Product[M]. Baltimore：The Johns Hopkins University Press.

（2）Kurabayashi Y，Sakuma I. 1990. Studies in International Comparison of Real Product and Prices[M]. Tokyo：Kinokuniya Company Ltd.

（3）Neary J P. 2004. Rationalizing the penn world table：true multilateral indices for international comparisons of real income[J]. American Economic Review，94（5）：1411-1428.

（4）Hill R J，Hill T P. 2009. Recent developments in the international comparison of prices and real output[J]. Macroeconomic Dynamics，13（2）：194-217.

（5）徐强. 2011. 基于指数的宏观经济价格与物量测度论[M]. 北京：中国财政经济出版社.

（6）Eurostat，OECD. 2012. Eurostat-OECD Methodological Manual on Purchasing Power Parities[M]. Paris：OECD Publishing.

（7）The World Bank. 2013.Measuring the Real Size of the World Economy：the Framework，Methodology，and Results of the International Comparison Program—ICP[M].Washington：The World Bank Group.

（8）邱东. 2015. PPP 同质度指数的设计[M]//宋旭光. 看懂中国 GDP. 北京：北京大学出版社：40-45.

（9）高敏雪，李静萍，许健. 2013. 国民经济核算原理与中国实践[M]. 3 版. 北京：中国人民大学出版社.

（10）Lequiller F，Blades D. 2014. Understanding National Accounts：Second Edition[M]. Paris：OECD Publishing.

（11）迪顿 A. 2014. 逃离不平等——健康、财富及不平等的起源[M]. 崔传刚，译. 北京：中信出版社.

---

① 参见阿瑟 B.2018. 复杂经济学[M]. 贾拥民，译. 杭州：浙江人民出版社：260.

（12）亚洲开发银行. 2014. 购买力平价（PPP）与实际支出——2011 年亚洲及太平洋地区国际比较项目（ICP）[M]. 国家统计局国际统计信息中心，译. 马尼拉：亚洲开发银行.

（13）邱东. 2016. 国际经济比较方法论问题的再思考[M]//邱东，吕光明，等. 国家统计数据质量管理研究. 北京：北京师范大学出版社：493-507. 可参见宋旭光. 2015. 看懂中国 GDP[M]. 北京：北京大学出版社：24-40.

（14）曼昆 G. 2015. 经济学原理——宏观经济学分册[M]. 7 版. 梁小民，等译. 北京：北京大学出版社.

（15）哈耶克 F. 2015. 知识的僭妄[M]//哈耶克 F. 哈耶克文选. 冯克利，译. 郑州：河南大学出版社：593-608.

（16）勒盖耶 F，布莱兹 D. 2017. 理解国民账户（第二版）[M]. 国家统计局国际统计信息中心，译. 北京：中国统计出版社.

（17）Jung J H，Yoo J J，Arnold T J. 2017. Service climate as a moderator of the effects of customer-to-customer interactions on customer support and service quality[J].Journal of Service Research，20（4）：426-440.

（18）阿瑟 B. 2018. 复杂经济学[M]. 贾拥民，译. 杭州：浙江人民出版社.

国际比较项目中"鲜被提及的疑问"

为了帮助各国国际比较操作者和数据用户学习 ICP 方法,世界银行等相关国际组织准备了"常被问及的问题",这些问题涉及 ICP 的基本知识,多数入门者可能会问及,显然对推动比较项目大有裨益。

然而还不够。ICP 方法论并没有完全成熟,还需要进一步发展。如果对 ICP 的方法论深入思考,就会发现不少疑问。可能很少有人提及这些疑问,属于"鲜被提及的疑问",但也许它们真的非常重要,至少部分如此。

第一部分列示的是一个"疑问清单",2018 年笔者特意为 ICP 50 周年而准备,也是笔者在学习和研究中秉持"问题意识"的一种体现。

如果所提问题有误,属于笔者理解上的不足,则说明需要对类似这种可能容易造成误解的问题进行正确的解读和说明,以免误解扩散,并提升数据用户对 ICP 的理解水平。宣讲 ICP 所谓"常被问及的问题"只是在项目初期和初级水平时更为必要,到了全面发展阶段和中级以上认知水平,就需要笔者这种对诸多疑问的思考了。

不破不立,不问不学,思考"为什么如此"(why)甚至"为什么不成"(why not)这类问题,正是学科发展的正途之一。

1 50 个关于 ICP 的"鲜被提及的疑问"[①]

1.1 有关"标准产品描述法"

(1)我们能够像 EU-OECD ICP 手册所描述的那样,用"标准产品描述法"列出"所有特征"(all characteristics)并给出产品的"完全定义"(a full definition)吗?如果这个目标无法达成,那么这两个概念的阐述容易给我们造成一种"完备性幻觉"(an illusion of completeness)。尽管"标准产品描述法"是 2005 年第 7 轮以来 ICP 最重要的进步之一,但是我们仍然需要进一步检查这个工具的可靠性。

(2)产品特征都可被描述吗?设定某产品包含多元特征(比如说 10 个),"标

---

① 这个"问题清单"基本保持了 2018 年列示的样子,纳入本书时个别问题做了文字调整。

准产品描述法"列示出其认定最重要的特征（比如说 6 个），余下的 4 个在比较中也许不重要，但也许是重要的，却尚未被辨识出来，或无法定量辨识，即存在产品"不可描述特征"（non-describable characteristics）和"可描述特征"（describable characteristics）的区分。因此，忽略产品的部分特征可能导致某种风险，即把产品"质量差异"（quality difference）当作"价格差异"（price difference）处理，比如房租中的区位（location）和文化环境（culture surrounding）因素。

（3）富国通常产品密度比较大，一种产品可能有超过一种的规格品，其价格不同，但都符合"标准产品描述法"的要求。那么，究竟选取哪一种规格品在比较中才是正确的？富国在选取匹配规格品上有一定程度的自由裁量权，国家越富裕，这种权力越大。这是否存在将"质量差异"误判为"价格差异"的一种风险？

（4）我们能否确定不同经济体中同样类型的销售点（outlet，无论高端或低端）提供同一种服务？富国低端销售点是否可能比穷国高端销售点提供质量更好的服务？正如摩天大楼中的矮楼层是否可能高于一般楼房中的高楼层？如果这样，我们怎么能够确切地匹配不同经济体中的支出项目？难道匹配过程中没有误将"质量差异"认作"价格差异"的风险吗？

（5）现实经济中存在"纯实物产品"（pure physical goods）或者"纯服务"（pure service）吗？我们能不能认定所有产品都是实物产品与服务的混合？进而，我们能列示出某项"实物产品"（physical goods）中混杂的所有服务吗？在确认"经济同一产品"而非"实物同一产品"时，产品的这种"混合性"或"形态模糊性"对国际比较的影响究竟如何？

（6）假设在低收入国家中某产品只有一种规格品，而高收入国家中却有多种相似规格品。在这种情形下，低收入国家的该规格品应该与高收入国家的哪种规格品相匹配？考虑到该规格品的"价格弹性"（price elasticity）不同，我们能否将其确认为国家间"经济同一产品"或"匹配项目"（matching items）？价格弹性是不是产品质量的因素之一？

（7）ICP 手册从"误操作"（wrong operation）角度定义"产品偏误"（product error），但如果"标准产品描述法"本身存在某些内在的概念性缺陷，从而导致产品匹配失误，这种偏误是不是内生的？我们能不能将"产品偏误"区分为"内生性产品偏误"（endogenous product error）和"外生性产品偏误"（exogenous product error）？

（8）"组服务"（group offered service）的质量不仅取决于服务提供者、服务购买者本人，还取决于该组内其他服务购买者。所以其质量因素更难确认，该特性对这类服务的"质价分离"（the price-quality separation）影响如何？

（9）如果我们不能列出所有的产品特征，那就意味着我们选择了一个用于确认和描述产品的"特征子集"（the sub-set of characteristics），此选择过程中自然就产生了另外一个产品匹配过程中忽略掉的特征子集,即客观上存在两个子集:"定义产品用特征集"(the set of characteristics used in the product identification,SCUPI)和"定义产品时忽略的特征集"(the set of characteristics omitted in the product identification,SCOPI),后者即"标准产品描述法表外产品特征"。那么,被忽略掉的产品特征所代表的质量差异在国际比较中归到哪里去了呢?最大的可能就是留存作为价格差异,这对 ICP "数据结果"(data result)的影响会是什么?又有多大?

(10)现今的"标准产品描述法"主要基于美国 CPI(consumer price index,消费价格指数)产品分类而制定。其他经济体中重要的"支出项目"(expenditure item),如日本和中国的洗浴业,可能被"产品清单"(product list)忽略。这种规则安排的影响是什么?购买力基于货币与商品之间的相对关系,如果其他经济体的重要"对应项"(counterpart item)缺失,是否会扭曲"支出结构"(expenditure structure)和所认定的"价格比率"(price ratio)?其影响究竟如何?

(11)如果我们在"产品清单"中列出更多的特征以利于产品确认,然而相应地,在不同经济体之间的产品 "重合率"(the degree of overlap)可能降低,甚至过低以至于到了国际比较所不能接受的程度,那么,如何在这种矛盾的情形下保持二者的平衡?

1.2 关于"比较单位"

(1)在"时间比较"(temporal comparison)中我们将年度与年度相比、月度与月度相比,"比较单位"(the comparison unit)的间隔相同、变化方向单一。然而这些性质在"空间比较"(spatial comparison)中并不成立,方法使用环境的差异对 ICP 数据结果的影响是什么?时间比较和空间比较在"维度"(dimension)差异上究竟如何?

(2)事实上我们借用时间比较中的"指数法"(the index methods)来进行空间比较,我们能够确信这种"借用"的法理性吗?这类方法在空间比较时的效力等同于其在时间比较的情形吗?在空间比较中应用指数法会产生什么特殊的要求?我们是否应该就"指数法"在空间比较中的"可行性"(feasibility)做出较为明确的系统说明?

(3)日本和韩国参加"EU-OECD 组"而非"亚太组"(the Asia-Pacific group)的国际比较,这种分组对"亚太组"ICP 结果的影响是什么?这两个国家能否同时参加两个组的"区域比较"(the regional comparison)?在"区域比较"中,如果较大经济体缺失,比如阿根廷不参加拉美地区的比较,对区域 ICP 和全球 ICP 数据结果的影响分别是什么?

（4）ICP 根据"地理区域"（geographic area）和"经济水平"（economic level）对不同经济体分组，我们能确定这两个维度对空间比较而言已经足够好了吗？是否存在其他维度需要我们在下一步 ICP 区域划分时加以考虑？在选择分组维度时，如果我们对现实妥协而非基于科学标准，如果我们在"可行性"（feasibility）和"必要性"（necessity）之间妥协，这种妥协对 ICP 数据结果的影响是什么？

（5）对中国这种内部差异巨大、变化迅速的大国，是否可以考虑国内分区参与不同国际区域组的 ICP？即将国内大区作为比较单位，富裕地区参与"EU-OECD组"，其他地区参与"亚太组"比较？就将来的 ICP 而言，"网格化"（the gridding）是否能成为确定"比较单位"的发展方向？

（6）ICP 是某种"全球性公共产品"（the global public product），相对而言，穷国对 ICP 数据结果的需求弱于富国，因此，穷国在国际比较中的同样投入就意味着它们对 ICP 贡献相对更多，我们如何平衡不同类型国家的"项目投入"（program inputs）？

1.3　关于"基础性问题"

（1）用一句话概括高阶 PPP 的"计算性质"（the calculation property）：匹配品价格比率的加权平均或其等价算式（the weighted average of price ratio of the matching item and its equivalent algorithm）。这种概括是否有助于对不同总量方法的理解和掌握？

如果这个概括成立，是否应该从这个视角（perspective）系统地比较不同的"总量方法"（the aggregation methods），它们之间的关键区别在于"如何加权"（how to weight）和"如何平均"（how to average）。如果这个概括不成立，那又应该如何概括，以更深入地理解不同总量方法的共性（commonality）、特性（speciality）及其使用场合？

（2）全球所有区域都应该使用相同的"总量方法"吗？如果不是，又如何为不同的区域选择不同的"总量方法"？存在哪些"主要决定因素"（the major determinants）应该予以考虑？我们是否可以系统地总结不同区域改变"总量方法"的原因？这种变化对区域 ICP 和全球 ICP 数据结果的影响究竟是什么？

（3）2011 年轮 ICP 数据结果公布时，人们关注不同国家的产品"重合度"，仅仅回答"可观的重合"（considerable overlap）还不够。我们是否应该设计、计算并公布"重合度"指标？我们是否应该研究确保 ICP 数据结果可信度的"最低重合度"（the minimum degree of overlap）？如何计算多边比较时的产品重合度？

（4）在"双边比较"（bilateral comparison）中，即使产品"重合度"在两个经济距离相邻的经济体（economically adjacent economies）高达 90%，而经济距离

（economic distance）较远的两个经济体的产品重合程度也可能快速下降，产品重合度大小与经济距离远近成反比，经济距离扩大会导致重合度大大衰减。如果每次双边比较的"重合度"下降 10%，只要经过 11 个不同类型的经济体，"重合度"就可能下降为 0。如何解释这个"思想实验模型"（hypothetical model）？它对空间经济比较意味着什么？

（5）如何处理"空间经济比较"（the spatial economic comparison）的"内部一致性"（the internal consistency）？这种一致性是否等价于所有参与者都需执行单一的标准？或者我们是否可以针对不同类型的经济体采用不同的标准？例如，测度教育产出时，富国采用"直接法"（the direct method），而穷国采用"间接法"（the indirect method），这意味着复杂经济体采用相对复杂的方法，而简单的经济体采用相对简单的方法，统一标准和因地制宜，哪一种选择更为合适？

（6）就教育产出而言，如果 EU-OECD 组采用直接法，而其他区域组采用间接法，这种安排是否会造成 ICP 数据结果的"系统偏误"（systematic bias）？在经济统计中，测度方法的改进往往需要局部先行，但如果为了"内部一致性"必须采用统一标准，那又如何切实改进国际比较中的经济测度？

（7）ICP 强调"比较可比之事物"（compare the like with the like），然而全部事物包含"可比组分"（the like）和"不可比组分"（the unlike）两个部分，我们通常将"可比组分"作为总体的代表进行比较，当然能够得到某种数据结果，但是我们并不是魔术师，我们无法让"不可比组分"消失，或许只是让它们保持沉默，但其潜在影响仍然存在，只是我们尚未意识到而已，我们现有的比较方法是否存在这种隐患呢？

（8）现实经济中存在三种基于货币的相对性：其一是货币与商品相对，其二是不同货币之间的相对，其三就同一货币而言，还存在其不同功能之间的相对，如货币购买力与货币"储蓄力"（saving power）之间的相对，这在空间比较中又涉及了时间维度，将改变不同时间货币的购买力。PPP 是否应该或者能够考虑这三种货币的相对性？如果某种"高能货币"（higher power currency）具有更高的"储蓄力"，我们如何估价其对空间比较数据结果的影响？

（9）按照"不确定性原理"（the uncertainty principle），我们无法同时确定粒子的"位置"（position）和"动能"（momentum），这个原理对经济测度和比较意味着什么？我们能同时精确地测度"时间变化"（temporal changes）和"空间差异"（spatial differences）吗？"年国家平均价格"（annual national average price）的"可靠性"（reliability）究竟如何？考虑到其在基本类别以上层级计算中被放大的风险，对其可靠性的要求是否应该非常严格？

（10）在经济统计学概念上，我们讨论的是"物量价格分离"（the volume/price breakdown），但在指数计算时，却用"数量"（quantity）代替了"物量"（volume），所做的实际上是"数量价格分离"（the quantity/price breakdown）。我们知道，"物量包含了各种质量差异"（volume takes into account all kind of differences in quality），所以：

$$产品价值Va = 物量Vo \times 价格P$$
$$= (数量Qa \times 质量Qu) \times 价格P$$
$$= 数量Qa \times (质量Qu \times 价格P)$$
$$= 数量Qa \times 价格P^*$$

式中，P 代表"纯价格"，而 P^* 代表包含质量因素的"混杂价格"。

上式意味着我们在实际操作中无法通过"物量价格分离"得到"纯价格 P"，而只能通过"数量价格分离"得到"混杂价格 P^*"。

以上对价格的分析成立与否？如果成立，它对 ICP 意味着什么？

（11）在 ICP 中存在"比较抗阻项目"（comparison resistant item），那么进一步追问，是否存在"不可比较项目"（incomparable item）？如果深入分解项目，则毫无疑问会存在隐含的"不可比较因素"（incomparable factor）。如果这些项目和因素在不同国家 GDP 总量中所占的比重大到一定程度，那么对 ICP 数据结果的影响究竟是什么？

1.4   关于 ICP 隐含的假设

（1）当我们将"不完全价格比率矩阵"（the incomplete price ratio matrix）转换成"完全价格比率矩阵"（the complete price ratio matrix）时，是否假定了不同国家间"非匹配项目"（mismatched item）的"价格比率"等于相似"匹配项目"（matched item）的"价格比率"？即是否需要"等价比假设"（the equal price ratio assumption）？如果估算包含该假设，那么它对 ICP 数据结果的影响究竟如何？

（2）只有列出"所有特征"并对产品做出"完全定义"，才有可能（仅仅是可能！）剔除所有质量因素，从而得到所谓"纯价格比率"，但这个"纯价比要求"显然无法达成，所以 ICP 包含了"纯价比假设"，那么，它对 ICP 数据结果的影响究竟如何？

（3）我们是否清楚 ICP 过程所包含的各种不同假设？我们是否应该尽可能地列出 ICP 过程所包含的"假设清单"（the list of assumption），特别是那些潜在和隐含的假设，我们能够意识到所有隐含的假设吗？

（4）在链接 ICP "比较逻辑"（comparison logic）时，各种假设的作用分别是什么？这些假设对 ICP 比较过程和数据结果的影响是什么？一般而言，假设是概念和方法有效空间的边界，这种说法是否正确？

1.5　ICP 与市场汇率

（1）有的 ICP 专家说汇率法是不正确的，而 ICP 法是正确的。但是我们有：相对价格水平指数等于 PPP 与市场汇率之比，即 PLI = PPP/MER，这是否意味着，如果市场汇率不正确，那么其偏误将传导到 PPP 或 PLI 之中，PPP 和 PLI 不能同时保持正确。那么在市场汇率偏误的前提下，我们如何解释 PPP 和 PLI 的正确性？再根据等式，数量等于支出额剔除 PPP，即等于"名义支出额"（nominal expenditure）乘上汇率再剔除 PPP（$Q = E/PPP = NE \times MER/PPP$），难道"数量"也会传导得出偏误数据结果吗？

（2）PPP 有两个基本功能：一是作为"货币单位转换器"（the currency convertor），二是作为"价格水平缩减器"（the price level deflator）。那么汇率呢？汇率仅仅是"货币单位转换器"吗？汇率完全不能作为"价格水平缩减器"吗？

如果汇率仅仅是"局部价格水平缩减器"（the partial price level deflator），那么根据公式：名义支出额等于实际支出额剔除市场汇率（NE = E/MER），名义支出额就不再是"名义值"了，当支出额从某种特殊货币计价转化时，价格水平也得到了部分缩减。此外可以反证，市场汇率在某种程度或某些方面应该是"价格水平缩减器"，否则它就不能用作"参考 PPP"（the reference PPP）。所以，我们应该对汇率的国际比较功能加深认识。

（3）作为平均数方法，ICP 得出奇异结果的可能性相对较小，这是我们将汇率法视为偏误的重要原因，然而，我们能在方法论的学理上证明 ICP 法可以完全免除奇异结果吗？否则，从这个角度（按出现奇异值可能性大小来比较方法优劣）看就是对汇率法的歧视。

（4）近年来"海淘"在中国等新兴市场迅猛发展，其商品来自发达国家的零售商店，却可以在发展中国家搞批发。还有新兴国家的居民到发达国家大批采购货物、购服务，这两类现象说明部分高档商品在发达国家的价格水平低于发展中国家，恰与所谓"宾大效应"（the Penn effect）的指示相反。这意味着什么？

（5）众所周知，中国近年来发展速度快但产出质量并没有那么高，毕竟中国仍然是发展中国家，仍然处于全球价值链的低端、处于全球生产链的中低端。然而 ICP 数据结果显示，中国的 GDP 按照 PPP 调整后大大高于按照汇率法调整的数值，总量上甚至超过了美国，这是否"反向地"验证了 ICP 对质量因素考虑得不够？

（6）"可贸易商品"（tradable goods）与"不可贸易商品"（non-tradable goods）之间并没有"柏林墙"，并不能截然分开，它们之间至少存在某种间接关系，而且"间接经济关系"未必一定弱于"直接经济关系"，如果市场足够活跃，我们怎么能断言市场汇率仅仅反映"可贸易商品"的价格比率关系？如果不能作此断言，又怎么能够将之归结为汇率法的缺陷之一？

（7）只有对"经济距离"（economic distance）足够近的经济体进行比较，才能得出具有社会经济意义的数据结果。对发达经济体而言，使用汇率法和 PPP 法调整，其数据结果差不多，很明显汇率法的成本比较低，从成本效益的角度看，这对 ICP 法意味着什么？

（8）汇率比较容易受到政府的干涉，这是我们断定的汇率法缺陷之一。然而，如果政府干涉汇率（即货币的价格），也就会干涉一般商品价格，而一般商品价格正是 ICP 估算所需要的基础数据，即 ICP 需要采信可能被政府干涉过的价格数据。怎么可以容忍一种干涉，却排斥另外一种干涉呢？而且，世界银行本身就属于"一般政府"，PPP 是人为估算的，那么 ICP 不正是政府干涉市场的产物吗？Ryten 教授在 1993 年的 ICP 审议报告中提到，PPP 的作用之一就是帮助落后国家制定汇率，这又如何解释呢？

1.6　关于 ICP 数据

（1）ICP"数据校验方法"（the data validation methods）中是否存在被忽略的问题？如果被删除的"奇异值"（the outliers）实际上是一种客观存在，怎么办？对"常规值范围"（the normal value range）内的数据误录，比如实际值本来靠近"数值范围上限"（the upper bound of the range），却被记录为靠近"下限"（the low bound），或者相反，又怎么办？

（2）如何根据经济意义来确定"数据校验"中的"常规值范围"？如果范围过窄，我们就得到较多的"奇异值"，如果范围过宽，或许更多的偏误将隐含在基础数据中，校验失效。什么是合宜的范围？我们是否应该在"全球比较"（the global comparison）中使用统一的范围？或者仅在"区域比较"（the regional comparison）中使用？不同"常规值范围"的"经济含义"（economic implication）是什么？其对 ICP 数据结果的影响究竟如何？

（3）一般来说，加入 ICP 越晚，该经济体经济统计数据的质量越差。各参比经济体经济发展水平不同，其基础数据质量差异对 ICP 结果的质量影响究竟如何？我们是否应该为 ICP 参比经济体确定基础数据质量的底线？在追求国际比较的全球性（参与经济体的数量增多）与确保基础数据质量足够高之间应该如何平衡？

1.7　关于 ICP 拓展研究的倡议

（1）大数据发展对 ICP 的影响将会如何？"生产法"是否将会比"支出法"

更为有效？我们是否需要重新考虑空间经济比较中不同方法的效度？是否应该给出 ICP 支出法与生产法二者的系统比较？

（2）ICP 研究一直偏重总量方法，为什么很少研究注重"空间经济比较"的基础性问题？我们是否应该调整这种研究力量的偏态分布？如何加强显示度比较低的基础研究？我们是否应该集中关注"基本类别"PPP 的生成？

（3）ICP 的学术性更强的名称或许应该是"空间经济比较"（the spatial economic comparison），不过"国内地区比较"（the sub-national comparison）的英文也可以写作"intra-national comparison"，其缩写就是另一种 ICP，与已有流行的 ICP 可以合称为"ICPs"。这种命名如何？

（4）我们是否应该列出"ICP 必读著作书目"（the must-read books of ICP）？是否应该列出"ICP 必读论文目录"（the must-read papers of ICP）？我们是否应该列出 ICP 研究的分支领域？ICP 大师级专家是否能够就不同 ICP 分支撰写出综述性论文，以指导我们的学习和研究？我们能否得到更多的"脑书"（headbook，笔者为强调经济统计方法论研究而专门提出的一个英文单词），而不仅仅是"手册"（handbook）？

（5）我们是否拥有足够的学术自信和力量去征求 ICP 过程中尚未解决的问题？我们是否应该就已有的 ICP 学术文献征求意见和评论？我们是否需要更多"鲜被问及的问题"？对 ICP 高端用户而言，仅仅"常规提问"也许不够，或许需要对 ICP 数据结果的经济含义，还有"空间经济比较"的机制有更深入的认知。

（6）如果将 ICP 视为一个"独立学科"（an independent discipline），我们能否从三个层次对之加强建设？初级：专注于"如何问题"（the how questions）和"最基本的缘由问题"（the basic why questions），这正像各种"手册"（handbook and manual）所为。中级：专注于"为什么问题"（the why questions）和"为什么不成的问题"（the why-not questions），这像本领域许多论文所为，但需要分领域的系统化工作。高级：专注于本学科的类公理化构建，需要专家概括总结出空间经济比较的原理体系，还需要就空间经济比较与其他学科的关系做出总结和梳理。

（7）如果笔者的提问确实构成真正的 ICP 学术问题，如果他人提出同样需要进一步研究的重大问题，那么是否应该建立不同于"技术咨询组"的新组织，比如"方法论改进组"（the methodology improvement group，MIG），从而为所有 ICP 参与者提供一个高水平的学术研究指导平台？

2 "疑问清单"是开放的

在学习和思考 ICP 的过程中，遇到疑问是很常见的，时间长了也就形成了"疑问清单"。事实上，上述清单并不是第一份，在 2017 年，笔者就归结了一份"疑问清单"，当时是 ICP 创建 49 周年，笔者就准备了 49 个疑问。其中多数疑问列入了 2018 年的"疑问清单"，不过还余留了一些，具体如下。

（1）空间经济比较需要以经济学理论为指导，但经济学理论相当庞杂，包括不同的流派，其本身并不完全具备一致性，其内在矛盾是否会影响到基于其上的空间经济比较方法的正确性？是否应该将经济理论对空间经济比较的指导作用细化：哪个方法在哪些方面以哪个经济学理论为指导？其经济比较逻辑的节点是否切实链接？

（2）价格可以完全测度吗？是否存在"价格测度不确定性定理"（price measurement uncertainty principle）？我们是否过度地从支出方面来理解价格，而缺少对其效益方面的解读？质量与价格是不是存在"一体两面"的关系？是不是一枚铜板不可分割的两面？

（3）如果 ICP 实践过程中存在若干不得已采用的处理办法（a choice of no choice），是否应该警惕过度解读 ICP 的数据结果？世界银行等国际组织数据发布时的声明并不是程序性的，声明当然可用于免责，但恰恰证明了误用数据的风险切实存在。

（4）ICP 真正成为全球性比较是从 2005 年第 7 轮开始，ICP 不同轮次的数据结果不可比较，因为其总量方法一直在调整。这是不是意味着：ICP 仍然是一个"发展中"的经济统计项目，并没有成熟？

（5）将国家作为国际比较的基本单位，部分出于数据可得性，当然各国政府也是 ICP 数据的主要用户。国家规模差异对 ICP 数据结果的影响究竟如何？"年国家平均价格"的代表性与国家规模差异的关系究竟如何？

（6）所谓"同一产品"（identified product），是否可以从不同视角来定义？是否还需要分别确定"实物同一产品"和"经济同一产品"？不同的"同一产品"定义对价格比率的估算意味着什么？

（7）经济越发达，产品密度越高，所以，"EU-OECD 组"的标准产品描述法比其他区域的标准产品描述法包含更多的产品数。从方法论角度看，富国与穷国比较时需要迁就后者，而采用比较粗略的产品目录，这是否造成了发达国家的"产品分类粗略化"？这是否容易造成采价的偏误？对"质价分离"（the price-quality separation）的影响如何？

（8）如何系统地考察 GDP 统计缺陷对 ICP 数据质量的"外部"冲击？从方法论学理上看，尤其对支出法 ICP 而言，所比较的总量指标应该是 GNI，而不是 GDP。ICP 可能更换总量指标吗？

（9）政府产出在发达国家 GDP 中所占的比重很大，而政府产出恰恰是"比较抗阻项目"（comparison resistant item），考虑到国际比较指标的内在"传递性"（transitivity），这对全球 ICP 数据结果的质量影响如何？

"疑问清单"其实是没有穷尽的,笔者的其他一些疑问散见于所撰写的 ICP 相关论文中。在这些疑问中,有的笔者至今仍然在思考,有的则已经给出了一些尝试性的初步回答。

2018 年 5 月,澳大利亚昆士兰大学教授、世界银行 ICP 技术咨询组资深成员 Prasada Rao 先生在北京师范大学国民核算研究院讲学,专门抽时间就此 50 个疑问与笔者长谈了三个多小时。

事先笔者将这些疑问清单提交给 Prasada Rao 教授,见面时他逐个问题做了评论、讨论和解答。前半程王亚菲教授也参与了问题讨论。在 Prasada Rao 教授看来,清单中个别问题恐怕并不是问题,但笔者提出的多数疑问值得深入研究。

对比来看,SNA 方法论手册迄今已经做了三次重大修订,预计 2025 年会再一次进行重大修订。每一次修订都会面对若干需要讨论和具有争议的方法论问题,有的在修订中得到阶段性结论,纳入修订后的方法论手册,有的则留待做进一步的研究,SNA 在这个演化过程中趋于成熟。ICP 是否也应该效仿 SNA 呢?

参 考 文 献

（1）Kravis I B，Heston A W，Summers R. 1982. World Product and Income—International Comparison of Real Gross Product[M]. Baltimore：The Johns Hopkins University Press.

（2）Kurabayashi Y，Sakuma I.1990. Studies in International Comparison of Real Product and Prices[M]. Tokyo：Kinokuniya Company Ltd.

（3）Neary J P.2004. Rationalizing the Penn world table：true multilateral indices for international comparisons of real income[J]. American Economic Review，94（5）：1411-1428.

（4）Hill R J，Hill T P. 2009. Recent developments in the international comparison of prices and real output[J]. Macroeconomic Dynamics，13（2）：194-217.

（5）徐强. 2011. 基于指数的宏观经济价格与物量测度论[M]. 北京：中国财政经济出版社.

（6）Eurostat，OECD. 2012. Eurostat-OECD Methodological Manual on Purchasing Power Parities [M]. Paris：OECD Publishing.

（7）The World Bank. 2013.Measuring the Real Size of the World Economy：the Framework，Methodology，and Results of the International Comparison Program—ICP[M].Washington：The World Bank Group.

（8）邱东. 2015. PPP 同质度指数的设计[M]//宋旭光. 看懂中国 GDP. 北京：北京大学出版社：40-45.

（9）高敏雪，李静萍，许健. 2013. 国民经济核算原理与中国实践[M]. 3 版. 北京：中国人民大学出版社.

（10）Lequiller F，Blades D. 2014. Understanding National Accounts：Second Edition[M].Paris：OECD Publishing.

（11）迪顿 A. 2014. 逃离不平等——健康、财富及不平等的起源[M]. 崔传刚，译. 北京：中信出版社.

（12）亚洲开发银行. 2014. 购买力平价（PPP）与实际支出——2011 年亚洲及太平洋地区国际比较项目（ICP）[M]. 国家统计局国际统计信息中心，译. 马尼拉：亚洲开发银行.

（13）邱东. 2016. 国际经济比较方法论问题的再思考[M]//邱东，吕光明，等. 国家统计数据质量管理研究. 北京：北京师范大学出版社：493-507. 可参见宋旭光. 2015. 看懂中国 GDP[M]. 北京：北京大学出版社：24-40.

（14）曼昆 G. 2015. 经济学原理——宏观经济学分册[M]. 7 版. 梁小民，等译. 北京：北京大学出版社.

（15）哈耶克 F. 2015. 知识的僭妄[M]//哈耶克 F. 哈耶克文选. 冯克利，译. 郑州：河南大学出版社：593-608.

（16）勒盖耶 F，布莱兹 D. 2017. 理解国民账户（第二版）[M]. 国家统计局国际统计信息中心，译. 北京：中国统计出版社.

（17）Jung J H，Yoo J J，Arnold T J. 2017. Service climate as a moderator of the effects of customer-to-customer interactions on customer support and service quality[J]. Journal of Service Research，20（4）：426-440.

（18）阿瑟 B. 2018. 复杂经济学[M]. 贾拥民，译. 杭州：浙江人民出版社.

ICP 基本类别 PPP 中隐含的"纯价比假设"
—— "标准产品描述法"确认"经济同一产品"的风险^①

1 本文的缘起和主要内容

如同"ICP 逻辑图"^②所显示的那样，PPP 是 ICP 的核心产出，用以调整名义 GDP 得出对实际经济规模的测度。"总体 PPP"基于"基本类别 PPP"^③，即不同国家"同一产品"（identical product）价格比率的加权平均^④，所以，所比较的是否为"同一产品"至关重要。按照日常的理解，在不同国家找到相同产品，如可乐、汉堡、大米等，似乎并非难事。然而不然，经济统计学需要对此做出专门的安排，针对产品"同质性"的基本工具是产品分类。一般而言，类别层级越低，产品的"同质性"越强，到了"基本类别"，特别是有了专门制定的"标准产品描述法"，"同质性问题"似乎已经得到解决。

笔者偏好于对 ICP 的基础性思考，在《国际经济比较方法论问题的再思考——ICP 中的 RAQs》中，曾专门用一节分析比较"同质性问题"，不过当时对"标准产品描述法"特别信任，故而笔者的研究重心在于"等价比假设"——"非匹配品"（non-matched product）的价格比率的估算。

---

① 本文有关内容于 2015 年末在日本立命馆大学（Ritsumeikan University）经济学部做过讲座，2016 年初本文第一稿形成后，在 Itsuo Sakuma 教授主持的日本国民核算研究会的专题讨论会上做过报告和讨论，题目是"The Hidden Pure Price Ratio Assumption for the BH PPP"。其修改稿 2016 年 6 月初在北京师范大学国民核算研究院做过研究报告。本文第二稿中有关价格测度的内容 2016 年 10 月初在江西财经大学举办的 ICP 国际研讨会上做过大会报告，题目是"Price Measurement Uncertainty"，其后又在 2016 年度"北京论坛"上做过小组发言。2018 年 10 月 29/30 日，北京师范大学国民核算研究院举办了 ICP 的国际研讨会，主题是"国际比较 50 年：成就与展望"。本文（第三稿）的英文稿在大会做了报告。现在的版本是本文的第四稿，发表在《经济统计学（季刊）》2018 年第 2 期（总第 11 期），不过由于篇幅原因，收入本书时第四稿中关于价格测度不确定性和"宾大效应"的内容另外成文，第四稿开始部分也以《货币购买力国际比较研究的格局》为名单独成文，收入本书时这三份文稿都做了补充和修改。本研究后期获得国家自然科学基金项目资助（项目批准号：71873019）。

② 参见笔者《货币购买力国际比较研究的格局》。

③ 英文为 basic heading PPP，国内多译为"基本分类 PPP"，考虑到 basic heading 是 ICP 支出项分类的结果，是七个类别中的基础层级，本文译为"基本类别"，以强调名词与动词的区别。

④ 即笔者所概括的 PPP 计算性质。

　　2015 年 10 月起笔者在日本滋贺大学做了四个月的教书和研究工作，即便只是临时居民，与短期访客的体验也大为不同。①日本日常生活中隐含的高质量和软实力让笔者震惊，校正了笔者的专业眼光。大概个把月，笔者深切地感受到：在发达国家和发展中国家之间要确认"同一产品"相当困难，这将导致，ICP 中基本类别 PPP 的"纯价比要求"（the requirement of pure price ratio）无法实现，在很大程度上只能是个假设。经济社会现实差异的撞击，引发笔者开始从这个角度对 ICP 方法论进行深入思索。

　　相比而言，笔者的思考更强调立足于现实经济基础，坚持"公理原则"，从基本事实和基本认知出发②来探讨相关经济公理的链接，即挖掘国际比较的内在逻辑过程。基本类别 PPP 计算基于"纯价比假设"（the pure price ratio assumption），这对 ICP 而言最具基础性，而基础性从另一方面解读就可能意味着颠覆性，涉及最基本的比较效度。

　　笔者采用价格—产品—特征—质量四因素循环的"PPCQ 认知过程"，本文首先分析国际比较中的基本类别 PPP 为什么需要设立"纯价比要求"，ICP 采用"标准产品描述法"是否能够满足这一要求？为了确切回答这些问题，先回溯剖析有关产品的四个基础性概念——实物产品和服务、实物因素与非实物因素、"实物同一产品"与"经济同一产品"、"产品特征集"及其两分。然后，从销售点类型、市场营销中的因素、"产品密度"、"组服务"的质量不确定性等方面，分别探讨了确认"经济同一产品"的微观困难，进而从经济结构和社会环境等角度探讨了确认"经济同一产品"的宏观困难。由于存在这些确认同质性的困难，在国际比较中我们面临着相当大的风险——将"质量差异"混淆为"价格差异"，采用类似边际分析的思路便于发现这种混淆，而其内在原因主要在于因素分解估算中需要用"数量"（quantity）替代"物量"（volume），总之，"纯价比要求"无法充分实现，因而基本类别 PPP 的计算结果隐含了"纯价比假设"，数据结果的可靠性面临着不确定性风险。

2　ICP 中"纯价比要求"的必要性和工具

2.1　ICP 为什么需要设立"纯价比要求"？

　　ICP 的主要目的是比较各国的"物量"（volume，Vo），即其测度目标是实际

---

　　① 特别感谢日本滋贺大学时任校长佐和隆光先生，邀请笔者到该校担任客座教授，讲授一个学期的两门课程，这给了笔者"下马观花"的机会，对发达国家的"发达"究竟何在有所体验和思考，不再是浮光掠影。

　　② 这种基于公理性的研究貌似初级，但一个优势是能尽量减少假设前提对分析结论可靠性的负面影响，这反倒是复杂模型所无法超越的优势。

产出总量（ΣVo）及其结构。然而，物量由各种实物产品和服务组成，我们不能将质量各异的产出加在一起，也就是西谚通常所说，"不能将苹果与橘子加在一起"[①]，这并不是数学上的"不可加性"，而是其相加结果没有经济意义[②]。所以，宏观物量其实不可直接测度和比较，宏观物量的"不可直接测度性"或"不可加性"使得直接测度方法行不通。

从微观观察到宏观计算，经济测度面临着产出的"经济可加性"困难，市场经济是一个伟大的"学校"，在"制造"测度困难的同时也准备了解决该种困难的某些条件。经济统计学提供的解决办法是引入价格（price，P）因素，作为"同度量因素"（isometric factor）[③]，将指标变成"价值（value）总量"[④]，即 ΣVoP。不同产品的价值量相加可以得出所有产品的价值总量。产品物量不能直接相加，但乘上价格后就能知道它们值多少钱，把各不同产品（物量）所对应的钱数合计，就可以知道这些产品一共值多少钱。不过需要明确的是，这种产值计算隐含了一个假定，即"一价定律"的成立。在所计算的经济空间里，货币的购买力相同，也就是说，相同的经济产品价值相同，都值同样数量的钱。

还有一点需要注意，按照通常的经济统计学认知，这样得到的只是"名义产出"（nominal output）。试想，如果某经济体第二年生产了与第一年完全相同的实物和服务，两年的产出总量就应该相同。不过，如果第二年实物和服务的价格上涨了，那么第二年的产出价值总量就会超过第一年，从"实际产出"的角度看似乎出现了悖象，经济统计对此自然不能放任不管。所以，接续的计算过程中还要剔除价格变动因素，即 ΣVoP/P，从而得到物量的加总值，即"实际产出"（real output），这是一种"引入再剔除"的间接方法。

为了形象地理解，间接测度宏观物量也可以看作一种"仿生学方法"（the bionic simulation method），人类测度物量就如同鲸鱼捕食。鲸鱼先吞入包含磷虾的海水，然后用鲸须板挡住磷虾，吐出海水，从而得到磷虾。在这个类似的过程中，名义产出（VoP）相当于包含磷虾的海水，实际产出（Vo）相当于磷虾；而价格（P）相当于海水。

经济学原理告诉我们，天下没有免费的午餐，"经济可加性"问题解决了，并不能高枕无忧，还需考虑：其代价是什么？需要经济统计学深入研究。笔者以为，这并不是测度难点的消除，而只是测度难点的转移——要求更准确的价格水平测

---

① 这里不能望文生义，误以为两种水果加在一起也没什么了不得，而西方人是用"苹果和橘子"代指风马牛不相及的事物。

② "数学可加性"与"经济可加性"是两回事，不可混淆。

③ 同度量因素同时也是权数，这一点非常重要，或许更为重要。笔者认为，同度量是形式化要求，往往显在；而确定权数则是实质性要求，但往往潜在，故更须充分关注。

④ 从 GDP 支出法的角度看则为支出额。

度。引入价格造成了两种产出指标，即名义产出与实际产出的二分。[①]要得到准确的实际产出（即我们要认定的物量），对时间比较而言，需要准确测度价格水平的变化（price change），对空间比较而言，则需要准确测度价格水平的差异（price difference）。有道是，"请神容易送神难"，如果价格测度存在不确定性，那么"间接法"就容易失效。如同鲸鱼捕食，如果口腔内的鲸须板损坏或失调，海水少排或磷虾随海水排走，则留存的磷虾数量会受到影响。

ICP 基于 SNA，即是从 GDP 名义值中剔除空间价格差异因素对国际比较的影响。在空间经济比较中，"纯价格"测度及其"纯价格比率"对 PPP 的计算至关重要。欧盟和 OECD 发布的 PPP 方法论手册中强调了其主要理由："对某项产品而言，可比产品采价确保国家间的价格差异仅仅反映价格上的差异，而不受质量差异的影响。如果此项要求不能得到满足，质量差异将误作为价格差异，导致价格水平以及相应物量水平的低估或高估。"[②]这个公理被广为接受，但我们不能止步于此，事体重大，关乎货币购买力国际比较的初衷能否达成。

解决可加性问题的代价还包含另外一个难点。因为价格并非独立项，总是与某一特定产品相附着或相联系，所以要准确测度价格水平的变化和差异，其必要前提就是对"同一产品"的认定。产品相同与否，初看上去很容易判断。但如果深入探究，认定"同一产品"的难度及其给经济测度带来的影响远远超出了我们的想象。

2.2 ICP 实现"纯价比要求"的工具——"结构产品描述法"

怎样才能准确地在国家间匹配"同一产品"呢？自 2005 年第 7 轮以来，ICP 所使用的测度工具就是"结构产品描述法"（structured product descriptions，或"标准产品描述法"，SPDs）。

"标准产品描述法设计用以确定不同类型的产品，从而所有产品得以用同样的方式定义和说明，并确定同样的参数。"在标准产品描述法中，"产品针对影响交易价格的所有特征因素做出完全的定义，目标是按照相同质量采价以得出反映纯价格差异的价格相对数。"[③]

在欧盟和 OECD 的 ICP 手册关于"结构产品描述法"的概念中，我们可以

---

① 实际上也会造成价格本身的两分，即产品与价格间存在着对偶性，或许其程度有所区别。笔者在《价格测度不确定性定理与"宾大效应"》中将进一步剖析。

② 参见 European Union，OECD. 2012.Eurostat-OECD Methodological Manual on Purchasing Power Parities[M]. Luxembourg：Publications Office of the European Union：415.

③ 参见 European Union，OECD. 2012. Eurostat-OECD Methodological Manual on Purchasing Power Parities[M]. Luxembourg：Publications Office of the European Union：437.

发现两个非常强烈的用词:"完全定义"(fully defined)和"所有特征"(all characteristics)。是的,如果想要得到纯粹的价格测度和纯粹的价格比率,就必须使用这样的词语,否则根本上就没有"纯粹"可言。

然而,这样严格的词语其实不应该出现在经济统计术语之中,因为它们或许可用作"理论性定义"(theoretical definition)或"概念性定义"(conceptual definition),但不是"操作性定义"(operational definition)或"测度性定义"(measurable definition),而经济统计学的使命恰恰就在于理论与经济实践之间的过渡,注意和强调两类定义间的区分恰恰是经济统计学的专业意义所在。按照概念性定义,似乎所有应该比较的项目(item)都列出来了,而且各项目的所有特性都描述到了。那么现实 ICP 操作究竟如何呢?

从绝对意义上看,我们无法确切知道所定义产品究竟有多少特征,我们甚至无法确切知道"产品特征表"的终点在哪里,因为产品特征总是在随时发展之中。标准表之外还会存在产出特征,这表明产品特征的描述不可能完全。事实上,我们连产品定义的精确程度都无法确切知道。基于这三个"无法确切知道",所谓"完全定义"和"所有特征"恐怕仍然距离经济现实和测度操作很远,或许只存在于乌托邦中。

一方面,"纯粹"意味着一种极端状态,我们不得不使用非常严格的标准才可能靠近它;另一方面,在经济实践中确定"所有特征"并得出"完全定义"难乎其难,其实是一种不可完成的使命。

但"所有"和"完全"这种表述给人们一种目标可以达成的误解,一种测度上的"完备性幻觉"。"测度世界经济真实规模"(measuring the real size of the world economy)是 ICP 的美好愿景,并不是说 ICP 结果必定真实。

我们注意到,ICP 非常关注产品确定过程中可能产生的偏误,还专门确定了"产品偏误"(product bias)这一术语。欧盟和 OECD 的 PPP 方法论手册中指出:"当采价者采价时没有达到产品确定标准,或忽略对异常情况做出报告时,会产生产品偏误。或许采价者没有意识到与标准的背离,比如产品确定时过于宽泛,或者虽然按采价指导采用了替代产品,却没有在价格报告表中提及。"①

然而需要特别注意的是,相对于产品标准而言,这些偏误只是操作性的,对 ICP 方法论而言是"外生"的。②从而需要进一步思考的问题是,是否存在"内生产品偏误"?即由于内置于 ICP 标准自身而引发的偏误风险。

影响交易价格的因素是多元的,这种多元性打开了通向"同一产品确认悖境"(the dilemma of identifying a same product)的后门,而这种悖境将持续困扰我们在空间经济比较中对产品的描述。本文从基本概念入手来剖析这个悖境。

---

① 参见 European Union,OECD. 2012. Eurostat-OECD Methodological Manual on Purchasing Power Parities[M]. Luxembourg:Publications Office of the European Union:433.

② 笔者认为,所谓"内生"或"外生"应当依照论域相对而定。

3　与产品相关的四组基本概念

秉持"公理原则"，为深入理解"同一产品确认悖境"，需要厘清和扩展与产品相关的四组基本概念。

3.1　实物产品[①]与服务

实物产品与服务是两种最基本的产出类型，人们从日常生活中可以很方便地体会二者的区别，经济学家[②]也对之特性做出概括，比如：第一，实物产品有形，而服务无形；第二，实物产品的生产和消费可以分离，而服务的生产和消费则同时进行；第三，实物产品的质量取决于生产者，而服务的质量还同时取决于消费者。当然，人们对二者区别的认知和概括并没有穷尽，而基础概念内涵的变化则会对 ICP 带来不确定的影响。

服务产业自身仍在发展之中。清华大学江小娟博士指出，传统服务业通常需要生产者与消费者面对面，生产与消费同时同地进行。能够使用的机器设备少，难以产生规模效益，生产率低下，难以外包，缺乏分工效率，跨国交易更为困难。现代服务业得益于技术创新和信息网络，生产率提高，外包可能性加大，跨国交易得以实现。[③]

服务的拓展使其第四个特性凸显：实物产品具有明晰的物理边界，与此不同，服务的边界不易把握，服务环境对其质量影响相当大，从而成为服务的必要组成部分。那么，服务环境的范围究竟需要划多大？这是不确定的，且是动态的。

测度困难并不局限于对服务自身的把握，还在于对实物产品与服务的关系处理。笔者强调指出，尽管人们可从概念上清晰地划分二者，但它们在经济现实中往往彼此混合。人类"用商品生产商品"[④]，二分而言，我们用实物产品生产实物产品，用服务生产服务[⑤]，用实物产品生产服务[⑥]，用服务生产实物产品。

看待产出可以有消费者和生产者两种视角。作为消费者，当我们购买某种服

---

① 即通常所说的"货物与服务"（goods and services），这里为了突出强调产品与服务不同的实物形态，用了这个说法。

② 经济统计学大师 Peter Hill 对传统的实物服务二分法提出了深化的见解。

③ 需要进一步考虑，服务业的现代化对 ICP 的影响是什么？我们的比较方法是否需要做出相应的调整？

④ 英国剑桥大学研究员 Sraffa Piero 教授的一部著作的名称。

⑤ 例如，美国医院将其病人的影像分析外包给印度医生。

⑥ 比如服务中的"实物证据"（physical evidence），后面还将论及。

务时，我们当然知道其中可能包含着某些实物产品；当我们购买实物产品时，我们也会要求提供某些附加服务以获取更多的利益。商家也乐于用附加服务来促销，生产者用服务生产产品（服务和实物产品）时，所添加的服务将不同的实物产品组合为某种"整体"产出，并表现出与其他产出的差异。这就预留了一种风险：如果对产品中隐含的服务测度不足，就会漏测产品的质量。

其实，所谓实物产品和服务都是一种抽象概念。尽管我们经常区分实物产品和服务，但须知：经济现实中并不存在"纯实物产品"（pure physical product）和"纯服务"（pure service），二者实际上密不可分。不管它们的最终产品形态如何，它们在现实中总是以混合的方式存在着。服务未必以"显在最终产品"形态存在，更可能以某种"组分"的形态隐含存在。对任何产品而言，其中的"隐含服务组分"（implicated service component）只是多少的问题，而不是有无的问题。例如，"产品质量保证"就是一个典型例证，再如产品的"可退换承诺"，这些往往是潜在的服务组分，是消费者的"或然收益"，也是生产者的"或然成本"。进行国际经济比较时，仅仅考虑"显在最终产品"并不够，需要关注最终产品中隐含的组分[①]，特别是服务组分。

经济现实中的确存在着作为隐性组分存在的服务，它们是最终产品的组成部分，但并非作为明显独立形态的最终产品出现。第 4 轮 ICP 报告将"最终产品形态的服务"区分为两大类：有市场价格的服务和具备"比较抗阻性"（comparison resistance）的服务。[②]然而，最终产品中还隐含着人们所忽略的却又比较重要的服务组分，对产出质量和产品价格形成都发挥着重要作用，是其重要决定因素之一，但长期以来并没有被人们所认识。

可惜的是在认知难易度上，我们比较容易知道服务中包含了多少实物产品，却很难知道有多少"服务组分"隐含在我们购买的实物产品和服务中。服务类型本身相当复杂，导致了其在组分确认上与实物产品相比的不对称性，这也导致了确定"同一产品"（在 ICP 支出法中即"匹配支出项目"）的潜在困难。

3.2　实物因素与非实物因素

实物产品和服务的确定涉及两类最基本的构成因素，"实物因素"（physical factor）和"非实物因素"（non-physical factor）。实物因素通常显而易见，而非实物因素则来自经济、社会、文化、资源、环境等不同领域，它们都会影响交易价格。

早期 ICP 曾确定过"实物原则"："一个马铃薯就是一个马铃薯。"需要深度思考

---

① 注意这些是未被测度到的最终产品，并非中间产品。

② 参见 Kravis I B，Heston A W，Summers R.1982.World Product and Income—International Comparison of Real Gross Product[M]. Baltimore：The Johns Hopkins University Press.

的问题是：为什么需要这一原则？①使用这一原则的行为本身就表明：即便是"实物同一产品"的确认，也仍然可能需要某种抽象，或者，某种"忽略"。马铃薯虽然是实物产品，但还是有个头大小、淀粉含量高低、可储存时间长短等产品特征差异，其中包含了显示度没那么高的特征因素，究竟应该细化辨识到什么程度？如果没有事先约定，确认同一产品也可能存在困惑。经济现实中，只是对完全标准化生产的工业实物产品而言，"物理同一性"才比较容易确认。

然而，确定"非实物因素"却更为困难。"非"字表明，这些因素是余项，是杂类，本身就特别复杂。但恰恰是非实物因素使得产品间的相互区别复杂化，被数字经济、共享经济和人工智能等所推动，包含了越来越多种类的质量因素。创新就是求异，经济发展过程就是产品不断丰富（也即趋异）的过程。

这里还有一个问题需要注意，是否为"实物因素"与是否可观测并不等价，"非实物因素"肯定无法观测，但并非所有"实物因素"都可观测。我们的"实物因素"往往仅就人类当下掌握的观察尺度而言，所谓"看得见摸得着"，所谓"眼见为实"。

比较明显的如微生物这种实物因素，在被观测到之前即被忽略掉了，哪怕它们就在我们的体内和身边。明明知道有未知微生物存在，只要没感受到其危害，我们甚至都没有去观察的动机。至于微生物对人类的潜在益处，则往往被当作天赐人权而坦然接受，除非发现了新的商机，否则很少有人去深究。微生物的存在对产品质量的影响肯定存在，但很少被纳入经济测度和比较的视野。或许，现有的测度困难已经足以让我们焦头烂额。

从早期采用"实物原则"到 2005 年第 7 轮项目采用"标准产品描述法"，体现了产品特征比较的细化，体现了 ICP 顺应历史趋势的改进，问题在于，"标准产品描述法"也还存在弱点和不足，要实现对"同一产品"的正确认知，任重道远，以至于看不到尽头。

3.3   "实物同一产品"与"经济同一产品"

笔者认为，"同一产品"（identical product）的概念需要细化，至少存在三个"同一产品"的子概念。国际经济比较不能仅仅从实物意义上认定，而必须在经济意义上做出认定。由于销售条件（sale condition）等非实物因素的影响，实物意义上的同一产品（"实物同一产品"）并不一定就是经济意义上的同一产品（"经济同一产品"），我们不可将二者混为一谈。

---

① 或许这个原则本身就是矛盾的产物，这体现了经济统计学的突出特点，测度者往往身处悖境。当然，实物产品与非实物产品的划分十分重要，毕竟"实物同一产品"是"经济同一产品"确认时的一个重要基础，"实物原则"正是基于这一关系。我们应该知晓人类的局限，认知"以眼见为基础"的倾向不会轻易改变。

在哲学意义上，绝对的同一产品并不存在。如古希腊先哲赫拉克利特所示之公理，人不能两次踏入同一条河流，"哲学同一产品"（philosophically identical product）实质上是一个空集。这个理论概念的意义在于，它是一个标杆，与现实中的"实物同一产品"构成了"同一产品"谱系的两端，而"经济同一产品"介于二者之间。

客观上存在着一个由产品特征决定的质量差异集合。空间经济比较的关键问题在于：哪些质量差异大到足以让产品独立？经济环境不同、文化传承不同、经济发展水平不同，对之的认知就可能不同，这就需要在"产品特征集"[①]中做出选择，这本应该是一个各经济体之间彼此协商和妥协（tradeoff）的过程。但在 ICP 发展的现实中，制定"标准产品描述法"却以美国经济分析局 CPI 分类为蓝本。

笔者尝试提出"经济同一产品"的如下定义：产品间差异的经济含义不显著，差别过小以至于交易者难以区分，对其经济行为的影响不显著。或者，由于产品间的差别不容易辨别，交易者投入时间和精力去细分产品所得到的收益不经济，即产品细分行为的成本效益比较不合算。

用这个思路来定义，不知是否有助于改善国际经济比较。或者说，基于这个定义和思路，我们在确认"同一产品"时还能做些什么？笔者认为总的趋势应该是：不能仅仅从"实物因素"来确认"同一产品"，而需要从"非实物因素"，特别是经济特性上，关注产品的"同一性"及其对产品质量的影响。

3.4 产品特征集及其两分

就某一产品而言，设定存在着一个"产品特征集"，人们确认"经济同一产品"时既不可能也不应该考虑产品所有的特征，而只是选择人们所重视的部分特征，因为经济统计所能支配的资源总是有限的。这样，"产品特征集"事实上[②]就存在着两个子集："定义产品用特征集"，其中包含着"质量显在因素"（the significant quality factor，本文标记为 Qus）；"定义产品时忽略的特征集"，其中包含着"质量潜在因素"（the potential quality factor，本文标记为 Qup），见图 1，即

$$产品特征集 = 定义产品用特征集 + 定义产品时忽略的特征集$$

$$质量因素 = 质量显在因素 + 质量潜在因素$$

---

① 注意这里不应该是"产品定义水平"（the product level），而应该是集合（set）的概念，即产品特征不是线性的，而是多元的（多维的）。笔者最初使用"产品定义水平"做分析，后来发现这个概念不妥，容易使人误以为这个水平（level）以上的产品确定（区分）因素都被考虑到比较之中了，实则不然。

② 选择即意味着放弃。

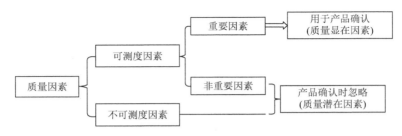

图 1 质量因素关系示意图

前者（定义产品用特征集）被列入了"标准产品描述法"的代表产品表，而后者（定义产品时忽略的特征集）则被忽略掉，然而，恰恰后者才是能否实现"纯价格"比较的关键所在。通常都以为被忽略的产品特征不太重要，遇事抓主要矛盾的行为习惯使得我们容易产生这种"以为"。然而，其中可能隐藏着因为"可测度性"差而被忽略的产品特征，我们并未就其重要性达成共识，还需要深入认知。

1974 年哈耶克教授在他的诺贝尔经济学奖讲演中指出：在社会科学中，碰巧有个事项能够进行测度，往往就被认为是重要的事项。只接受所谓科学证据的人，对无法测度的事实不屑一顾，因此生出一种十分惬意的幻觉：他们能够进行测度的因素，才是唯一相关的因素。[①]在确认产品特征时，哈耶克的批判具有重要的指导意义。

定义产品时，舍弃的产品特征其潜在影响未必就小，可能很大，但不易测度、比较，不宜或不能用来定义产品。被忽略的多为非实物因素，而实物性往往并不是质量影响大小的决定因素。比如汉堡包中隐含的文化因素，对发展中国家的经济影响是相当大的。[②]

再者，即使某些质量因素的影响小，加总在一起也可能变大。除非给出各种质量差异因素呈正态分布的证明，正负差异可以抵消为 0，或趋于 0，才可以忽略掉这些质量因素。

"作为隐含组分的服务"（services as implicated component）、非实物因素、"实物同一产品"与"经济同一产品"的差异、被忽略的产品特征，造成定义"经济同一产品"的种种微观困难和宏观困难，需要我们认真面对。

如图 2 所示，笔者的分析思路是：从价格[③]到产品，再到其特征因素乃至质量，最后回到价格。价格是公理链接的起因和归宿，所论及价格一定针对某一产品而

---

① 参见哈耶克 F. 2015. 知识的僭妄[M]//哈耶克 F. 哈耶克文选. 冯克利, 译. 郑州：河南大学出版社.

② 汉堡包似乎是国际比较绕不开的话题，本文 4.5 节将展开对汉堡包用于国际比较的论述。

③ 笔者认为，价格自身在社会现实中不能独立存在，必定依附于产品。

言，而产品能否独立成为某种产品由其特征
因素确定。全部特征因素分成两部分：可辨
识且重要的因素作为一部分，即"质量显在
因素"，用于确认"同一产品"；不易辨识因
素或可辨识且不太重要的因素作为余留部
分，即"质量潜在因素"，在确认"同一产
品"时被忽略。

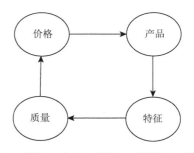

图 2　价格、产品、特征、质量的思路图

　　在这个"PPCQ 认知过程"中，产品特
征因素的这种区分包含了人为因素，并非中
性。用于确认"同一产品"的特征因素影响到产品种类的多少，同时也影响确定
产品种类后的某一产品的数量；而对被忽略的特征因素而言，其所代表的潜在质
量因素留存在哪里，值得深究。在第四和第五部分我们将看到，特征因素的组合
差异即产品"质量差异"，而由于国际比较不可避免的认知困难，部分"质量差异"
将被混淆为"价格差异"。

4　确认"经济同一产品"的微观困难和宏观困难

　　本部分从销售点类型差异、市场营销中容易忽略的产品特征、产品密度差异、
"组服务"的质量不确定性和典型例证（汉堡包）来说明确认"经济同一产品"的
微观困难。再从经济结构和环境来说明确认"经济同一产品"的宏观困难。

4.1　销售点类型差异

　　在不同销售点销售的产品是空间经济比较中的同一产品吗？或者"低端销售
点"（lower-end outlets）销售的某"实物产品"与"高端销售点"（higher-end outlets）
销售的"实物同一产品"是"经济同一产品"吗？
　　经济统计学教科书对此的回答是：不！"国民核算人员也认为销售点类型（地
方小店与超市）与产品确定相关。因为它是产品的特征之一，原则上不能把通过
不同销售渠道销售的同一实物产品相加在一起。"①
　　这个回答仅仅针对某经济体内部的情形。考察维度越多，"比较抗阻因素"

---

① 引自 Lequiller F，Blades D，Understanding National Accounts，second edition. OECD Publishing：53. 也可参
见勒盖耶 F，布莱兹 D. 2017. 理解国民账户（第二版）[M]. 国家统计局国际统计信息中心，译. 北京：中国统计
出版社：37.

（comparison resistance factors）[1]包含得就越多。当我们试图确认不同经济体之间的对应销售点时，问题就更为复杂。我们能把世界各地同等级销售点（如跨国超市沃尔玛）销售的"实物同一产品"确认为"经济同一产品"吗？如果"实物同一产品"在不同国家以不同的价格出售，这种价格差异究竟意味着什么？该价格差异仅仅是不同国家价格水平高低的体现吗？难道其中不包含质量因素的差异吗？

　　我们以貌似可比性相当高的跨国超市为例来做进一步说明。在某些发达国家超市中，通常有一项服务叫作"无理由退货"，这在发展中国家并非普遍存在，即便大型跨国超市在其母国相当包容，但在发展中国家（包括其中的新兴国家）也通常不会提供此项服务。即便这些跨国超市到异国开业之初提供这种服务，时间不长就会取消。显然，如果将发达国家超市中这些特别（优惠）服务条款和其他服务差异[2]扣除掉，其商品价格还可能或应该下降许多。至少价格中这个理应下降的部分就代表了服务差异，即商品质量差异，而非价格水平的不同。

　　就销售条件而言，我们能确定相同类型销售点（高端和低端）在不同国家的销售条件真的相同吗？发达国家的地方小店（低端销售点）能否提供比发展中国家超市（高端销售点）更好的服务呢？论及销售渠道，同一经济体内地方小店与超市之间存在着差异，不同经济体间同类型销售点（地方小店或超市）之间也存在着差异，我们能确认前者一定大于后者吗？

　　让我们比较一下两种不同的差异，见图 3。

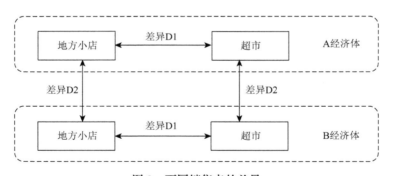

图 3　不同销售点的差异

这里，D1 是某经济体内部销售条件的差异；D2 是不同经济体间销售条件的差异

图 3 中，我们能确认：D1 一定大于或小于 D2 吗？一般而言，假如我们按国别或销售点类型分组，我们能确认组间差异一定大于（或小于）组内差异吗？分组标志是多元的，分组标志不同，组内和组间的对比关系也会相应发生变化。所以，无论以经济体类型还是以销售点类型作为分组标志，此疑问都成立。

再打个比方来解读这种不确定性，如果我们比较两栋大楼某一楼层的高低，一幢是摩天大厦，一幢是普通楼房，我们能确认普通楼房中的高层房间一定高于（或低于）摩天大厦中的低层房间吗？我们可以将两种类型建筑中的高层房间（相当于高端销售点）作为同一项目吗？我们可以将两种类型建筑中的低层房间（相当于低端销售点）作为同一项目吗？显然，高楼低层与低楼高层关系并不确定。

如果我们将不同国家的同类销售点作为比较基准，则上述误判风险可能会严重影响比较结果。然而真正的难题在于：如果不同国家的同类销售点都不可作为比较基准，则空间经济比较根本无法进行。由此可见，仅销售条件差异一个因素就将空间经济比较置于"同一产品"的确认悖境。

我们应该深入考察"标准产品描述法"的"标准外特征因素"，要获取相对可靠比较结果，这恐怕是必须采取的措施。然而，还有更多的影响因素需要探究。

4.2　市场营销中容易忽略的产品特征

产品的特征是多元的，从市场营销学对"市场营销组合"（marketing mix）[①]的研究中，可以对产品特征的构成有更多的认知。

市场营销组合最开始提出"4P 模型"，包括产品（product）、价格（price）、推销（promotion）和地点（place）四个因素，后来又发展了过程（process）、人（people）、"实物证据"（physical evidence）和运行（performance）四个因素，拓展成了"8Ps 模型"。也有学者认为这样概括不够准确，"4P 模型"仅仅是供给方模型，市场营销应该提供一个以需求方为中心的视野，从而提出了"4Cs 模型"，包括消费者需求（consumer）、成本（cost）、沟通（communication）和便利（convenience）四个因素，后来被拓展为"7Cs 模型"，分别为公司（corporation）、商品（commodity）、成本（cost）、沟通（communication）、渠道（channel）、消费者（consumer）、氛围（circumstance）。

当然，市场营销组合的构成未必就是产品的特征，但是借鉴市场营销的研究却有利于我们得出更深入的产品认知，因为市场营销人员就是与产品相关的各种"成分的混合者"（mixers of ingredients）。

---

① 相关课程培训教材和网上都可以方便地得到对 marketing mix 基本内容的介绍。涉及不同领域的测度和比较问题，经济统计学需要领域知识的持续支撑，故而应该关注相关领域知识的进展。

产品本身就包含无形成分，比如产品设计、产品分类、补充性服务、售后服务、服务水平、担保和保修期、退货、产品全生命周期管理等。按照这些模型，即便是"实物证据"，也包括销售环境或服务环境这样的抽象成分，如空间布局、周边条件等。而且，市场营销组合中的价格并不仅仅是现金价格，还包含了时间和采购努力等"心理成本"（psychological costs），甚至包括"因采购而未照顾孩子的内疚成本"[①]、保持产品忠诚度的成本等。总之，市场营销组合的发展重心越来越趋向于"隐性服务组分"，这揭示了市场交易的动态复杂性，会对我们确认产品特征持续造成困难。

有的学者认为，随着经济全球化的发展，产品越来越标准化，越来越趋同，这样，产品同一性的确认就不成问题。笔者认为，我们应该全面分析经济发展趋势对国际比较的影响。在经济现实中，产品的同一化趋向和差异化趋向可能同时存在，不能只强调一方面而忽视另一方面。

从大数据时代跨越到人工智能时代，个人偏好将对产品质量和价格决定的作用越来越重要。偏好从反面、对立面印证了产品特征差异，即质量的不同。需求的对立面是供给，这就意味着，偏好的对立面是质量差异。

私人定制产品就是新时代消费者体现其偏好的新方式，[②]这将降低经济产品（支出项目）的同一性，并大大增加实物产品和服务的差异性。经济越富裕，人们的专属化要求程度就越高。全球产业链形成过程中当然会出现产品的同一化倾向，但私人定制的差异化倾向将抵消同一化的影响，可以说，私人定制产品是经济趋同化的一种反动。综合起来，它们对空间经济比较的影响究竟如何，我们在研制国际比较方法时需要跟踪考察。

4.3 产品密度差异

本文的"产品密度"是从产品宏观意义上考察的，并不是指单一产品自身物质材料的密度，而是指产品与其类似规格品多寡所表现出来的种类密度。由于规格品种类不同，经济现实中不同地区的"产品密度"不同，即其产品的丰富性（丰度）不同。

"产品密度"不同将带来其可比性的疑虑。仅就某单一实物产品而言，暂且不考虑其中所包含的服务内容的差异，我们能把贫困国家中的某"孤立"产品与富裕国家中规格品匹配良好的该实物产品视为"经济同一产品"吗？孤立实物产品 A 与置身于某一"适配结构"中的实物产品 A 是"经济同一产品"吗？比如牛奶，

---

① a cost of guilt for "not treating the kids".
② 但私人定制产品未必都是高端产品。

假设在贫困国家只有一个规格品,而在富裕国家可以有 50 个甚至更多的规格品,我们能将那个规格品与 50 个规格品中的某个"匹配"的规格品视为同一产品吗?在孤立产品的情形中,可能规格品 A 因稀缺而更珍贵,也可能因缺少配套产品难以发挥效用而被嫌弃,其效用的不确定性更大。

再看一个本领域学者更为熟知的例子,许多经济学家都能感受到对穷国进行计量实证分析时所遇到的数据困难,因为穷国"GDP 总量数据"[①]的可用性通常比较差,我们可以此为例来参照理解产品密度的影响。因为分类数据不够详细,频率不够细致,所以穷国"GDP 总量数据"的经济分析效果比较差。事关有无"结构数据"的支撑,也涉及样本量的大小,不同国家"GDP 总量数据"的质量不同,虽然看上去都是"GDP 总量数据",但是在不同类型国家间却未必是匹配产品。换言之,就"GDP 总量数据"这种公共产品而言,富国的该项统计产品质量与穷国的该项统计产品的质量差异很大。

4.4　"组服务"的质量不确定性

我们知道,实物产品的质量取决于生产者,而服务的生产和消费往往同时同地发生,其质量既取决于生产者,也取决于该服务的消费者,比如理发质量,除了理发师的手艺之外,还取决于去理发的人是否配合。不过还有一类服务,其质量的决定因素更为复杂。无论私人服务,还是公共服务,都存在"组服务"这一特殊类别,比如组团旅游、乘车、乘飞机、餐馆用餐,甚至驾车出行使用公路等。

组服务的一个重要特性在于,其质量不仅由供求双方决定,而且可能由三方决定:不仅取决于服务提供者和服务购买者本人,还可能取决于该临时群组内的"其他服务购买者"。由于这一特性,群组内其他服务购买者的素质及其行为会成为该服务的质量因素,对消费环境会有正外部性和负外部性两类影响。如果其他服务购买者行为不当,将大大降低同群组被服务者所接受服务的质量。比如,在高档饭店,如果就餐者装扮典雅、举止得体,在里面就餐就是一种超级享受。反过来,如果顾客在公共场合大声喧哗,使得噪声充斥,置身于其中就是一种折磨。再比如,公路上其他司机的不良开车状态会降低道路的交通能力。

某些服务质量取决于同组消费者的行为,这是我们对服务特性的进一步认知。[②]这一特性会改变人们的经济行为,对消费结构有比较大的影响,当然也是影响产品供求关系和价格形成的重要因素。潜在负外部性将导致生产者对此类"组服务"的再细分,而高档消费者对高层次需求增多,比如旅行时选乘高等舱

---

① 这里我们将之视为一种公共产品。

② 生活经历中的种种反差使得笔者比较重视"组服务"的这一特性,这是对服务第三个特性的拓展。经济统计学说史中,彼得·希尔对如何认知服务不同于实物商品的特性做出过突出贡献。

位、高等车厢等，会增加原本并不需要的开支，用以躲避不良消费环境。中餐馆的包间需求和设置（供给）都比较多，一个重要原因便是，我们用餐时过于热闹，不太注意对其他食客的影响。

然而，消费"组服务"的人员仅在构成市场供求关系时临时凑成，国际经济比较时应该如何确定这类服务的质量差异呢？不同文化对此种服务质量的认同可能大相径庭，比如就餐，西方餐馆的大厅豪华，还可以增加"被看见"的机会，这是一种炫耀富贵的需求，类似于"T 台秀"的需求；而要人聚餐则往往需要的是商定重大事项的场合，所以需要有"包间"服务，以避开众人耳目。环境成为产品的组成部分，究竟如何确定其边界和质量？似乎无法事先做出统一规定。

实物产品的生产过程和消费过程可分，产品合格与否可在购买时检验，若检验正规，即可知产品对消费者福利的正负效用。但服务则不同，服务是否达标取决于消费者享用服务时的即时体验，供求之间博弈往往持续进行，供求双方，甚至不同消费者对标准的解读可能不同，质量高低更取决于市场的动态供求关系。服务可以终止，但往往不可逆，"退服务"的可能性比较小，即便退单，也往往是矛盾爆发的结果，与前期服务投入的关系不大。就这一点对供求双方而言，沉没成本的风险都相对比较高。而对"组服务"而言，这些特性尤为明显。

从近年来关于"服务氛围"（service climate）①的研究可以印证笔者的这个观点②。一篇名为《服务氛围美学》的网文中介绍：在服务场景下，他人在场对服务体验的影响已成为服务研究中规模虽小但发展迅速的一个领域，学者们将同时在场的顾客间影响称为"顾客间互动"（customer-to-customer interactions，CCI）。③一般而言，"顾客的公民行为"（customer citizenship behaviors）是服务质量的一个潜在影响因子。但顾客行为往往是不可控、不可预知的，应该正视其存在，而且服务提供者只能间接加以引导。

4.5　汉堡包是否存在确认同一性的困难？

汉堡包是国际比较中的经久话题，它似乎是最具备空间可比性的支出项目，因为全世界到处都开了汉堡包店，而且汉堡包以同一标准生产和销售，因此，其似乎足以反映不同国家之间的货币购买力差异。

然而，这只是一个"汉堡可比幻象"，如果经济体间具备相似性，采用什么方

---

① 互联网上提供的参考文献为：由 Jung 等在 2017 年所发表的文章，即 "Service climate as a moderator of the effects of customer-to-customer interactions on customer support and service quality"。

② 2015 年从日本滋贺大学回国后，笔者按照惯例在北京师范大学国民核算研究院做了关于"纯价比假设"的研究报告，其中对"组服务"的特性首次做了论述，魏辉先生对此特别赞同。

③ http://journals.sagepub.com/doi/pdf/10.1177/1094670517714331.

法来做国际比较，大都可以达成目的。但如果我们深入思考，"巨无霸指数"用作国际比较所面临的不确定性问题并不少。暂且不说仅用一种产品去反映经济总体 PPP 将会产生多大偏差，甚至汉堡包产品本身在不同层级的经济体中也具备不同的内涵。

在发达国家，汉堡包仅仅是一种快餐，不少人甚至认为其是垃圾食品。然而，在不少发展中国家，由于配方标准、营养平衡、外观诱人、包装美观、温热可口等来自欧美的"引进"因素，成了现代标准食品，一定意义上甚至成了奢侈品，一个汉堡包绝不仅仅是一个汉堡包。汉堡包在好多穷国至少是：①先进文化和现代生活的象征；②是一种表现开放态度和热爱现代生活的经济行为；③是一种流行消费体验；④是孩子们接受大人奖赏时的一种优先选择。这些特征当然会影响供求关系和价格变动。

从实物形态看，汉堡包在世界各国近乎为同质品，但从产品非实物内涵或经济形态看，它在发达国家与在发展中国家分别属于不同的食品层级，差异相当大。如果考虑了宏观文化因素，汉堡包的价值在发展中国家恐怕是被低估的。但是究竟低估了多少呢？不得而知。汉堡包同质可比，实乃一种幻象。

亚洲开发银行在《购买力平价（PPP）与实际支出——2011 年亚洲及太平洋地区国际比较项目（ICP）》中指出："从负面意义上看，巨无霸 PPP 不能用于换算居民消费支出，这是因为无论就消费还是经济体而言，它都不属于典型项目。因此，巨无霸 PPP 并不能代表消费群。对于一些发展中经济体而言，巨无霸甚至可能被视为一种奢侈品。因此，在针对一般价格水平差异调整经济体支出并将其换算成统一货币表示时，基于巨无霸价格算得的 PPP 并不实用。"[1]

这段话前面涉及汉堡包作为亚洲地区国际比较商品的代表性问题，而后面则涉及汉堡包商品本身在不同经济体的质量差异问题，商品标准化程度高低就是其质量差异非常重要的一个组分，而这种"质量差异"拓展到了一定程度，就意味着不同地区的巨无霸实质上是不同商品，而比较不同商品的价格则意味着将"质量差异"算作"价格差异"，从而印证了笔者的看法。

迈克尔·帕金（Michael Parkin）教授在《经济学》教科书中指出[2]：巨无霸 PPP 指数用了有误解和潜在错误的经济学，其基本假设是巨无霸汉堡包在全世界都相同，所以应该有同样的价格。这个假设是错的，当麦当劳出售巨无霸汉堡包时，它出售了一种服务和一种物品，其价格取决于当地的需求和供给条件。

帕金教授的批判实际上从比较机理上指出了其缺陷，印证了笔者"纯价比假

---

① 引自参考文献：亚洲开发银行. 2014. 购买力平价（PPP）与实际支出——2011 年亚洲及太平洋地区国际比较项目（ICP）[M]. 国家统计局国际统计信息中心，译. 马尼拉：亚洲开发银行。不少经济学教科书会引用巨无霸 PPP 作为说明国际购买力比较的例子，有的并不加以批判。

② 参见参考文献：帕金 M. 2003. 经济学[M]. 5 版. 梁小民，译. 北京：人民邮电出版社：767。

设"的分析。巨无霸汉堡包价格国际比较基于一个难以成立的假设，由于实物产品与服务的混合，由于不同地域的巨无霸汉堡包并非"经济同一产品"，故而势必包含质量差异因素，其 PPP 的数据结果自然存在可靠性风险。

帕金教授认为[①]：为了进行 PPP 比较，我们必须用在各国之间易于运输、包含服务因素少或者没有服务因素的物品。用游戏软件、个人电脑或计算机芯片的价格来表示 PPP 比用汉堡包的价格好得多。

对国际经济比较而言，真正的难题在于，巨无霸的"实物同一性"相当强，如果连巨无霸汉堡包这种"全球化产品"都隐藏着这么多"标准外产品特征"，都难以确定其"经济同一性"，那么"实物同一性"弱的种种其他产品又会如何呢？匹配其他支出项目的测度困难就可想而知了。可见，虽然 PPP 所比较的应该是"同一经济产品"的价格，但确保这一经济比较原则何其艰难。

4.6 确认经济同一产品的宏观困难

发展中国家与发达国家之间最大的差别，并不仅仅在于实物生产。如果发展中国家进入新兴经济体行列，则与发达国家的差异更在于社会环境和经济结构，这些宏观性"软因素"将极大地影响产品（支出项目）的质量。[②]

在发达国家，社会福利不仅存在于单个实物产品之中，同时也存在于总体社会环境和良好匹配的经济结构之中，后两者会大大提高产品（支出项目）的质量。特别是，如果某单项物质产品的效用容易受制于使用环境和社会结构，那么宏观性"软因素"更为重要。

对空间经济比较而言，区位和社会环境因素不可能得到完全确认，也不可能被完全测度。以房租为例，同样材质和实物质量的住房，由于区位和社会环境等原因，其租金价格可能大为不同。就购房和租房价格而言，仅仅区位一个因素甚至足以抵消所有其他价格决定因素的影响。然而，究竟如何测度和比较这种区位影响？我们具备精确计算区位影响的社会认知能力吗？这个典型例子提醒我们，来自社会环境和结构因素的质量差异可能隐含在价格之中。

还有一个测度问题是：总体的经济结构质量或其效益如何分摊到各类产品中去？在经济统计当中，即便总量可知但分量仍不可知的情形时有发生，若是总量不确定，其分量就更难确定了。比如日本铁道运输中，快车与慢车衔接

---

① 需要深入思考的是，帕金教授的建议对 ICP 意味着什么？如果产品中有的适合做估算 PPP 的标准代表品，有的并不适合，那么 PPP 数据结果能够反映整个经济的实际水平吗？对此笔者将在《对基本类别购买力平价计算中隐含的价格比率相等假设的考察》中做深入分析。

② 在日本滋贺大学教授经济学的四个月经历就让笔者特别感受到，虽然中国在实物生产方面缩小了与日本的差距，但就服务生产方面，特别是公共品的提供方面而言，发展中国家与发达国家还存在相当大的差距。

得相当顺畅，这种便捷所带来的时间效益如何估量？因不同交通工具的"适配"而节省时间带来巨大的经济和社会效益，虽无形而有大益，但是难以测度和比较。[①]

总体而言，"低价格"在发达国家当然意味着低付出的高质量生活，即物美价廉。甚至"高价格"在富裕国家也可能意味着高质量生活，因为所谓高价格实质上由其内在的高品质因素所支撑，即"物美价宜"。即便价格表现得比较高，其实也可以得到解释，未必真高。相对而言，尽管在贫困国家对应支出项目的"名义价格"（nominal price）比较低，只要其产品质量相应也非常低，"实际价格"（real price）在实质上反而可能是高的。实际上，价格和产出一样也可以且应该做这种名义值与实际值的区分，而且价格的两分与产出的两分呈对偶性。

可以发现许多质量方面的非实物因素和宏观因素，如果它们被忽视，便会低估穷国实际价格水平，并高估富国实际价格水平。在空间经济比较中如何将这类宏观性"软因素"考虑进去，又如何将之分摊到不同的产品（支出项目）中去，也许我们在这些方面应该深入思考。这里，"名义价格"是否属于哈耶克教授所说的"数量可测度的表面现象"（quantitatively measurable surface phenomena）？那么，"实际价格"呢？

"国际学生评估项目"（the program for international student assessment，PISA）为我们提供了调整宏观性"软因素"的经验。国际学生评估项目提供经过"经济、社会和文化状态"（economic，social and culture status，ESCS）校正的评估，因此可能更好地评估教学质量。为欧盟和 OECD 产出法数据所做的质量调整基于国际学生评估项目的分数，针对初级和第二级教育水平，该分数经过了"经济、社会和文化状态"的校正。[②]应该看到，国际学生评估项目估算中采用"调整因子"这个行为本身就说明了社会和文化因素对质量评判的重要性。

还需要强调指出的一点是，忽视宏观质量差异很可能使得微观上匹配产品的所有努力失去意义。就像在房屋租赁市场中，区位因素能抵消所有其他因素对价格的影响，即便完全相同的房子（同一实物产品）也可能在经济意义上失去其同一性。还有一个非常典型的例子，1844 年法国统计学家 A.朱利恩（Adolphe Jullien）先生精确地计算出法国新铁路系统运行一公里的费用，是0.012 54 法郎，可是他忘记了资产管理费用和利息，在别人的提醒下，他把原来的成本数翻了一番，因为那两项的数字难以估计。显然，朱利恩先生一开始

---

① 王亚菲教授提出，对此可借鉴 CPI 质量调整的思路，对空间价格进行调整。笔者认为，这恐怕是比较可行的思路。第一，经过调整的比较肯定优于不做调整的比较；第二，应该意识到，本质上无法完全调整到位。

② European Union，OECD. 2012. Eurostat-OECD Methodological Manual on Purchasing Power Parities[M]. Luxembourg：Publications Office of the European Union：431.严格而论，"经济、社会和文化状态"这种调整其实无法完全到位。

所追求"可计算费用"的精确，而后来的随意估计又使之失去了意义。[①]

5 将"质量差异"混淆为"价格差异"的风险及其内在原因

估算基本类别 PPP 需要确定"经济同一产品"，但由于质量差异确认会有种种困难，使得产品间的部分差异在确认"同一产品"的过程中被忽略，但这种差异并不能被消灭，只能是以其他形式表现出来。本节首先分析"质量差异"混作"价格差异"的机制，其次阐述笔者精读 OECD 经济统计学教材后的发现，其原因在于测度中"数量"对"物量"的替代。

5.1 类似边际分析的思路：例解

我们采用类似边际分析的思路：假定某一产品特性集下的一个产品，再增加一个相近的区分特性，或细化某个区分特性，从而得到一个"相似产品"（the like），设定其他因素相同，比较这两个"相似产品"，便可看出该产品不同定义特性集下的产品"质量差异"去向如何。

我们先以大米为例用具体数字说明产品质量差异的归宿。

设两个相邻城市，A 市有两个大米产区 a 区和 b 区，B 市只有一个大米产区 b 区，且与 A 市 b 区相邻。

A 市 a 区大米的质量优于两市 b 区所产大米，市场价格每公斤高出 1 元。

$P(A_a) = 5$ 元/公斤，$Q(A_a) = 2000$ 公斤

$P(A_b) = 4$ 元/公斤，$Q(A_b) = 8000$ 公斤

则 $P(A) = 4.2$ 元/公斤，$Q(A) = 10\,000$ 公斤

$P(B) = P(B_b) = 4$ 元/公斤

$Q(B) = Q(B_b) = 10\,000$ 公斤

比较这两个城市的大米价格：

$P(A) - P(B) = 0.2$ 元/公斤

在这种情况下，"产地"这个特征究竟是定在市级还是市内区级，对确认究竟是产品"质量差异"还是"价格差异"非常重要。若产地细分到市内区级，则 A 市内 a、b 两区的大米为不同产品。若产地只分到市级，则会将 A 市内 a、b 两区大米的差异表现为"价格差异"。

① 参见 Boyle D. 2004. 为什么数字使我们失去理性[M]. 黄治康，李蜜，译.成都：西南财经大学出版社: 50. 仅在可操作的地方作为，这可以得见于一则笑话的启示：一醉汉半夜回家发现丢了钥匙，回去只是在路灯底下寻找。因为别的地方根本就看不见，费力找也徒劳，难道这可以算作一种"醉汉理性"？

我们看到,数例中所表现的 $P(A)$ 与 $P(B)$ 之间的差异 0.2 元其实并不是"价格差异",而是由于 A 市除了产出与 B 市共同的 b 区大米外,还产出 a 产区的优质大米,且所占数量为 20%,故其大米平均价格更接近于 B 市大米每公斤 4 元的水平。若 A 市 a 区所占的数量为 80%,则 A 市的大米平均价格将为 4.8 元,会更接近 A 市 a 区大米每公斤 5 元的水平。

但在空间经济比较中,如果产地分类变粗,这种差异却可能被误读为"价格差异",该"城市以下产区"这一质量因素的不同被忽视了。①

5.2 标准产品描述法的缺陷——"ICP 居民消费目录"中两种差异混淆的可能性

在《ICP 居民消费亚太地区目录》中,对"市内成人公共汽车"这项服务采用以下特征确定"同一产品":计量单位(公里)、单位数量、定期线路、车票类型、等级(有无空调)、普通距离(3~7 公里)价格、定价分类(成人票)。

显然,标准目录中所列的这些远不是该产品特征的全部,而且,其中有些特征的描述还不够细致,留下了差异混淆的空间。比如,首末班车时间长短、发车间隔时间、快线慢线设置、车站和车上运行信息装置、车上呼叫停车装置、车上换零钱装置、为残障者预备的上车和轮椅固定服务等,上述未纳入目录的特征可能就属于笔者所说的"质量潜在因素"(Qup),属于"定义产品时忽略的特征集"。

如果各国仅采用 ICP 目录列示的特征确认"同一产品",进而对该产品采价,就势必把因上述潜在因素造成的"质量差异"记为"价格差异"。显然,如果不是上述潜在因素所提升的服务质量,其服务成本将大大降低,价格也会降低。当然,笔者补充列示的特征对描述公交车服务质量也未必足够,但新的补充会进一步强化笔者的观点。

再例如大米,《ICP 居民消费亚太地区目录》最多采用了包装类型、单位大小、单位名称、数量区间(4~6 公里)、大米类型(长粒、中粒、短粒)、碎米率、采价许可商品、定价基准、碾磨方式、制备方法、品牌这 11 个特征,其中"产地"因素体现在采价许可商品中。需要进一步考虑的问题如下。

第一,尽管这些特征大大超出了全球相应的标准产品目录,但是否能确保完备?是否仍然存在表外的产品特征?在笔者看来,恐怕仍然不能达成 EU-OECD 所公布 ICP 方法论手册所定义的"所有特征"。

---

① 请注意,为了突出说明"质量差异"被作为"价格差异"表现,本例中没有考虑 A 市和 B 市的价格总水平差异。如果同时考虑到两市价格总水平的差异,则被误读为"价格差异"的"质量差异"将与实际的价格差异混在一起,则差异误读更难辨别。

不过王亚菲教授认为,"同一产品"问题,本质上是价格结构问题。

第二，白米#7 和白米#9 对"制备方法"不作规定，那么蒸谷米与非蒸谷米的"质量差异"岂不是无法区分，归结为"同一产品"后，势必会被混淆为"价格差异"。

第三，所谓"本地产品"范围的弹性过大，对所谓"本地"可以有不同的解读，比如本省、本市和本县等，而大米质量与地块土质密切相关，这样势必导致将不同产地的大米归作一种产品，其价格比较就会包含"质量差异"的成分。

再看 5.1 节中假设的例子，以城市作为产地的区分标准，不再进一步细分到城市内的产区，A 市大米与 B 市大米分别作为两种大米产品。故在"定义产品用特征集"中的"市内产地"这个质量因素（Qu）被忽略，两市大米的产量都是 10 000 公斤，A 市大米可能采价 $[P(A_a)]$ 为 5 元/公斤，或 $P(A_b)$ 为 4 元/公斤，而 B 市大米采价 $[P(B)]$ 为 4 元/公斤。市内两个产区大米的"质量差异"实际上仍然存在，若将 $P(A_a)$ 与 $P(B)$ 比较，即"质量差异"被处理为"价格差异"。[①]

第四，亚太地区的标准产品目录在大米这种产品上分类比较细，为 22 种，而全球产品目录的大米分类为 9 种。这样，非亚太地区大米分类比较粗略，客观上将不同质量的大米归为同一产品。这种产品分类的"粗略化"会将"质量差异"混淆为"价格差异"。同时其数据在与亚太地区比较时，也会加大不确定性。

第五，亚太地区与全球用来描述大米的产品特征部分不同。例如，同为"白米#2"，全球目录的"数量范围"是 0.5～1.2 公斤，"类型"是"去壳米"，并指定不包括优质大米；而亚太目录的"类型"是"中粒"，"采价许可商品"为"优先选择本地产品"，"定价基准"为"自由定价"。这些特征规定的描述存在差异，势必将造成产品分类处理上的不同，也就为"质量差异"混淆为"价格差异"打开了方便之门。

这里仅举公交车和大米两个例子，细究起来，其他产品"质量差异"混淆的不确定性又会如何？

5.3　标准产品描述法的产品"粗略化"容易导致采价失误

前面 4.3 节论及不同国家间的产品密度差别，这也存在将"质量差异"混淆为"价格差异"的可能性。由于相近规格品的密集存在，那个所谓匹配品的价格显然会受到影响。如果我们把产品分类"粗化"，则规格品较多的国家该产品数量会增加，供求数量关系的变化影响到了价格决定，其价格弹性显然是不同的。

OECD 的 ICP 产品分类是 222 项基本类别，而世界银行则将其 ICP 支出项目合并为 155 项，少了 67 个类别。客观上，产品分类细化（种类多）反映了该经济

---

① 若将 $P(A_b)$ 与 $P(B)$ 比较，实质上是将不同质量的产品记为同样的价格，也破坏了现实经济比较关系。

体或地区社会分工程度高，此乃经济发达的一个重要方面，在富国，通常产品序列密度大，相近规格品即可替代品多，价格弹性大，产品价格趋低或偏低。

这是个两难问题，若"EU-OECD 组"服从全球标准，则产品分类将"粗略化"；若不服从全球标准，按照不同产品分类标准计算的 PPP 可以组合在一起吗？若硬性组合在一起，难道不会产生系统性偏差吗？

客观上发达经济体的标准产品描述法产品个数多于发展中国家，但如果直接进行全球 PPP 的估算，按理说只能采用一个统一的标准产品描述法，若此，欧盟和 OECD 国家的产品个数就需要减少，以迁就发展中国家的落后现实。

这样实际上是对富国的产品分类做了"粗略化"处理，即是对发达经济现实的一个粗放的反映。这种处理可能造成在发达国家 ICP 进行采价可以有更多的选择，可用数个不同规格品对应发展中国家的某个规格品，容易造成"质量差异"表现为所谓的"价格差异"。当然，对不同层次的发展中国家（如新兴国家与其他发展中国家）而言，也会出现这种误解。

设标准产品描述法中在发展中国家有产品 X，在 OECD 经济体中实际可以有 X_a、X_b 和 X_c 三种规格品，或者说在 OECD 经济体中，X 由 X_a、X_b 和 X_c 三种规格品合并而成，都符合标准产品描述法对该产品的描述规定。在 OECD 经济体中，此三种规格品的价格水平不同，即 $P(X_a)$、$P(X_b)$、$P(X_c)$ 三者不同，因为它们虽然品种相近但质量仍有所不同。

仅就价格替代弹性而言，X_a、X_b 和 X_c 三种规格品就与发展中国家中的 X 产品存在差异，价格替代弹性乃是质量的一项重要特征，故此差异为"质量差异"，而非"价格差异"。由于 $P(X_a)$、$P(X_b)$、$P(X_c)$ 三者可能不同，而 $P(X_a)-P(X_b)$、$P(X_a)-P(X_c)$ 和 $P(X_b)-P(X_c)$ 看上去是"价格差异"，其实是不同规格品的"质量差异"。无论发达国家采用哪个规格品的价格与 $P(X)$ 相比，都会将"质量差异"代入价格比较中，将其算作"价格差异"，即 $P(X)-P(X_a)$、或 $P(X)-P(X_b)$、或 $P(X)-P(X_c)$，这是由发达国家的产品"粗略化"处理造成的。

将产品分类变粗，意味着将相似的不同产品视为"同一产品"，也就意味着可能将其"质量差异"处理为"价格差异"。虽然发展中国家的产品分类变粗也会存在将产品"质量差异"处理为"价格差异"的风险，但相对于发达国家而言，这种风险比较小。而将发达国家的产品分类变粗，意味着将更多的产品"质量差异"处理为"价格差异"，会产生系统性偏差。

在产品分类的基础层级，由于产品的相似性，这种质量差异不会太大。在设定的区间内，或在相同的产品层次中，不会有大的奇异值出现，容易被忽略。但不同层次的产品价格比率汇集到一起之后，微小差异加总在一起将会达到什么规模程度？不得而知。

在发达国家，因分类粗放而容易导致产品匹配时的自由裁量，代表品可选择余地大，任一相近规格品都可作为"同一产品"与发展中国家的某一产品相匹配，而发展中国家的选择余地则会小许多。

标准产品描述法对产品的定义不可能充分，在经济现实中总有符合标准产品描述法产品定义的不同规格品存在，各有其不同的价格，采价时究竟选取哪一个？这种定义不充分导致的采价自由裁量权，容易使经济相对发达的地区或产业的价格信息产生系统偏差。

经济现实中这种混淆的例子很多，其机制性原因在 5.5 节中说明。

5.4 单位价值混同问题

ICP 注意到了"单位价值混同问题"（the unit value mix problem），欧盟和 OECD 的 PPP 方法论手册这样定义："单位价值通常用于相似产品（虽然它们不是完全同质）的计算，只要它们使用相同的数量单位，比如机动车。因此，不同时间（或国家之间）单位价值的差异可能来自所购买（销售）产品组合的变化，而不是产品价格的变化，这可以归结为'单位价值混同问题'。"[1]

在同一产品确定过程中，特别是在"定义产品用特征集"之外的情形，我们更容易遇到这种"单位价值混同问题"。因为产品质量差异构成一个总的集合，而"定义产品用特征集"只能是其中的一个子集。但所谓"相似产品"之间并没有绝对界限，这就意味着一种高度可能性：在"定义产品用特征集"之外[2]的产品"价质混同"。笔者认为，"单位价值混同"值得深究。当然，存在这个问题的前提是，产品可分，或者可以用某种单位去区分产品。

5.5 将"质量差异"混淆为"价格差异"的内在原因剖析——物量、数量的联系与区别

为什么"质量差异"会被混淆为"价格差异"呢？如何从一般性机制寻求其原因？既然 ICP 借用了时间指数方法，就得从方法源头寻觅其隐含的原因。

笔者提请业界及数据用户注意，如果仔细阅读 F. 勒盖耶和 D. 布莱兹的《理解国民账户》[3]，就会发现一个概念混用问题：在理论概念分析时用"物量 Vo"，

---

[1] European Union, OECD.2012. Eurostat-OECD Methodological Manual on Purchasing Power Parities[M]. Luxembourg: Publications Office of the European Union: 439.

[2] 即"定义产品时忽略的特征集"。

[3] Lequiller F, Blades D, Understanding National Accounts（second edition）, OECD Publishing: 53. 也可参见勒盖耶 F, 布莱兹 D.2017. 理解国民账户（第二版）[M].国家统计局国际统计信息中心，译. 北京：中国统计出版社：37.

而到了指数计算过程展示时概念换了，直接就跳到了"数量 Q"，讲经济统计学原理时用"物量价格分解"（the volume-price breakdown），在指标算式中则变成了"数量价格分解"（the quantity-price breakdown），该教科书对这一变动并没有做出应有的解释。然而笔者认为，这种替代对理解质量价格因素混淆至关重要。

物量与数量的差异在于质量因素，但在产品分类的低层级，产品间的差异小，同质程度高，通常可以直接用"数量（quantity, Q）"代替"物量（volume, Vo）"。产品分类层级越低，二者间差异越小，同质度越高，且在一定期限内发生变化的可能性也很小，所以这种替代有其道理，在时间指数分析中往往采用这种做法。

这里的替代风险是：如果产品存在不可识别但重要的质量因素，此种分类本身就存在误差，可能将貌似相同但内在质量有很大区别的产品归结为同类。所以用"数量"替代"物量"有一个隐含前提，产品分类正确，否则，即便在产品分类的低层级，二者也会失去其近似性。

厄文·傣沃特（W. Erwin Diewert）教授指出："国民收入核算人员通常区分数量和物量，物量是一组实际数量的加总值。将 Q 界定为物量而非数量是适宜的，而与物量相对应的价格水平 P 被称为 BH PPP。"[1]F. 勒盖耶、D. 布莱兹也曾强调指出："物量包含了所有质量上的差异。"[2]

价值量（支出额，Va）等于物量与价格[3]的积和，在经济统计的实际操作中，我们无法直接观察到宏观物量数值，只能用数量替代物量。要将价值量（支出额）演变成数量与价格的积和，需要将物量（Vo）分解成数量（本文标记为 Qa）[4]和质量（Qu），质量（Qu）又应该分解为两部分：质量显在因素（Qus）和质量潜在因素（Qup），相应地，需要涉及两种价格：所谓"纯价格（P）"和"包含质量因素的价格（P^*）"。共 8 个基本变量之间的关系，即

Va $=f$（Vo, P）$=f$（Qa, Qu, P）$=f$（Qa, Qus, Qup, P）$=f$（Qa, P^*）

其中，Vo $=f$（Qa, Qu）

$P^* =f$（Qup, P）

若该函数关系表现为积和，则为

---

① 引自 The World Bank. 2013. Measuring the Real Size of the World Economy: the Framework, Methodology, and Results of the International Comparison Program—ICP: 159.

② 引自 Lequiller F, Blades D, Understanding National Accounts, second edition, OECD Publishing: 53. 也可参见：勒盖耶 F, 布莱兹 D.2017. 理解国民账户（第二版）[M]. 国家统计局国际统计信息中心, 译. 北京：中国统计出版社.

③ 超出 BH 层次则为 PPP，即价格比率的加权平均。

④ "数量"数值的大小与产品分类粗细程度相关，成反比。如果产品类别归并，则其"数量"数值等于其子类"数量"数值之和。在大米例子中，A 市的"数量"数值是两个产区大米"数量"数值之和，B 市的"数量"数值就是 b 产区的"数量"数值。在产品密度的例子中，Qa（x）= Qa（x_a）+Qa（x_b）+Qa（x_c）。

$$Va = \sum (Vo \times P) = \sum (Qa \times Qu \times P) = \sum (Qa \times Qup \times P) = (Qa \times P^*)$$
其中，$Vo = (Qa \times Qu)$
$P^* = (Qup \times P)$

在上式演变中，"定义产品用特征集"中的"质量差异"因素——"质量显在因素（Qus）"在物量分解为数量和质量（即确认"同一产品"，也即确认相应的数量）时已经发挥了作用，所以在函数式（积和式）中不再出现（参见本文 3.4 节）。

但"定义产品时忽略的特征集"中的"质量差异"因素——"质量潜在因素（Qup）"并没有消失，它们还在价值总量（Va）的积和式中，产品确定后积和式中只有数量和价格两个因素，它们显然不能在数量（Qa）之中，故而只能遗留在价格中，即"质量差异"混在"价格差异"中。

经过这样变换处理，价格就不是原来意义上的价格了，它必然包含了物量剔除数量之后所隐含的质量因素，出现了两种价格，由原来的"纯价格（P）"演变成"包含质量差异因素的价格（P^*）"。

通过对产品特征进一步的层次分解，考察"单位产品价值（UVa）"时，就能注意到这部分"质量潜在因素（Qup）"的存在，即将产品价值（Va）积和式中的数量（Qa）剔除，得到的实际应该是价格（P）与"质量潜在因素（Qup）"的乘积，即

$$UVa = Va/Qa = (P \times Vo)/Qa = (P \times Qa \times Qup)/Qa = P \times Qup$$

试想，如果全部"质量差异"都被认知，用来确认"同一产品"及相应数量，那么"质量显在因素（Qus）"就不再保留在价值总量的积和式中，总价值由物量与价格的积和演变成数量与价格的积和，"质量显在因素（Qus）"不再出现。经济统计实践中这种"如果"的情形根本不会出现，而在我们的经济统计学教材中，该"定义产品用特征集"之外的"质量潜在因素（Qup）"被忽略，才有了产品价值的"省略式"：

$$某项产品价值 Va = 价格 P \times 数量 Qa$$

本文 2.1 节中谈到采用"间接法"解决不同产品价值量加总问题，只是在用数量（Qa）替换物量（Vo）后才真正实现。经济统计实践中，价格数据和数量数据比较容易获得，故而"间接法"可行。

认识"质量差异"与"价格差异"的混同，"定义产品用特征集"的概念特别重要，这是确定产品质量差异归宿的边界。一旦"定义产品用特征集"确定，就将该特征集之外[1]的"质量差异"转作"价格差异"了。

总之，"物量价格分离"中的价格与"数量价格分离"中的价格其实是两种不

---

[1] 即"定义产品时忽略的特征集"。

同的价格，一个是原始意义上的价格，即人们内心认定的"纯价格"（pure price），与物量相对；另一个是包含部分质量因素①的价格，是一种"混价格"（mixed price），与数量相对，见图 4。

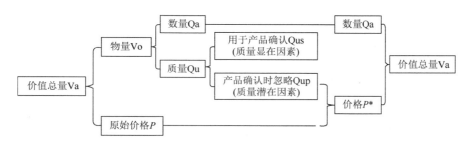

图 4　价值总量的计算

总之，物量（Vo）是理论概念，是测度目标，而数量（Qa）是现实可测度指标，是经济测度的可用工具。物量（Vo）与数量（Qa）的差别在于是否包含质量因素（Qu）。为了加总物量（Vo）需要引入价格（P），即总价值等于物量与纯价格之积 $Va = \sum (Vo \times P)$，但由于"价格测度不确定性定理"②，价格中的质量因素（Qu）无法完全剔除干净，即纯价格（P）数据不可得。同时，物量数据（Vo）也不可得，其中包含的质量因素（Qu）恰恰在现实价格数据（P^*，即包含质量因素的价格）之中，即纯价格（P）以外的部分。由此，可以解释在经济统计学教科书中，为什么本来按照经济学定义需要计算的是 $\sum (Vo \times P)$，而实际指数计算时却悄然转变为 $\sum (Qa \times P^*)$。

这个分析，对时间序列比较也许没有那么重要，因为"质量潜在因素（Qup）"在一定时间内变化的可能性或许没那么大。但对空间经济比较却是至关重要的，它直接关联着"纯价比要求"能否实现（究竟是假设，还是对经济现实关系的概括？）的问题。"定义产品用特征集"以外的"质价混淆"，表明"纯价比要求"无法充分实现。时间、空间不同，用数量（Qa）替换物量（Vo）的效果也不同。

设定基本类别内规格品无差别，即"一个基本类别就是一个基本类别"（one BH is just one BH），不过是精致版的"实物原则"——"一个土豆就是一个土豆原则"（one potato is one potato principle）。然而，由于存在质量差异被混淆为价格差异的风险，我们的认知实际上需要超越两个层次：基于"实物同一产品"的日常解读，基于 ICP 操作层面意义的标准产品描述法解读。

---

① 确认产品时被忽略的质量因素其实是价格中无法剔除的部分。

② 笔者在《价格测度不确定性定理与"宾大效应"》中将进一步阐述。

6　纯价比只能是一个假设

6.1　空间比较的种种抗阻因素

确认经济同一产品的微观和宏观困难，造成了将"质量差异"误认为"价格差异"的测度风险，在空间比较过程中我们遭遇到种种"比较抗阻因素"（comparison resistant factors），具体如下。

（1）"产品特征表"的无尽性。

（2）服务与实物产品的混合。

（3）"实物同一产品"与"经济同一产品"的差异。

（4）产品定义特性集之外的质价混同问题。

（5）"外生产品偏误"与"内生产品偏误"的区分。

（6）"单位价值混同"问题。

（7）存在"不可比项目"的可能性。

从"比较抗阻"角度反观所有产品（支出项目），此类问题其实普遍存在，只是程度不同而已。因此，我们不得不承认，基本类别 PPP 估算中，"纯价格比率"的要求难以实现，在空间比较实践中仅仅是一个假设，至少在一定程度上如此。而由于"纯价比假设"的基础性，或将导致 PPP 数据结果隐含不确定的偏误风险。

6.2　内生性产品偏误

控制产品匹配偏误是得出可信数据的前提，然而，由"标准产品描述法"误操作引起的产品偏误只是外生的，我们还应该注意标准产品描述法本身导致的"内生性产品偏误"。

由于不可避免的认知局限，我们或许可以说"定义良好的产品"或"精确定义的产品"，但我们不可以说"完全定义了的产品"。"标准产品描述法"恐怕只能描述产品的实物因素和部分非实物因素，却不能描述支出项目所隐含着的所有非实物因素。而且，标准产品描述法无法解决"产品定义特性集"之外的"质价混淆"问题，存在误判风险。

国际比较中存在很多不确定性因素，但是有一点是确定的：我们永远不能完全地定义影响交易价格的所有产品特征，其理由主要有以下几点。

第一，如前所述，非实物因素（来自经济、社会、文化等）的描述本质上不可完善。而且，随着经济社会的发展，非实物因素对价格决定的影响将越来越重要。随着现代服务业的发展，标准产品描述法难以涵盖的成分将越来越多。

第二，在我们描述产品的同时，产品并不是停在那里等待我们测度。产品描述的目标本身在不断地变化着，新产品层出不穷，产品的新特征也层出不穷。面对不断生长中的产出，测度目标成了移动中的靶子。那么，"产品特征描述表"需要多长时间更新一次呢？无论如何，标准本身在更新之前就是不完善的。

第三，文化差异影响定价，不同国家存在不同的质量概念。现磨咖啡在穷国往往是奢侈品，而在富国对富人则往往是必需品；速溶咖啡（soluble coffee）对向往中产生活的人来说可能是时尚品，而对富裕的中产阶层而言则是垃圾品。同一产品的效用或满意度都难以相同，更何况不同文化结构中的产品篮子？

还必须指出的是，文化本来不应该有高下之分，如何确定标准与非标准？故而，用单一的标准认证体系难以确定所有价格影响因素。比如，无法确定英式英语一定优于美式英语，或者相反的次序等级。显然，语言次序等级的确定对语言培训市场的价格博弈有着重大影响。[①]

不同文化可以有相同的质量观，也可以有不同的质量观。比如东方饮食文化中，对排骨和鱼头等比较认可，其价格与猪肉和鱼肉相比并不低，这与厨师烹饪技能和食客的品味功夫也有关系。鲤鱼在美国泛滥成灾、无人问津，在中国却是美味之一，颇受欢迎。

对不同质量观的产品，无法确定一个统一的质量高低标准，从而质量对价格的影响也就无法统一确定。标准产品描述法看似设计精致，各国在实施时花费了大量人力、物力和财力，但在现实认知困难面前，细究起来其实捉襟见肘。

6.3　ICP 支出法的优势与不足

ICP 采用的是"项目对项目"（item to item）、"自下而上"（from bottom to up）的"金字塔方法"（pyramid method），在哲学思想方法上基于"还原法"（reduction method）思想。这种方法具有两个优势：①分层数据或许便于支出结构分析[②]；②如果努力执行国际比较项目的标准，有助于提升各国经济统计能力。

但同时也存在两个内在弊端：第一，产品（项目）匹配难以确定，在某些假定条件下达成的价格比率容易包含"内生性产品偏误"；第二，难以测度和比较不同经济空间在社会环境和经济结构方面的质量差异，难以将其包含到货币购买力的比较中。

换个角度阐述，如果将总差异分解为组内和组间两项：

---

① 这里暂且不考虑澳大利亚英语、加拿大英语和新西兰英语等不同英语的标准性。当然，对英国人来说，并没有那么多种英语，只有正确的英语（英国）和错误的英语（他国的，包括美国的）。比如英国女王曾经公开说，并没有"美国英语"这回事儿，有的只是英语和其他错误（语言）。

② 王岩博士就此的点评是，目前 ICP 未有结构分析的考量。

$$总质量差异 = 支出项目内质量差异 + 支出项目间质量差异$$

则基于基本项目比较的层级汇总方法存在两个缺陷：①前项差异中的"价质混淆"很难剥离，从而难以达到"纯价比要求"；②后项差异难以充分涵盖，标准外的特征因素难以完全测度和比较。可见，"纯价比要求"不仅仅在 ICP 实践中无法充分满足，在理论逻辑上也无法完全衔接或通达。

ICP 需要假定 GDP 支出额具备"可分解性"（decomposability），这是国际比较中以"还原法"为哲学基础的前提。然而 GDP 并不完全具备"可分解性"，随着现代服务业和信息产业的发展，这种可分解性甚至还可能进一步降低。至少存在以下四个因素需要考虑：①区位和社会环境因素，比如前述房租市场定价中，区位因素一项足以抵消所有其他因素的作用；②结构因素，同样的平均数可以从不同的经济结构中得到，故而结构分析的结果只是诸可能性中的一种；③就公共服务而言，总量可以估算，但分量不可知；④最终产品中存在"作为隐性组分的服务"。只要采用两分法来解读斯拉法先生的"用商品生产商品"，用实物和服务来两分商品，就可以发现，我们非常容易漏测其中隐含的服务组分。

6.4　"纯价比假设"可能的放大效应

"纯价比假设"是一个基础性假设，在 ICP 逻辑链条中非常重要，因为它不仅针对"匹配品"（matched product）本身，还是"非匹配品"（non-matched product）确定价格比率之锚。如果"纯价比假设"的满足程度低，还会影响非匹配品价格比率的确定，会影响"等价比假设"[①]的满足程度。

不同经济体的产品究竟相同与否，并不存在绝对界限。所以，当我们确定某项"经济同一产品"时，一个应该自省的重大问题就是：它们本身确实是同一产品，或者只是我们把它们看成同一产品？[②]真正面临的问题也许应该这样表述：在所谓"经济同一产品"（支出项目）的确认中，什么程度的同一性是空间经济比较可以接受的？

如果将"纯价比假设"比作一个锚，ICP 可比问题并不仅仅出在锚链的漂动上[③]，而是在于这个锚钩在了一块可能滚动的石头上。

参 考 文 献

（1）Kravis I B，Heston A W，Summers R. 1982. World Product and Income—International Comparison of Real Gross

---

① 笔者 2014 年曾有论文专述"等价比假设"，见《对基本类别购买力平价计算中价格比率相等假设的考察》。

② 由此可以扩展的一个思考是：我们能将所谓描述统计和推断统计截然分开吗？我们究竟是仅仅"反映事实"，还是在"制造事实"，"构造性事实（constructed facts）"这个概念意味着什么？

③ 那是"等价比假设"需要探讨的问题。

Product[M]. Baltimore：The Johns Hopkins University Press.

（2）Kurabayashi Y，Sakuma I. 1990. Studies in International Comparison of Real Product and Prices[M]. Tokyo：Kinokuniya Company Ltd.

（3）帕金 M. 2003. 经济学[M]. 5 版. 梁小民，译. 北京：人民邮电出版社.

（4）Neary J P. 2004. Rationalizing the penn world table：true multilateral indices for international comparisons of real income[J]. American Economic Review，94（5）：1411-1428.

（5）Hill R J，Hill T P. 2009. Recent developments in the international comparison of prices and real output[J]. Macroeconomic Dynamics，13（2）：194-217.

（6）赫舒拉发 J，等. 2009. 价格理论及其应用——决策、市场和信息（原书第 7 版）[M]. 李俊慧，周燕，译. 北京：机械工业出版社.

（7）徐强. 2011. 基于指数的宏观经济价格与物量测度论[M]. 北京：中国财政经济出版社.

（8）Eurostat，OECD. 2012. Eurostat-OECD Methodological Manual on Purchasing Power Parities [M]. Paris：OECD Publishing.

（9）The World Bank. 2013.Measuring the Real Size of the World Economy：the Framework，Methodology，and Results of the International Comparison Program—ICP[M]. Washington：The World Bank Group.

（10）邱东. 2015. PPP 同质度指数的设计[M]//宋旭光. 看懂中国 GDP．北京：北京大学出版社：40-45.

（11）Lequiller F，Blades D. 2014. Understanding National Accounts：second edition[M]. Paris：OECD Publishing.

（12）亚洲开发银行. 2014. 购买力平价（PPP）与实际支出——2011 年亚洲及太平洋地区国际比较项目（ICP）[M]. 国家统计局国际统计信息中心，译. 马尼拉：亚洲开发银行.

（13）邱东. 2016. 国际经济比较方法论问题的再思考[M]//邱东，吕光明，等. 国家统计数据质量管理研究. 北京：北京师范大学出版社：493-507. 可参见宋旭光. 2015. 看懂中国 GDP[M]. 北京：北京大学出版社：24-40.

（14）曼昆 G. 2015. 经济学原理——宏观经济学分册[M]. 7 版. 梁小民，等译. 北京：北京大学出版社.

（15）哈耶克 F. 2015. 知识的僭妄[M]//哈耶克 F. 哈耶克文选. 冯克利，译. 郑州：河南大学出版社：593-608.

（16）勒盖耶 F，布莱兹 D. 2017. 理解国民账户（第二版）[M]. 国家统计局国际统计信息中心，译. 北京：中国统计出版社.

（17）Jung J H，Yoo J J，Arnold T J. 2017. Service climate as a moderator of the effects of customer-to-customer interactions on customer support and service quality[J]. Journal of Service Research，20（4）：426-440.

（18）阿瑟 B. 2018. 复杂经济学[M]. 贾拥民，译. 杭州：浙江人民出版社.

价格测度不确定性定理与"宾大效应"

本文是笔者对 ICP 内含"纯价比假设"深入分析的接续[①]，主要内容分为三部分。第一部分强调一个学科观点，虽然经济统计方法论研究应该以经济科学理论为基础，但购买力国际比较的深入研究对经济科学理论发展也存在反馈作用，二者的作用关系应该是双向的，经济科学研究应该重视这种反馈作用。第二部分主要从"质价混淆观"和"质价一体观"两个角度阐述价格测度的不确定性。提出了"名义价格"与"实际价格"的区分，与产出的两分相对应。如果这种公理性思考有其内在道理，那么经济指数中"质价分离范式"的可用性或可靠性就值得重新审视。第三部分从人们付高价的原因、"机会效益"和富国穷国比较与城乡比较的相似性三个方面说明了"宾大效应"只是特定时空条件下的一种规律性现象，好多人所确信的"宾大效应"并没有那么强，或许只是一种"弱存在"。

1 作为经济比较逻辑节点的基本概念

国际经济比较应该以经济科学理论为基础，但这种作用并不是单向的，经济统计学是经济科学学科群中的一个组成部分，而不应该只是其"侍女"。国际经济比较还应该对经济科学理论做出经济现实对理论认知的反馈。

国际经济比较是连通经济现实与经济科学理论之桥，既然是桥，就不可能是单向的。国际经济比较需要经济科学理论的指导，但不单单如此，还应该将经济现实反馈给经济科学理论，二者双向作用，且多轮次作用，由表及里，逐步深化。

为深入探讨空间经济比较方法的有效性，关注国际比较逻辑链接的节点，笔者采用公理链接路径，在《ICP 基本类别 PPP 中隐含的"纯价比假设"——"标

---

① 本文的部分内容曾作为笔者关于"纯价比假设"论文的后半部分，发表在《经济统计学季刊》2018 年第 2 期（总第 11 期），收录本书时由于篇幅原因独立成文。不过，其中的部分内容 2016 年 10 月在江西财经大学举办的 ICP 国际研讨会上做过大会报告，题目是"Price Measurement Uncertainty"，其后又在 2016 年度"北京论坛"上做过小组发言。当然此次独立成文，同时又补充做了观点阐述，例如"质价一体观"等。

准产品描述法"确认"经济同一产品"的风险》中尝试提出了经济科学理论应该包含的一系列基本概念："纯价比要求"（the requirement of pure price ratio）；"隐含服务组分"（implicated service component）；"物理同一产品"（physical identical product）；"经济同一产品"（economic identical product）；"产品特征集"（the set of product characteristics）；"定义产品用特征集"；"定义产品时忽略的特征集"；"质量显在因素"；"质量潜在因素"；"比较抗阻因素"；"外生产品偏误"；"内生产品偏误"；"纯价比假设"；"等价比假设"；等等。

在讨论 ICP 相关论题时，还会涉及其他基础概念，比如"机会效益"（opportunity benefit）[1]，还有"趋一价定律"（the law of approaching one price）[2]等。

笔者认为，基础概念是对那些"不证自明的基本经济事实"（"公理性事实"）的概括，其更新和拓展是链接国际比较逻辑关系的节点，也是经济统计学"类公理化发展"[3]的必要前提。当然，笔者给出的命名或许存在这样那样的问题，但这些概念所代表的基础性思考期望引发学界同仁的再思考。

在经济科学研究中存在一个非常奇怪的现象：一方面特别强调实证分析，另一方面却忽视各种计量模型内在逻辑关系的确实链接，忽视各种模型算法中隐含的基本假设及其对计算结果的影响，于是实证分析沦为"虚证分析"。笔者认为，重视经济科学研究的现实基础，概括和厘清相关基础概念，注重"公理化"发展（或"类公理化"发展）应该是破解此悖境的方向之一。

国际比较对经济科学学科群的启示[4]是多方面的，本文不可能去探究其全部，下面集中从"价格测度的不确定性"（"质量测度不确定性定理"）和"宾大效应"的弱存在两个方面探讨"纯价比假设"的经济意义。

2　价格测度不确定性——一个值得深究的新命题

2.1　质量差异与"一般价格水平"的区分及其启示

时间比较中，通常把由信息不完全、"价格歧视"（price discrimination，也叫

---

① 这是本人提出的一个概念，笔者认为，它在经济科学分析中非常重要，只讲"机会成本"不讲"机会效益"有所缺失，尽管二者未必对称性存在。本文后面讨论"宾大效应"时会加以展开。

② 加上"趋"（approaching）字意在强调这是一个过程，而非静态概念。是否可以如此添加，欢迎公开讨论和批判。

③ 如果经济科学不可能像物理学那样成为硬科学，那么就只能是"类公理化发展"。

④ 笔者的"当代经济统计学批判系列"将专门列出一册，从经济统计学视野来剖析经济科学的一些基本概念，指出业内和民众对这些概念的误解误判。

作"差别定价"）、存在"平行市场"（parallel market）等造成的价格差异[①]归结为"价格离散"（price dispersion），并倾向于将之视为"一般价格水平"。细究起来，这里涉及质量差异与"纯价格"水平之间的切割问题。

产品信息包括产品副作用的警示，适用范围的交代等。此外，商誉也是一种信息，是商家所有销售产品质量因素的组成部分，品牌不局限于单项产品，而关乎厂家整体，这是贴牌商品容易销售的原因，从而产品识别问题更为重要。产品信息并非外在于经济过程，并非外在于市场产出。所谓信息不完全，这里表现为产品信息对消费者不完全，在信息经济时代，产品信息是否完备（产品信息易获得性[②]）本身就是产品质量差异的一个因素，是产品质量的组成部分，产品自身信息的获取度、公开度就是产品差异的构成。

消费者购买不仅需要支付货币，还付出时间，甚至不得不付出自身信息。产品信息是否方便获取，决定了消费者购买时间付出的多少，起码对部分产品而言如此。消费者搜寻产品有关信息需要付出"搜寻成本"（search cost），是购买产品相应成本的一部分，也是关乎物量的因素。

消费者购买较高价格的产品，可能由于信息不完全，也可能由于自愿选择，消费者愿意减少产品信息的搜寻成本和时间付出，或者可以将时间用于工作去挣取更多的钱，或许专门搜索产品信息可能得不偿失，为了节省成本而将产品鉴定事项"外包"，将自己的购买行为锁定在特定市场，并不追求一次购买的效益最大化。

价格歧视（"差别定价"）和"平行市场"都属于贸易条件差异，由于贸易条件差异或市场分割，才会产生价格歧视或"平行市场"，其之所以产生和存在，是因为产品市场结构等因素本身应该是市场产出的组成部分，而不是或不仅仅是价格上的差异。将其归划为"一般价格水平"是否武断？在"质价切割"上或许会出现偏误。[③]

再看动态比较中已经关注到的质量差异因素：不同物理特性、产品交付地点、提供产品的时间，还有产品销售条件、场合与环境，上述四项中，除了第一项仅指涉产品自身，余者三项都关乎产品外在环境因素，比较一下这些因素与上述被归结为"一般价格水平"的三项，它们之间存在本质差别吗？可以截然分开吗？

这种质量差异与价格的混淆性在空间比较中也是存在的，笔者在《ICP 基本类别 PPP 中隐含的"纯价比假设"——"标准产品描述法"确认"经济同一产品"

[①] 东北财经大学徐强教授对价格差别和质量差别的区分难题做了较为详细的阐述，参见徐强于 2011 年在中国财政经济出版社出版的《基于指数的宏观经济价格与物量测度论》中第 4 章"价格指数编制中的质量调整"。

[②] 需要注意的是，对消费者而言，并非产品信息越多越好，过多的信息会造成识别困难，并不易获得真正需要的信息，不良商家浑水摸鱼的一个招数就是阻碍消费者获得产品的真实信息。

[③] 徐强教授指出政府出于福利考虑对老年人和学生实行优惠车票，如果限制在非高峰期享受，则该价格优惠实际上与产品质量相关。参见徐强. 2011. 基于指数的宏观经济价格与物量测度论[M]. 北京：中国财政经济出版社：160.

的风险》中比较详细地做了分析，对照时间比较的情形，可以让空间维度的"质价混淆"得到进一步印证。

2.2 "质价混淆观"——一种产品状态的解释

从 ICP 操作角度看，确认产品时所用的产品特征越多，产品定义就越精细、准确；然而产品特征使用得越多，比较时不同经济体之间的"匹配产品"就越少，"产品重合率"（the overlap degree of product）就越低。极而言之，如果定义某一产品时使用其所有的产品特征，如同 EU-OECD 的 ICP 方法论手册所要求的那样，那么该产品就根本没有"匹配产品"，能与目标产品完全匹配的只能是该产品本身，"产品重合率"为 0。这就造成一种两难的境地：一方面为追求精确的产品定义，需要使用尽可能多的产品特征，另一方面为保障可比性而追求高的"产品重合率"，只能使用有限的产品特征。

按照笔者的分析，确认产品时，特征使用得越多，留存在价格测度中的质量因素就越少，价格测度就越单纯。但是正如上所说，为了保证一定的"产品重合率"，满足不同经济体之间的可比性要求，即便不存在确认质量因素的困难，我们也不能使用过多的产品特征，这种难以避免的折中要求意味着：出现"质价混淆"现象实乃一种客观必然，被忽略的质量因素必然会留存在价格水平测度中，笔者用"质价混淆观"来解释这种产品状态。

在《ICP 基本类别 PPP 中隐含的"纯价比假设"——"标准产品描述法"确认"经济同一产品"的风险》中，笔者分析指出，与产品"数量（Qa）"相对的价格是"名义价格"（nominal price），它包含了两部分，一是纯价格因素①，即"实际价格（real price，或称为真实价格）"，即与"物量（Vo）"相对的价格；二是价格中隐含的质量因素。

因为解决物量"可加性"问题需要引入价格因素，进而为得到实际物量的总值，又需要将价格因素剔除。困难在于，所引入的价格因素难以剔除干净，我们难以得到"纯价格"数据，势必也就难以得到"实际产出"数据。

由于这种不确定性来自价格测度的方法论本身，由此我们得出一个新命题——价格测度内生地存在不确定性，这种不确定性并不是我们测度时误操作引起的，无论如何严格地按测度规则操作都会存在，或可归结为"价格测不准定理"。从对偶关系看，"价格测不准定理"与"质量差异测不准定理"是一体两面，价格测不准，只因为质量差异测不准，二者是相同的，至少有相同的一面。

---

① 这里的阐述假定"纯价格"存在。需要进一步思考的是："纯价格"确实存在吗？其经济含义究竟如何界定？2.3 节中将进一步探讨这个问题。

1974 年哈耶克先生在诺贝尔经济学奖获奖讲演中指出："描述市场均衡的方程式系统就是这样设计的——假如我们能够把抽象公式中所有的空白填上，也就是说，假如我们知道这些等式中的所有变量，我们就可以计算出全部在售商品和服务的价格和数量。然而正像这一理论的奠基者之一帕累托明确所言，它的意图并不是'达到对价格的量化计算'，因为如他所说，以为我们能够确定所有数据，是一种'荒唐的'念头。近代经济学的杰出先驱，16 世纪的西班牙学者，早就认识到了这个重要问题。他们强调，他们所说的 pretium mathmaticum（数学价格），取决于如此多的具体条件，除上帝之外谁也无从知道。"①

哈耶克所列举的这些经济科学的学说史实意味着什么？是不是经济科学先驱们早就指明了价格测度的内在不确定性？值得我们深思。

2.3   "质价一体观"——另一种产品状态的解释

需要强调指出的是，以上的分析都以"纯价格"的存在为前提，实际上，所谓"纯价格"（真实价格，real price）概念本身也需要深入思考。我们先设定一个物理形态不变的产品例子。

同样产品未做物理质量改进，去年卖 1 元，今年卖 1.5 元。通常认为，这是由于价格变化造成的消费支出额增加，而非质量因素造成的结果。但这实际上是从消费者角度得出的认知，如果从生产者的视角来看，对产品的认知可能发生某些变化。

我们可以这样来考虑：不做物理质量改进仍然能有销路，说明该产品的"生命周期"比那些已经消失的产品更长，且生产者获利的窗口机遇期（对消费者而言就是获得产品的窗口机遇期）比较长，持续的可获得性，即产品原有质量的保有性，这二者都是产品质量的组成部分，故看上去是价格变化造成的消费者支出增加（即生产者收入增加），实际上还是由其质量决定的。

从空间角度看，同样的物理产品，在 A 国卖 1 元，在 B 国可卖 1.5 元。说明该产品的某些质量因素更适用于 B 国市场，比那些只能在 A 国市场销售的类似产品具有更大的市场获利空间，适用性空间范围的扩大，也是由质量因素决定的。在空间转移过程中，苹果这类产品需要保鲜，工业品需要合适的运输条件，也有类似保质期这样的产品特征因素。

产品的可得性（产品的供给状态）是产品的质量特性之一，也是供求关系平衡与否的表现。由此，由供求关系导致的价格变化和差异也至少部分地具有内生性，并非一定外在于产品。我们究竟如何看待产品价格变化和差异的原因？基于

---

① 参见哈耶克 F. 2015. 知识的僭妄[M]//哈耶克 F. 哈耶克文选. 冯克利，译. 郑州：河南大学出版社：600.

人类认知的缺陷，人们对质量因素的归纳不可能全面，所以一个基本态度应该是：尽可能挖掘被遗漏的质量因素。

在某些场合，质量变动（差异）与价格变动（差异）是同一事物的两个方面，往往不可分割。在其他因素保持不变的前提条件下，价格为什么变了，因为产品质量变了；反过来产品质量为什么变了，因为价格改变为质量提升准备了更大的空间。

从消费者角度看，价格是一种支付，若在市场上实现则代表了现实需求；但从生产者角度看，特别是从长期看[①]，价格是质量的一种体现，代表着产品的长期成本和有效供给。如果仅仅强调价格的支付性质，而忽略其与产品质量的内在联系，实质上立论之前就预设了，并局限于"消费者立场"。忽视与消费者相对的"生产者立场"，对经济现实问题的认识是有偏的。即便针对消费品项目的国际比较，也不能仅仅从消费者角度进行。

在笔者所论述的市场情形中，产品质量与价格原本是一体的，从消费者角度看是价格，从生产者角度看则为质量，即所谓"物有所值"的评价，故而笔者用"质价一体观"来概括这种产品状态的解释。

2.4　价格测度不确定性定理

德裔美籍教授奥斯卡·摩根斯顿（Oskar Morgenstern）先生几十年前就提出过警告，他在《论经济观察的精确性》（*On the Accuracy of Economic Observations*）一书中指出："没有价格这一概念，也就没有经济科学。这一概念具有绝对重要的意义。它不像初看起来那么容易和那么显而易见。因而，要对价格进行令人满意的测度是一件困难的工作，毫不奇怪，价格统计资料尽管很丰富，但分析它们时要格外谨慎。"[②]

价格是供求双方每次市场交易的均衡点，是交易实现的标志。从而价格本身应该是中性的，或者说，同时具有支出和质量（收益）两方面性质。这样，价格也具备二元性，即具有名义值与实际值的区分，这与产出的名义值、实际值区分相同，两种二元性呈现对偶关系。

按照货币计价指标的理论解释，物量的同质性应该体现为效用，所谓物量本质上是"效用量"，而不是"物"。价格作为产品的单位价值，与物量相对，也就

---

① 短期的供给和需求波动将或抵消。

② 转引自徐强.2011.基于指数的宏观经济价格与物量测度论[M].北京：中国财政经济出版社：3.

奥斯卡·摩根斯顿教授该书的英文第二版 1965 年由普林斯顿大学出版社出版，该书应该列为经济测度的经典文献，而他更为著名的著作是与约翰·冯·诺依曼（John von Neumann）1944 年合作出版的《博弈论与经济行为》（*Theory of Games and Economic Behavior*）。

是与质量相对。①与物量相同，价格本身也不可加，即相加没有经济意义。价值额的两个构成因子，物量和价格，都不可加。而两个不可加的因子，经过"积和"处理，就演变成了具备可加性的价值总和。

许健博士指出："综合的手段是借助于对方作为同度量因素转换为价值然后予以加总，比如，对物量来说，价格是同度量因素，反过来，价格要以物量为同度量因素，二者是对称存在的。与单一产品的数量与价格不同，在综合为产品价值后，物量和价格就丧失了以绝对值多少予以表示的形式，只能通过不同时期的比较才能显现出来，在做不同时期比较时才有意义。"②

许健博士对时间指数方法机理的分析比较深入，对空间比较颇有启示意义。第一，相对比较并非局限于时间比较，通过不同空间的比较也颇有意义。第二，物量与价格的对应关系在经济分析中得到了利用，其典型例子是采用"间接法"计算总物量。第三，物量与价格的对应关系在时间、空间指数中依然存在，保持"经济可比性"是得到正确数据结果的关键。第四，"经济可比性"即比较具有应该具有的经济意义。在时间比较中分析物量，要求"固定"不同时期的价格，即要求剔除价格变化的影响。在空间比较中分析物量，要求不同经济体的价格采自"同一产品"，即价格中没有质量差异因素的影响，也即"纯价比要求"。

ICP 对价格的处理只是看到了质量与价格相反的一面，而忽略了二者一致的一面。若是采用生产者立场，则价格并不仅仅是支付手段，而是，且更是，产品质量的体现；对生产者而言，成交价格并不是名义（nominal）的，而是实际（real）的，生产者借以得到其正当收入。收入所谓"正当"，即物有所值，定价合理，质量与售价相应。

将价格视为支付手段与商品（货物与服务）相对，这种做法本身实际上预设了消费者的立场，尽管符合测度的相关性要求，但与经济统计学的中立性要求——应该客观地测度、核算与比较经济现象——相悖。

防止"没有理论的测度"（measurement without theory）当然是对的。但仅仅搞"有理论的测度"还不够，还得看理论与该项测度的关联程度，得看包含了哪些理论，所基于的理论是否符合全部经济现实，而不仅仅是其中一个方面。在指标内涵确定和解读时，国际比较只看重消费者理论还不够，还得充分考虑生产者理论。

需要强调指出这个认识的引申意义，在指标内涵确定和解读时，它对我们已有的经济分析关系式恐怕是颠覆性的，如果把价格加进"生产者视角"确有其道理，那么我们还能进行"质价切割"吗？如果质价本身是一体之两面，本身不可

---

① 价格与物量中的另一因子——数量往往成反比关系，参见笔者《ICP 基本类别 PPP 中隐含的"纯价比假设"——"标准产品描述法"确认"经济同一产品"的风险》中的 5.4 节。

② 参见高敏雪，李静萍，许健. 2013. 国民经济核算原理与中国实践[M]. 3 版. 北京：中国人民大学出版社：292.

分割，那流行多年的"引入再剔除"的间接测度方法便失去了法理性，即便可以计算出系列数据，其经济内涵实质上却更加模糊不清。①

维特根斯坦先生曾指出："正是由于抽象的错误，才会发生要么稀奇古怪的分类，要么进而成为演算法的荒诞。"②在对价格和产出的社会认知上需要深究的是，我们是否存在抽象的错误？

无论是从"质价混淆观"，还是从"质价一体观"着眼，都揭示了"纯价比要求"在理论逻辑上的困境，即不仅仅在实践操作上难以达到预定目标，如何在概念体系上内在衔接以求通达，仍然需要深入探究。

3　　"宾大效应"的弱存在

3.1　宾大效应仅仅是特定时空条件下的一种规律性现象

"宾大效应"（the Penn effect）是人们普遍接受的一个经济学论断，至少好多学者将之作为一种普遍的规律性现象而认可。"高收入国家的价格水平通常高于低收入国家，由此引发了宾大效应。"③2015 年的诺贝尔经济学奖得主安格斯·迪顿教授指出："相对贫穷的国家，价格水平一般都比较低；国家越贫穷，价格水平也相应越低。"④对此，可以做两点分析。

第一，这种"观察"未必符合"趋一价定律"，本来市场机制通常会填补不同价格差异带来的"套利"空间，但按照"宾大效应"所示，套利似乎只是在一国国内才实现。通常的经济学解释是：某些货物特别是服务难以（或无法）实现跨国界的空间转移，外贸市场和内贸市场的分割限制了这种转移，套利难以（或无法）实现。应该注意到的是，这些年来全球价值链的形成，现代服务业的发展，至少部分打破了这种限制。

第二，这种"观察"仅仅停留在表面，只看到"名义价格"（标价），而没有看到：所谓相同项目在不同国家实质上是不同产品，至少所谓"同一产品"其国

---

① 北京师范大学王亚菲教授提出层级思考的视角，从宏观测度与微观测度的差异来把握质量概念。宏观测度价格水平需要"质价切割"。为了通过纯价格缩减名义总量来获取宏观经济总量的物量，从而提出"纯价格"的要求。宏观的价格水平测度由于是自下而上的汇总问题，因此是个"测度"概念，与微观产品价格表示的质量有所不同，宏观测度的质量这里更强调的是不同产品汇总时产品间的质量差异，而非微观产品本身的质量高低。笔者认为区别层级来思考的建议非常值得关注。

② 引自《维特根斯坦谈话录 1949-1951》第 76 页，漓江出版社 2012 年中文版。

③ 参见 Eurostat，OECD. 2012. Eurostat-OECD Methodological Manual on Purchasing Power Parities[M]. Luxembourg：Publications Office of the European Union：431.

④ 引自迪顿 A. 2014. 逃离不平等——健康、财富及不平等的起源[M]. 崔传刚，译. 北京：中信出版社：184.

家间的质量差异却可能相当大。只看到穷国的"名义价格"低，而没有看到其产出内在质量也相当低。只看到富国的"名义价格"高，而没有看到其产出内在质量也相当高。如果将全部隐性质量因素考虑进去，穷国的"实际价格"就没有那么低，富国的"实际价格"也没有那么高。价格与产出一样，也可以并应该做名义值和实际值的区分。

市场竞争机制有利于提升产品质量和生产效率，对存在交易障碍的产出项目而言，其质量往往会维持在低水平上。穷国市场化水平低，相对于其产出质量而言，其"实际价格"水平未必像"名义价格"所表现得那么低。

基于对"纯价比假设"的分析，笔者的疑问是：如果高价格恰恰反映了发达国家支出项目所包含的高质量呢？如果发达国家的市场恰好足够灵敏①，从而能够用所谓高价格如实地代表支出项目所包含的高质量呢？我们还能坚持高收入国家价格水平高的表象认知吗？

深究价格名义值与实际值的差别，正体现了"纯价比假设"所揭示的经济学意义。"纯价比假设"的存在导致我们质疑：质价清晰切割的可能性究竟如何？或者，我们不得不接受"价格测度不确定性"的现实，而我们原来认可的规律性现象——"宾大效应"究竟在多大程度上成立，也需要深入思考。

"宾大效应"的命名表明该效应基于起源于宾夕法尼亚大学的国际比较项目，如果国际项目比较中隐含着的假定不能得到完全实现，则"宾大效应"至少在程度上将消减或打折扣。甚至在某些时空条件下，"宾大效应"未必存在，因而，需要探讨"宾大效应"产生的时空条件究竟如何。还有，"巴拉萨-萨缪尔森效应"（the Balassa-Samuelson effect）与"宾大效应"的关系究竟如何，也需要深入探讨。

3.2   人们为什么付高价？

当市场交易可以选择时，人们"付高价"总有其内在原因。

（1）节省采购时间和精力，相当于"委托认证"（entrusted authentication），谋求消费的综合优化，而非价格支付的单项优化。

（2）保护本人声誉和面子，比如英国有些大学教师、职员不去集市买东西②。

（3）文化因素，比如在旅游地购买高价纪念品，意在给自己留下特别的记忆。

（4）减少质量风险，比如部分中国人到海外购买所谓"中国制造"产品，是因为这些产品已经通过了发达国家严格的质量检验。

---

① 毕竟发达国家正是世界上市场经济最发达的国家。

② 1992 年笔者在英国沃里克大学（the University of Warwick）做访问学者，该校一位员工告诉笔者，沃里克大学的教师从来不到考文垂（Coventry）市中心的农产品集市去买东西，尽管这个集市与豪华商业街仅仅一路之隔，对讲究声誉的人来说，跨过这条路现身在集市中是有失身份的举动。

（5）消费者所购买的还包括机会、经历和体验，而不仅仅是产品自身。典型例子是邓文迪女士的消费观，她做研究生时从美国去香港就购买商务舱机票，据说为的是增加自己与高端人士接触的机会，在她的慧眼中，乘飞机并不仅仅是空间的移动，还可能有"机会效益"。

（6）综合平衡因素。恰巧遇到机票折扣优惠，原预算节省了一部分，旅行中其他项目的消费标准得以提高。

（7）所欲消费产品的信息过多，产品可选择密度过大，消费者选择能力不足，被迫非理性地消费，可能盲目选择了高价付出。

或许还存在其他类型，显然，上述这些所谓"付高价"行为都与质量因素相关，即物有其所值。

3.3　发达国家具备更多的"机会效益"

越是发达的国家，第一，实物商品与现代服务组分的结合就越紧密，商品中隐含的服务组分就越多，体现了现代生产的深化；第二，社会环境效益和结构效益也越大；第三，消费支出选择余地越大，因这种选择可能带来的额外效益和潜在效益也越多，概而言之，"机会效益"（opportunity benefit）[①]也越多。

然而，从人类的心理习惯看，人们对缺失和付出往往特别在意。例如，经济学家单方面地总结出"机会成本"的概念。人们更关注高价格，却容易忽视与"多支付"相伴或相支撑的高质量因素。拥有者往往认定自己的"拥有"（the have）天经地义，从而容易忽视"无形拥有"的存在，忽视"机会效益"的存在。在货币购买力国际比较中，是否存在这种心理因素的影响？如若存在，就需要自觉地加以校正，正视测度和比较中所忽略的因素究竟还有哪些，正视其影响。

发达国家更多的"机会效益"，发展中国家与发达国家之间的发展差异，往往只有发展中国家的居民才能够（或容易）真正体会到。这些年在新兴国家出现的"海淘"现象典型地说明了这一点。"海淘"的货源地主要是欧美发达国家的零售市场，哪怕产品产地原本在发展中国家或新兴国家，这些国家的居民也还是需要通过发达国家的商业渠道才能购得。部分对市场差异敏感的套利者，从发达国家超市等零售商店购买，发货到新兴国家搞批发，仍能获利。消费者能在海外淘得心仪之物，是为"海淘"。

这类市场实践，说明了两类国家同一商品的价格水平差异，说明了貌似"同

---

① 理解这个概念的关键在于注意"收入"（income）与"收益"（benefit）的区分，通常我们往往仅仅关注交易中的现金收支，对"非现金收益"和"非现金付出"则往往忽视。笔者在《剖析 GDP 统计隐含的几个测度困局》中，总结了七种支付或收益形式，参见邱东. 2018. 经济测度逻辑挖掘：困难与原则[M]. 北京：科学出版社：21-22.

一产品"在不同国家的质量差异，说明了所谓"同一产品"的"性价比"差异。笔者认为，"性价比"综合了价格和质量因素两个方面，或许应该是比价格更合适的国际经济关系比较的基础指标。

套利行为的存在本身就说明了不同市场"机会效益"的差异。新兴国家居民在发达国家大规模购买，说明所购买商品价格在发达国家比较便宜。由此可见，商品标价高并不一定就是其"真实价格"水平高。消费者最聪明，一个人或少数人可能在购物上"蠢笨"，但为什么"出高价"的人数变多？就肯定有其道理，有其背后隐藏着的市场缘由。市场是最聪明的，而市场由人组成，买方市场往往由最敏感的消费者主导。

除了"海淘"，还有跨国购物旅游和"购服务旅游"，即主要以购物和购买服务为目的，而非"纯玩"的跨国旅游项目。如果只是极少部分消费者参与海淘和外购旅游项目，那可能是一种非理性行为，但如果此类消费者的人数和消费额都占相当比例，那么说明不同市场对高"性价比"的指向很明确，此种经济行为本身就是"趋一价定律"的外在表现，说明到发达国家购买商品和服务有相当可观的获利空间。

在现实市场交易中，往往存在着我们进行测度和比较时所忽略的因素。比如，在发达国家购物通常比较放心，市场信用本身就应该是确定价格或产品质量的因素之一。消费环境（the consumer environment）舒适，让人尽可能地享受其中，这种参与行为本身便是"福利的提升"（the improvement of welfare）。

反过来看，发达国家的人到发展中国家旅行，若是到穷国发达地区，往往会误以为所到国发展得不错。若是到一般地区或落后地区，可能会因为访客身份而内心释然，短期内完全可以忍受有限的生活条件，接受度比较高。即使少部分人长期居留，因为预先有了对所到穷国环境恶劣的心理准备，所以到了实地并不那么敏感，不以为环境那么恶劣。或者有的主动牺牲物质条件，刻意追求精神上的完美，对恶劣环境的接受度也超出常人的想象。

发达国家的优势在于其国民可以获得更多的"机会效益"，富国与穷国的一个重大差别就在于选择机会的多少，而这对富国富人而言往往被视为一种"天赋人权"，拥有者视其为当然[①]。然而与此同时一直被忽略的是，同为人类的穷国民众并没有这种平等的"机会效益"，或者缺失机会，往往被视为咎由自取、命该低下。

据澳大利亚的《澳大利亚人报》2010 年 4 月 16 日报道，美国总统奥巴马 4 月 15 日在白宫接受了"澳大利亚电视台"的专访。奥巴马先生说："如果中国居民也像澳大利亚人、美国人现在这样生活，那么我们所有人都将陷入十分悲惨的境地，

---

① "何不食肉糜"的发问典型地体现了这种偏见和无知。

因为那是这个星球所无法承受的。"①这是典型的先入为主、得手不放的优越性思维，可持续发展本来就是人类共同的责任，在奥巴马那里却成了压制新兴国家的手段，必须按照发达国家指定的标准搞发展，否则，其他国家就得将就维持原本就低下的生活水准。按照奥巴马的逻辑，如果不是美国人，连致富的机会都不能给，他可是诺贝尔和平奖的获得者啊，由此可见"文明等级论"的影响多么大，同时，这从反面典型地证明了"机会效益"的存在。

日常生活当中还可以找到很多事例，说明机会效益的存在。为什么汉堡包在发展中国家会添加文化内涵，关键在于其输出国的强大经济背景。一般而言，发达国家具备建立起本土产品等级优先权的能力，甚至发达国家（地区）的语言都因其国力强大而获得更多的"机会效益"。就英语本身而言，英式英语、美式英语和澳大利亚式英语在培训市场的"机会效益"不同，等级排序或差别的决定力量在于语言母国的经济、科技或军事实力，可见，获得"机会效益"的前提是"先行者优势"。而先行者这个概念的隐含前提则是发展道路同一，后来者必须或者不得不按照已被设定的路径前行。相对而言，先行者的"机会效益"往往是后来者的成本。例如，发展中国家单单在语言上就需要花费更多的成本②。

3.4　富国穷国间比较与城乡比较的某种相似性

对支出项目中隐含服务组分和宏观福利因素的忽略，导致了发达国家的高质量成分被记录为高价格，"名义价格"虽高，而"实际价格"颇低。③在这种情形下，发达国家的高价格并不一定意味着其货币的购买力弱，很可能是产品中隐含的服务组分多，那就意味着潜在的高质量，进而意味着实际 GDP 的低估。

再看发展中国家市场，商品的"名义价格"虽然可能低，但并不一定意味着其货币的购买力强，而可能是产品中包含的服务少，这种低价格通常意味着低质量。如果忽略低价格背后隐藏的商品质量差距，显然会高估发展中国家的货币购买力和实际 GDP。

理发（haircuts）通常是用来说明富国高价格的典型例子④，但若仔细思考，其结论恐怕恰好相反。的确，相对于富国而言，在穷国穷人理发店的价格非常便宜。

---

① 在"澳大利亚电视台"官网上，奥巴马的原话如下："…… if over a billion Chinese citizens have the same living patterns as Australians and Americans do right now then all of us are in for a very miserable time, the planet just can't sustain it, so they understand that they've got to make a decision about a new model that is more sustainable that allows them to pursue the economic growth that they're pursuing while at the same time dealing with these environmental consequences."

② 这种成本未必是机会成本，"机会效益"与机会成本并不对称。

③ 这种现象意味着价格同产出一样也是一个二元概念，存在着名义值与实际值的区分，需要深入思考。

④ 欧美大学新生经济学教材中"不可贸易品"（non-tradable）的例子。

可是，哪个富国的富人情愿，或者胆敢，到穷国的穷人理发店去理发？假设他们恰好到穷国出席会议，蛮可以顺便低成本地捡到这个便宜。

然而，富人会在穷国小店理发吗？显然他们不会认为这是个值得捡的便宜，因为它并不便宜。富人笃定难以忍受穷人理发店的环境，不仅是洁净问题、理发技巧问题，更可能担心安全问题，还有被人看到在恶劣环境中理发，对其声誉的损坏，难道这些因素不都是理发服务质量的内在组成部分吗？同样称为"理发"，在富国和穷国的穷人理发店根本就是两种服务，截然不同的两种产出，怎么可以比较其价格高低？

如果我们理解了城乡差异对经济统计的影响，就容易理解富国穷国差异对国际比较的影响。ICP 著名专家 F. 沃格尔（Frederic A. Vogel）先生在世界银行的 ICP 手册中指出："出发点是为 CPI 建立一个框架，虽然这存在一个问题，CPI 价格调查在许多国家基于城市。只有当城乡间相对价格的动态变化相同时，这种方法才是恰当的。然而，许多国家城乡间表现出特别不同的定价模式和价格水平。"[①]

越不发达，城乡间发展差距越大，越不利于经济比较。我们可以用这个道理来推断发达国家和发展中国家的区别。整体而言，发达国家相当于城市，发展中国家相当于乡村，由于发达国家是 ICP 的先行者，ICP 框架，包括价格调查方案，不可避免地基于发达国家的实践，尽管在推广时可能对富国穷国差异进行了某些调整，但并不清楚这种调整是否到位，可能存在不确定性，极可能导致两类国家 ICP 数据结果的系统性偏误。

3.5　"宾大效应"至少是一种"弱存在"

一般而言，如果漏算了质量因素，价格高估，物量实际上低估，则货币的购买力低估。问题还在于，这种高估和低估在不同类型国家是不对称的。对富国而言，现代服务业所占的比重大，这种漏算的机会更多一些。穷国现代服务业不发达，其产出中隐含的质量因素少，漏算的机会也少，价格高估的机会少，货币购买力低估的机会也少。二者综合在一起，在自下而上的推算过程中，国际价格水平比较容易出现系统偏误。概括其后果，高估了发达国家的价格水平，而低估了发展中国家的价格水平。这种高估和低估综合在一起，至少意味着"宾大效应"并没有那么强，即便有此效应，顶多只能是一种"弱存在"。

我们试想一下两个人的身高比较，用比喻来分析"宾大效应"弱化的一种可能。如果两个人都穿着鞋子测量身高（设定约束使然），似乎并不影响二人身高的

---

① 参见 The World Bank. 2013.Measuring the Real Size of the World Economy：the Framework，Methodology，and Results of the International Comparison Program—ICP：207.中文为笔者试译。

比较。但仔细观察,如果一个人 A 穿着"内增高鞋子"(height inner increasing shoes),另一个人 B 穿着普通鞋子,因穿鞋而造成的身高增加并不相同,则计算 A 高于 B 的程度就需要做一项减扣,或 A 矮于 B 的程度就需要做一个加项,即需要把鞋子内增高的因素考虑进去,即将 A 人为拔高且隐形的部分剔除。

如果只考虑名义价格水平,然后根据其测度结果总结出某种规律性现象——"宾大效应",这种比较不仅是不充分的,还可能面临循环论证的风险。因为对产品的差异认识不足,忽略了隐含的质量差异,故而将所谓"相似产品"(the like)放在一个项目(item)类别里。又因为实则相异的产品放在一个项目类别里,就认定它们之间的质量差异可以忽略,这里恐怕存在"自我指涉"的逻辑缺陷。

安格斯·迪顿教授曾指出,对富国而言,"经济增速放缓有可能被夸大了,因为统计者遗漏了很多关于质量提升的统计,尤其是服务方面,它在国家产出中所占的份额越来越大,却未得到很好的计算"。[①]我们不仅应该注意到这种测度漏洞,更应该进一步考察这种遗漏对国际比较数据结果的影响。相比而言,富国在现代服务(质量提升)上的成就更大,被遗漏的也就更多。因此在国际经济比较中,富国质量提升被误算为价格提升的风险大大高于穷国,即 ICP 面临比较陷阱:高估富国的价格水平,而低估富国的实际经济增长,容易造成空间经济比较的系统偏差。

参 考 文 献

(1)Kravis I B,Heston A W,Summers R. 1982. World Product and Income—International Comparison of Real Gross Product[M]. Baltimore:The Johns Hopkins University Press.

(2)Kurabayashi Y,Sakuma I.1990. Studies in International Comparison of Real Product and Prices[M]. Tokyo:Kinokuniya Company Ltd.

(3)van Veelen M. 2002. An impossibility theorem concerning multilateral international comparisons of volumes[J]. Econometrica,70(1):369-375.

(4)Heston A. 2004. The flaw of one price:some implications for MER-PPP discussions[C]. The PPP vs MER Workshop,Hartley Conference Center Stanford University.

(5)Neary J P. 2004. Rationalizing the Penn world table:true multilateral indices for international comparisons of real income[J]. American Economic Review,94(5):1411-1428.

(6)Hill R J,Hill T P. 2009. Recent developments in the international comparison of prices and real output[J]. Macroeconomic Dynamics,13(2):194-217.

(7)徐强. 2011. 基于指数的宏观经济价格与物量测度论[M]. 北京:中国财政经济出版社.

(8)Eurostat,OECD. 2012. Eurostat-OECD Methodological Manual on Purchasing Power Parities[M]. Luxembourg:Publications Office of the European Union:431.

(9)The World Bank. 2013. Measuring the Real Size of the World Economy:the Framework,Methodology,and Results of the International Comparison Program—ICP[M]. Washington:The World Bank Group.

---

① 引自迪顿 A. 2014. 逃离不平等——健康、财富及不平等的起源[M].崔传刚,译.北京:中信出版社:279.

（10）邱东. 2015. PPP 同质度指数的设计[M]//宋旭光. 看懂中国 GDP . 北京：北京大学出版社：40-45.

（11）高敏雪，李静萍，许健. 2013. 国民经济核算原理与中国实践[M]. 3 版. 北京：中国人民大学出版社.

（12）Lequiller F，Blades D. 2014. Understanding National Accounts：Second Edition[M]. Paris：OECD Publishing.

（13）迪顿 A. 2014. 逃离不平等——健康、财富及不平等的起源[M]. 崔传刚，译. 北京：中信出版社.

（14）亚洲开发银行. 2014. 购买力平价（PPP）与实际支出——2011 年亚洲及太平洋地区国际比较项目（ICP）[M]. 国家统计局国际统计信息中心，译. 马尼拉：亚洲开发银行.

（15）邱东. 2016. 国际经济比较方法论问题的再思考[M]//邱东，吕光明，等. 国家统计数据质量管理研究. 北京：北京师范大学出版社：493-507. 可参见宋旭光. 2015. 看懂中国 GDP[M]. 北京：北京大学出版社：24-40.

（16）曼昆 G. 2015. 经济学原理——宏观经济学分册[M]. 7 版. 梁小民，等译. 北京：北京大学出版社.

（17）哈耶克 F. 2015. 知识的僭妄[M]//哈耶克 F. 哈耶克文选. 冯克利，译. 郑州：河南大学出版社：600.

（18）勒盖耶 F，布莱兹 D. 2017. 理解国民账户（第二版）[M]. 国家统计局国际统计信息中心，译. 北京：中国统计出版社.

（19）Jung J H，Yoo J J，Arnold T J. 2017. Service climate as a moderator of the effects of customer-to-customer interactions on customer support and service quality[J]. Journal of Service Research，20（4）：426-440.

（20）阿瑟 B. 2018. 复杂经济学[M]. 贾拥民，译. 杭州：浙江人民出版社.

（21）邱东. 2018. 经济测度逻辑挖掘：困难与原则[M]. 北京：科学出版社.

对基本类别购买力平价计算中隐含的价格比率相等假设的考察

本文讨论"等价比假设",以明确从"基本类别 PPP"综合出高层级 PPP 的内在机理。所谓"等价比假设"是指国家间"非匹配支出项目"的价格比率应该等于其"入表项目"的价格比率,其前提条件应该是"基本类别 PPP"的范围与相应"类别项目支出额"相一致。

本文主要内容分成以下九个部分:①计算基本类别 PPP 所面临的支出项目结构;②价格比率与"类别项目支出额"范围的差别;③价格比率的几种存在状态;④"货币购买力"与 PPP 的定义域不同;⑤PPP 加总估算中隐含的"等价比假设";⑥价格比率替代的偏误风险;⑦价格比率替代有效性的思考;⑧从正反两个方面关注不同经济体之间支出项目的"重合程度";⑨研究价格比率相等假设有效性的进一步工作。

1 计算基本类别 PPP 所面临的支出项目结构

ICP 的使命是空间经济比较,整个经济从最终支出角度看是其全部支出项,由"相近支出项"(the like)和"非相近支出项"(the unlike)两部分组成。ICP 的基本工作进路是"比较相近项"(compare the like with the like),但问题的关键在于:经济中"非相近支出项"(the unlike)仍然存在,并没有因为国际比较的刻意选择而消失。仅仅比较"相近支出项"(the like),固然能够得到某种数据处理结果,但 ICP 操盘手并不是魔术师,并不能让"非相近支出项"真正从整个经济中剔除,它们只是静默地隐含在其原位,成为所谓"哑因素"。

应该看到,使得两个经济空间不同质的、起决定作用的恰恰是这些"非相近因素"(the unlike factors),同时,也正是它们使得比较成为必要。严格而论,我们实际上在比较不可比的事物,操作中只是假定两个经济空间可比而已。典型的例子如,政府产出在欧美国家通常都超过了 GDP 的 20%,甚至超过了 40%,而在多数发展中国家则远没有这么多。这就表明,ICP 中有相当部分的项目属于"比较抗阻项目",很难进行切实的国际比较。

  ICP 最根本的假设在于，不同国家的货币购买力结构可比。基于此假设，用于递推的"层次方法"才可能得以使用。但实际上，不同国家的货币购买力在结构上只是"局部可比"，整体上势必包含不可比部分。

  经济现实中，最终支出的"结构性组成"（structural components）并不同。即便在经济结构比较相近的英美之间，也还存在着所谓"马麦酱问题"，安格斯·迪顿教授指出[①]，马麦酱是一种定义明确并且可以精确对比的商品，但若是以英国人的消费习惯来计算和对比英美两国的价格水平，就会发现美国的价格水平要比英国的高。一般而言，如果用国内"一篮子"商品的价格为基准来评价国外的消费水平，就难免有高估国外生活成本的风险。如果我们以国外的"一篮子"商品价格为基准，则又可能低估了国内的相对成本。实践中解决这个问题还得靠平均法来折中。然而，笔者这里所要补充强调的是，折中处理隐含了一个基本假设：这种估算偏误风险呈对称分布。该假设是否符合现实经济关系，尚需要深入研究。

  OECD 和 EU 的 ICP 有一个基本类别清单，世界银行的 ICP 也有基本类别的清单，比较二者，主要是产品基本类别的粗细程度不同。在制定基本类别清单时，需要考虑的一个问题是：是否应该将不同文化中的所谓特殊消费项目补充进来？

  较为典型的如，不少国家的洗浴业（bath industry，或 bath business）是以综合洗浴、足浴、SPA 水疗、娱乐休闲场所为主的服务业形态，与温泉、餐饮和旅馆等行业交叉。日本洗浴业比较发达，中国不少地区也有洗浴业的传统。古代罗马有发达的浴池，英国也有巴斯城（Bath），至今有的欧洲国家还有洗桑拿浴的习俗。但欧美不少人并不习惯在外人面前裸身，只在家中淋浴，泡澡的人很少。ICP 的"标准产品描述法"，开创时主要基于美国经济分析局的支出项目分类，并没有专门列出"洗浴业"——这一在部分国家相当发达的行业。

  服务价格的影响特征不易完全描述，被忽略的因素比较多，也即质量差异被混同为价格因素的部分将比较多，考虑到发达国家服务业比较发达，产品中的服务因素比较多，故易产生系统性偏差，需要特别注意，并在估算中尽力加以调整。

  特别应该深入思考的是，重要支出项目的遗漏意味着什么？货币与商品相对应，如同两军对垒，如果支出项目发生重大遗漏，货币与商品力量对比的形态就会发生变化，部分"对应项"（counterpart item）被遗失，意味着所表现的经济结构不同，很可能导致价格比率的推算出现偏差乃至失误。概括而言：比之可比，余者代指。事本两分，不比者切。[②]

---

  ① 参见迪顿 A. 2014. 逃离不平等——健康、财富及不平等的起源[M]. 崔传刚，译. 北京：中信出版社：188.
  ② 这个概括的英文表述或许可以是：Compare the like with the like! What about the rest? The whole is composed of two siders, the unlike may be more important.

2 价格比率与"类别项目支出额"范围的差别

从计算性质看，PPP 是各支出项目价格比率的加权平均[①]。这表明它有两个要素，一是价格比率，一是作为权数的"项目支出额"。PPP 数据的质量如何，取决于这两个要素及其关系。

在国际比较研究中，我们不仅应该分别关注价格比率及其项目支出额权数，还应该特别关注这两个要素之间的关系。

仔细考察二者可以发现，它们在指标口径上有所差别。

我们先看一个假设的"基本类别"例子。如表 1 所示，这个基本类别包含两个经济体（A 国与 B 国）的 6 个支出项目，其中有 4 个两经济体的"共有支出项目"（common expenditure item）[②]，纳入了 ICP 的价格调查表，可以取得价格基础数据。还有两个"特征支出项目"（characteristic expenditure item），或"非匹配项目"（non-matched item），一个仅为 A 国所有，一个仅为 B 国所有。这样，A 国和 B 国都只有 5 项价格数据，而两个经济体之间的单项价格比率则只有四项。

表 1　双边比较中支出项目的三种类型

项目	A 国价格	B 国价格	价格比率
（1）特征项目（B 国非匹配项目）	√	×	?
（2）特征项目（A 国非匹配项目）	×	√	?
（3）入表项目（A 国代表性项目）	√	√	√
（4）入表项目（B 国代表性项目）	√	√	√
（5）入表项目（A 国一般项目）	√	√	√
（6）入表项目（B 国一般项目）	√	√	√

其中，"入表项目"（on-list item）是指进入 ICP 价格调查表的项目，通常属于各个比较经济体之间的"共有支出项目"，是其中的一部分。"代表性项目"（representative item）这里指"共有项目"中在某经济体支出额较大的项目。

将这四个单项价格比率做简单平均计算（单个项目支出额的数据尚无法取得，无法做加权平均），可以得出"基本类别 PPP"。再结合该基本类别的支出额（即当下条件可获得的最低层次的权数数据），便可进行更高层级 PPP 的计算。

---

① 这是从指标含义角度的概括，如果从实践操作角度看还包括其等价算法，如 CPD 法。

② 这里假定国际比较采用支出法。

　　每个基本类别都包含了所比较经济体之间的"共有支出项目"和"特征支出项目"，而"基本类别 PPP"只能根据"共有支出项目"的价格比率计算得出。就"特征支出项目"而言，某一参与比较经济体该支出项目并不存在，该项价格不可能存在，该项价格比率当然更不可能存在。"价格比率向量"只能包含"共有支出项目"的价格比率，从而必有缺项。

　　将不同基本类别的价格比率组合在一起，我们可以得到"价格比率矩阵"，显然，这只能是一个不完全的"价格比率矩阵"，包含着缺失项。如果我们将双边比较扩展到多边比较，则缺失项将会增多。

　　但是，该基本类别的支出额却应该包含着"特征支出项目"，这就是说，支出额权数的口径应该是完整的，既包含"共有支出项目"，也包含"特征支出项目"。

　　"价格比率矩阵"的非完整性，或者说价格比率与其权数之间包含口径存在着差异，这对价格比率估算意味着什么呢？

3　价格比率的几种存在状态

　　仍只考虑两个经济体，在基本项目类别中包括 K 个支出项目（$K = 1, 2, \cdots, N$），各支出项目分别属于"可匹配项目"（matched item）（用 Im 表示）和"非匹配项目"（用 In 表示）。再设定"对比国"为 A 和"基准国"为 B，则非匹配项目进一步区分为"对比国非匹配项目"（用 InA 表示）与"基准国非匹配项目"（用 InB 表示）。

　　（1）对"匹配项目"而言，价格比率（P_A/P_B）存在，且可计算。

　　（2）对"非匹配项目"而言，价格比率（P_A/P_B）不存在，或者存在但不确定，计算过程中为零，或为无穷大。进一步可分为两种可能状态。

　　a. 当"对比国"存在该支出项目而"基准国"不存在该项目时，$P_B = 0$，P_A/P_B 趋于（或等于）无穷大。

　　b. 当"基准国"存在该项目而"对比国"不存在该项目时，$P_A = 0$，P_A/P_B 趋于（或等于）0。

　　所以，根本无法计算出包含非匹配项目 InA 和 InB 的（P_A/P_B）$_{BH}$。这种差异为我们揭示了"货币购买力"与 PPP 之间的差异。

4　"货币购买力"与 PPP 的定义域不同

　　"货币购买力"（purchasing power，PP）与 PPP 的定义域（the definition domain）在经济现实中其实有所不同。

　　基本类别的 PPP 是就两个及以上经济体的购买力比较而言，而其中直接可以比较的，只是两个经济体中的"共有支出项目"，或"可匹配支出项目"（Im），即

$$BH \ PPP = f(Im)$$

式中，Im 代表两个经济体的"共有支出项目"。

　　而一经济体自身的"货币购买力"（PP）并不涉及国际比较，可以仅就一个经济体而言，既包括了其他经济体也存在的"共有支出项目"（Im），也包含了本经济体的"特征支出项目"，或"非匹配项目"（In），即

$$PP \ A = f(Im, \ In \ A)$$

$$PP \ B = f(Im, \ In \ B)$$

式中，InA 和 InB 代表该经济体的"特征支出项目"。

　　由于货币的购买能力是针对该经济体所有支出项目的，因而货币购买力大小的测度也必须包含经济活动中的所有支出项目，这也表明计算 PPP 时所用权数应该是项目的全部支出额。

　　我们也可以从几何图形（图 1）的角度来探讨这一点。将两国购买力关系视为两个相交的圆，从中审视其范围差别。

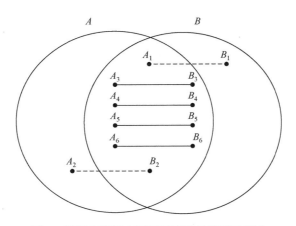

图 1　用相交的圆表示两经济体的货币购买力

　　如果我们把圆 A 看作 A 经济体支出项目的集合或其购买力，把圆 B 看作 B 经济体支出项目的集合或其购买力，那么，A 与 B 相交后的集合为（A∪B），它又可以分成三个子集（A∪B−B），（A∪B−A）和（A∩B）。

　　（A∪B−B）是指仅存在于 A 经济体中的、两个经济体 A 与 B 之间不匹配的支出项目，（A∪B−A）是指仅存在于 B 经济体中的、两个经济体 A 与 B 之间不匹配的支出项目，（A∩B）是指两个经济体中都存在且匹配的支出项目。

　　所以经济比较中所用权数的范围是（$A \cup B$），即权数是两个经济体所有支出项目的"和"，然而基本类别层次价格比率的范围却仅仅是（$A \cap B$），即价格比率的范围仅仅是两个经济体支出项目的"共"，二者间的差异是 $[(A \cup B) - (A \cap B)]$ 或 $[(A \cup B - B) + (A \cup B - A)]$，即两个经济体的"和"减去其"共"的部分，也就是其各自特征支出项目的"和"，这正是我们前面讨论过的含义。

5　PPP 加总估算中隐含的"等价比假设"

　　两个经济体 A 和 B 是双边比较，即经济体 A 的 PP $= f$（ImA，InA）与经济体 B 的 PP $= f$（ImB，InB）之间的比较，其中 ImA 与 ImB 是两个经济体的"共有支出项目"，相对容易比较。而 InA 与 InB 分别是两个经济体的"特征支出项目"，根本不能直接对比。

　　下面我们用图 2 的平面图和立体图来表现双边比较中的价格比率状态。

　　而且，"价格比率矩阵"的缺失项还会影响到基本类别以上各层次"综合价格比率"的计算，因为包含空集的矩阵无法进一步合成计算。

　　目前 ICP 实质上采用了"分层入表项目替代方法"，在各个支出层级中都以"入表支出项目"["可匹配项目"中的"已采价项目"（priced item）]的价格比率来代替"非入表支出项目"（non-on-list items，其中包含非匹配项目）的价格比率，假定二者相等，用"入表支出项目"的价格比率作为跳板，避开了"非匹配项目"（表现为"非入表项目"）价格空间不可比的障碍（陷阱），从而得以填满原本并不完全的"价格比率矩阵"。[①]

两圆相交—平面图

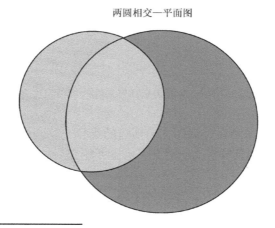

---

① CPD 法的生成机制需要专门的探讨和说明，作为等价算法之等价是说它也能达成综合基本类别 PPP 的作用。

两球相交—立体图

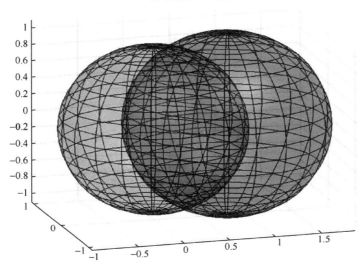

图 2　双边比较中的价格比率状态

价格比率矩阵中所谓的缺失数据（missing data）有两块：对象存在，未加测度；对象并不存在，不可测度。为什么可以同等处理？假定"非匹配项目"的价格比率存在，且等于"入表项目"的价格比率，这是 ICP 最为基本的假定之一，这是建立 PPP 计算机制时必须做出的假定，否则，此步骤之后的综合运算都无从谈起。在 PPP 构建过程中需要完整的价格比率矩阵，作为计算的工具指标，这种要求意味着什么？这是"等价比假设"的根本所在。

然而，经济测度的经济性要求和预算约束使得这一假定得以隐含起来。在实际价格资料收集和处理过程中，即便所有支出项目都是共有的，都可以采价，都可以计算价格比率，经济统计工作者也不会逐一去做。现实中可以用于 ICP 的精力和资源总是有限的，在非大数据时代，人们总是，也只能，选择部分支出项目作为代表，进行基础数据的采集和加工，在 ICP 中就表现为采用"入表支出项目"。

问题在于，"入表支出项目"的使用容易让人们忽略"非匹配项目"的存在，也容易忽略这种存在对 ICP 计算结果的潜在影响。

问题的要害并不在于是否使用这个"等价比假定"，而在于这个假定对 PPP 质量的影响究竟如何？使用"入表支出项目"的价格比率替代"非匹配项目"原本不存在的"价格比率"，效果到底如何？

6　价格比率替代的偏误风险

接续我们在第二部分的思考，按照设定，所谓"价格比率替代"即

$$(P_A/P_B)\ln A = (P_A/P_B)\text{Im}\,[\,本来\,(P_A/P_B)\ln A\,未知\,]$$

$$(P_A/P_B)\ln B = (P_A/P_B)\text{Im}\,[\,本来\,(P_A/P_B)\ln B\,为\,0\,]$$

这种替代恐怕是有偏误风险的。

对于 $\ln A$ 而言，因为 P_B 为 0，则 (P_A/P_B) 为无穷大（假设为 X），替代的偏误量不可测。但偏误方向上总体是低估。

若 $(P_A/P_B)\ln A = X$，则"替代偏误"为 $[\,X-(P_A/P_B)\text{Im}\,]$。

对 $\ln B$ 而言，因为 P_A 为 0，(P_A/P_B) 为 0，偏误量就是 $(P_A/P_B)\text{Im}$ 本身，方向上是高估。

两种情形替代的误差可部分抵消，但偏误仍然存在。

$\ln A$ 与 $\ln B$ 的"替代偏误"加在一起，就是该基本类别的替代偏误，即

该基本类别的替代偏误 $= [\,X-(P_A/P_B)\text{Im}\,] + (P_A/P_B)\text{Im} = X$

即"替代偏误"未必收敛，恐怕是介于 0 到无穷大之间的一个数，一个无法确定的数。

7　价格比率替代有效性的思考

从经济测度的可行性角度看，由于各支出项目都属于同一个基本分类，且 GDP 支出分层较细，"非入表支出项目"的价格与"入表支出项目"的价格相差不会太大，这似乎可以作为实施"价格比率替代"的理由。

由于研发 ICP 的经济学家的开创性智慧，PPP 计算中采用了层级化处理，一种自下而上的构建金字塔式 PPP 的方法，这一设计或许较大地限制了价格比率相等假设失效的可能范围，从而使 ICP 成为 20 世纪经济统计的重大进步之一。

然而，仍有以下几点值得引起特别注意。

第一，在每个类别里，项目间的"价格水平差异"小，并不必然导致其"价格比率差异"小，二者不可混淆。即使二者的"价格水平差异"很小，其单项价格比率也未必那么接近。所以我们至少需要对两种差异间的一般关系做出说明。

第二，"非匹配支出项目"与"入表支出项目"之间的"价格比率差异"可能

有正有负，如果二者有可能相互抵消，则需要做出这种抵消机制存在的一般性证明，比如，如果"价格比率差异"呈现或接近正态分布，则"替代偏误"可以正负抵消。

第三，如果替代所产生的价格比率差异无法抵消，那么在逐层加总合成时，这种误差是不是也同时被加总放大了呢？如果在"基本类别以上"的支出层次也存在这种替代，其可能的替代误差是否更大？这种替代误差在基本项目这个层次或许数值不大，可是如果不同类别和层次的"替代误差"累积起来呢？会不会大到影响比较结果的质量？这些也是需要进一步考虑的问题。

第四，从且仅从"项目层次"（item level）的角度看，"不完全价格比率矩阵"中的"缺失子矩阵"（"非匹配项目价格比率"构成的矩阵）在经济现实中可能确实不存在。并不是现实中存在此单项价格及其比率，但人们不知道，无法直接测度，故而需要去估计一个值，而是压根不存在这种价格比率。

为了估算"综合价格比率"，ICP 需要人为地赋予"缺失子矩阵"一个数值。这不是通常所说的"数据缺口"，而是现实经济结构差异在该层次的体现。

所以，对于"非入表项目"应该区分为两种本质上不同的情况：一种是现实存在的项目，但人们尚未掌握其数据；另一种是现实中压根不存在的项目，如"非匹配项目"。区分二者对于方法机理的理解非常重要。

第五，我们知道，采用 CPD 方法可以估计出"缺失价格比率子矩阵"，从而得出"完全价格比率矩阵"。而问题在于，"不完全价格比率矩阵"与"完全价格比率矩阵"，哪一个是现实经济结构的真实反映呢？或者说哪个价格比率矩阵更接近于经济现实呢？对不存在的价格比率估计出一个值来，会不会远离经济现实？再依据包含人为赋值的"完全价格比率矩阵"计算价格比率的总值，即"综合价格比率"，是否存在距离经济现实更远的测度风险？如果无法做出替代可靠性的严格证明，至少需要对此做出专门的说明。

CPD 法可以利用非匹配项目的信息，通常认定这种方法优于不能利用该类信息的方法，这是做了信息利用"有胜于无"或"多胜于少"的假设。但问题的关键在于，"用了信息"，并不必然等价于"用对了信息"，并非"用了信息"就势必得到描述对象的真值，这是两种不同的状态。估算中检验的究竟是哪一个呢？需进一步考察。

第六，从一般方法论角度看，抽样调查容易产生的一个误解是将非样本部分等同化对待，实际上，至少可以区分为两种状况：一是对象存在但未进入样本群，二是对象本身并不存在，自然就无法进入样本群。这两种不同状况对方法选用和处理结果都会产生不同的影响。

此外，线性处理的可行性比较高，故而操作中对非线性关系也往往加以实施。习惯于这种处理后，分析者容易误以为行为对象结构本身就是线性的关系。

8 从正反两个方面关注不同经济体之间支出项目的 "重合程度"

一般而言，经济距离①越远，支出项目重合率（the expenditure item overlap rate）越低。不需要太远的经济距离，支出项目重合率就可能大大下降，衰减的速率非常快。哪怕相邻经济体的支出项目重合率高达 90%，经济距离远的经济体还是存在支出项目重合率非常低的风险。

1996 年，笔者构建了②一个 "重合因子矩阵"，用支出模式渐变序列说明了这种可能趋势，矩阵中的支出模式个数只有 11 个。尽管这只是一个思维实验，但至少表明了一种可能性：不同经济体之间支出项目重合率相当低，而支出项目重合率对 ICP 数据结果质量至关重要。

在多边比较时，这个重合因子矩阵对于计算综合重合率也相当重要，不同经济体之间的支出项目重合率不同，如何合成一个综合比率，让数据用户对 ICP 数据结果质量抱有信心，也是今后 ICP 发展应该重点考虑的一个方面。

如果用相交的两个球来表现双边比较，那么多边比较就是多个球相交，显然各球重合的程度越来越小。"价格比率替代" 主要针对 "非匹配支出项目"，如果不同经济体之间支出项目的重合度很高，替代比率所占的比重小，那么空间比较的结果就较为可信。

当人们就 "支出项目重合程度" 关注 ICP 结果质量时，专家的回答是：支出项目在不同经济体之间有相当大程度的重合。这个回答本身就意味着：支出项目在不同经济体间的重合程度对 ICP 数据质量是非常重要的。因此，笔者建议，应该从正面和反面两个方面来进一步关注不同经济体之间支出项目的重合程度。

从正面来看，只是告诉人们重合程度高还很不够，仅就 "项目重合度" 而言，ICP 仍有大量工作要做，公众需要我们提供重合度的实在指标，以证明比较数据结果的可靠性。我们应该从方法论机制上论证，为什么项目重合度高了比较效果就好？究竟多大程度的重合才可以达到空间经济比较的必要条件？比如，在什么样的重合度条件下，CPD 对 "缺失价格比率" 的估计是高效的和有效的，不同的重合度对 "价格比率估计值" 的影响究竟如何？还有在公布 ICP 结果时，我们应该交代支出项目的重合度，说明经济现实中的重合度究竟有多高。

---

① 经济距离不同于地理距离，本身是多元的，定义经济距离可能存在多种维度。

② 参见邱东《对国际经济比较方法的若干思考》，《统计研究》1996 年第 6 期，收入《谁是政府统计的最后东家》，中国统计出版社 2003 年版。

从反面来看，不同经济体之间项目重合的水平不同，是否意味着 ICP 结果可靠性水平的差异。按照手册阐述，ICP 对调查地区的基本要求是：市场商品种类丰富，客观上存在可比较对象。这个要求本身实质上意味着：并不是所有地区都适于国际比较。各国经济的结构存在着巨大差异，经济现实中确实存在着彼此间不可比较的项目。或者说，有些支出项目在某些经济体的存在并不具备显著的经济意义。即便是物理意义的存在，也并不等于经济意义的存在。ICP 研究对支出项目的非重合部分也应该给予足够的关注，研究"价格比率替代"的有效性便是其中的重要内容。

9　研究价格比率相等假设有效性的进一步工作

如何提高"价格比率替代"的有效性？我们认为至少应该从以下两个方面入手。

第一，尝试进一步分解"基本类别层次"的"非匹配项目"。

事物的质是分层次确定的，大米在粮食这个层次上可以与玉米同质，但比较层次降低后便成为不同的支出项目了，然而它们肯定包含着一定程度的同质因素。因而在确定是否同质之前，在确定支出项目是否重合之前，须首先确定我们是在哪个层次上讨论问题。

在"基本类别层次"不同质、不匹配的支出项目，在"基本类别以下水平"可能包含同质因素，从而可能辨识并构建"匹配因子"，这需要更低层次的支出额成分测度。

是否可以考虑采用"特征因子方法"（hedonic method）等将支出项目进一步分解？如果能将该部分所包含的同质因素分析出来，就可能说明在基本类别层次上"非匹配项目"的内部构成。用规格品的特征相似性来推算其价格比例关系，在基本类别以下水平让 (P_A/P_B) In 逼近 (P_A/P_B) Im，或许可以减少"价格比率替代偏误"。

不过这种细化操作存在着现实瓶颈。等价比的推算基于"纯价比要求"，"纯价比"的假设性使得等价比推算方法实质上锚定在一个可能存在误差的价比关系上，从而加大了比较结论的不确定性。但如果细化支出项目分类以谋求更纯的价格比率，则会导致"非匹配项目"增多，而"非匹配项目"越多，即"等价比要求"越高，操作中就越难实现。可见，这两个假设之间存在着此消彼长的关系。

第二，尝试构建"同质度指数"（index of overlap degree）。

可以将现有支出项目的"重合程度比率"作为"基础同质度"或"核心同质度"。

　　在"基础重合度"基础上，通过基本类别层次支出项目的分解，加上其中的可匹配因素构成所占的比重，就可以再测算"扩展重合度"（ enlarged overlap degree ），这是对支出项目在不同经济体之间同质程度的综合反映。

　　同质与否与空间范围有关。有的支出项目地区可比，但全球不可比。这样应该分空间层次计算"同质度指数"，比如经济体的、地区的和全球的。地区内的经济文化差异小于地区间的经济文化差异，由此可以推论，在其他因素相同的前提下，地区 PPP 质量通常应该优于全球 PPP。

　　"同质度指数"还可以分支出类别计算。

　　有了项目比较的同质度指标，才可能表明"完全价格比率矩阵"与"不完全价格比率矩阵"的接近程度。只有二者相当接近，基于"完全价格比率矩阵"的综合 PPP 才是可信的，PPP 从经济微观数据基础到宏观比较综合的逻辑才真正接通。

参 考 文 献

（1）Eurostat，OECD. 2012. Eurostat-OECD Methodological Manual on Purchasing Power Parities [M]. Paris：OECD Publishing.

（2）Lequiller F，Blades D. 2014. Understanding National Accounts：Second Edition[M]. Paris：OECD Publishing.

（3）Hill R J，Hill T P. 2009. Recent developments in the international comparison of prices and real output[J]. Macroeconomic Dynamics，13（2）：194-217.

（4）邱东. 2015. PPP 同质度指数的设计[M]//宋旭光. 看懂中国 GDP. 北京：北京大学出版社：40-45.

（5）邱东. 2016. 国际经济比较方法论问题的再思考[M]//邱东，吕光明，等. 国家统计数据质量管理研究. 北京：北京师范大学出版社：493-507. 可参见宋旭光. 2015. 看懂中国 GDP[M]. 北京：北京大学出版社：24-40.

（6）The World Bank. 2013. Measuring the Real Size of the World Economy：the Framework，Methodology，and Results of the International Comparison Program—ICP[M]. Washington：The World Bank Group.

国际经济比较中的购买力平价与市场汇率之辩[①]

无论怎么批判，GDP 迄今为止仍然是测度一个国家经济总量的主要指标，而不同国家的 GDP 分别以其国家货币计值，不能直接进行空间对比，要测度真实经济规模，有经济学家提出用 PPP 来缩减"名义 GDP"。PPP 是 ICP 的核心概念，也是国内外经济研究常常用到的指标。ICP 由世界银行牵头会同其他国际组织主持进行，2020 年 5 月，第 9 轮 ICP 数据（2017 年为"数据基年"）公布。按照联合国统计委员会决议，ICP 将成为常规性经济统计项目，每三年进行一次，其间两年则搞 PPP 推算。

国际经济比较似乎顺理成章，不过有一点值得注意，世界银行公布了 PPP 值，你却不能按照它去兑换货币，企业也不能按照这个 PPP 支付货款，包括世界银行、OECD 和欧盟等 PPP 的"制造者"，在跨国支付货币时也得遵照市场汇率。比如，尽管算出来人民币与美元的 PPP 是 3.5，但你兑换 1 美元眼下还得掏 7 元左右的人民币。这个经济事实告诉我们，国际货币购买力关系的认定客观上存在两种方法。

原来国际经济比较的工具是市场汇率，不过好多经济学家不太满意该指标方法，认为它存在若干缺陷。当时实际上面临着不同的路径选择，是修正汇率法，还是另起炉灶？

20 世纪 50 年代经济学界开始探索设计新的国际比较工具指标，1968 年，宾夕法尼亚大学克拉维茨、萨默斯、赫斯顿三位学者受托进行了第 1 轮 ICP，尔后逐步改进，发展成为国际经济比较的主流和常规方法。在这个历史背景下，是不是国际经济比较就应该一边倒：完全摒弃市场汇率而全然采用 PPP 呢？ICP 作为国际比较标准真的成熟了吗？笔者再次提出一些非常反潮流的看法，呼吁对 ICP 做更深入的思考。

货币是商品（货物和服务）的"一般等价项"，所谓"通货"，本身具有综合性，货币购买力是国际经济交易关系的综合体现。国际经济分析中对比较工具的要求，既需要"货币单位转换因子"，也需要"货币购买力调整因子"，市场汇率与 PPP 的比较，关键在于其因子作用的比较。

回顾经济统计学原理，价格在经济总量统计中具有"一身二任"的作用，既

---

① 本文发表于《中国统计》2020 年第 4 期，当时第 9 轮 ICP 结果即将公布，文章内容或有助于数据用户更科学地把握 ICP 相关产品。

是"同度量因素"，同时也是"权数"，前者是显性的，而后者往往是隐性的。国际比较中两个因子的作用就源自或对应于同度量因素和权数。汇率说穿了就是货币的价格，是否一身二任，或者还只是"货币单位转换因子"，值得深思。

人们更多地关注汇率法与 PPP 的区别，却忽略了它们之间的相同点，其实，有一些对汇率法的批判往往也适于 ICP 法，这如同使用"飞去来器"投掷目标，恐怕伤及自身。

本文从以下八个方面加以论述。

第一，两种方法都可能出现奇异结果。

对汇率法最大的批判在于其可能得出与现实经济关系相悖的结果，而且在浮动汇率的情况下可能波动剧烈。其实，就处理波动性而论，统计方法并不为难。世界银行在很长时间里并没有完全废弃市场汇率，在发表全球经济社会的图表集（Atlas）时，采用移动平均法对市场汇率做了修匀。就奇异结果而论，ICP 只是出现的可能性相对低一些，因为 ICP 本身就是一个平均法，出现误判的概率可能低一些。

但是，ICP 并不能保证一定避免奇异结果的出现。值得深究的是，世界银行 ICP 结果是模型"生成值"，还是"调适值"？数据加工过程可否重复？国家统计局余芳东博士是中国从事 ICP 的专家，她指出，第 8 轮 ICP（2011 年基年）"亚太地区的价格水平可能被低估"。

第二，ICP 本身是"类政府组织"的产物。

汇率可能受政府干涉而扭曲经济现实，这是诟病汇率法的重要原因，但这一点同样可以用来批判 ICP。ICP 根本无法避开政府对价格的干涉，项目所需的基础价格资料都需由各国政府提供。更为重要的是，PPP 恰是"官方"认定的一种"汇率"，联合国、世界银行、OECD、欧盟等国际组织都是一种"类政府"组织，在 SNA 中所设定的居民、企业、政府、非政府组织（non-governmental organizations, NGO）和"国外"这五大经济主体中，国际组织只能归类于政府这一类别[①]。

PPP 是人为计算出来的，而汇率即便由官方确定，也是由一国政府按照其面临的市场态势确定，或许出于应对跨国公司垄断压力的需要，是一种"对扭曲的扭曲"，故而不宜断然否定。而且，按照 ICP 审议报告作者 Ryten 教授的观点，ICP 的功能之一就是为落后国家政府确定其汇率提供数据基础。

总之，使用 ICP 数据时首先需要明确一个重大区别，市场汇率是实际交易的观察值，而 PPP 则只是由国际组织认定的一个人工估算值。弃汇率而另行估算 PPP，

---

① 如果认同笔者的这个观点，就意味着我们全球产出核算中存在一个大漏洞。试想，国际组织的产出是否应该加以估算？应该由谁来估算？究竟应该怎么估算？这系列问题应该作为一个专门课题加以研究，缺失了这一块，全球产出乃至各相关国产出核算中的生产、分配和使用的平衡关系都包含了系统失真成分，并不仅仅是"统计误差"那么简单，或许一篇博士论文都很难说清楚。

对西方主流经济学而言，这是个相当突出的例外：什么都相信市场，唯独在国际货币购买力比较时"变节"，市场认知的内在逻辑不一致。

第三，两种方法都可能存在高估和低估产出及价格水平的倾向，只是作用方向相反。

对汇率法的指责之一是其低估了穷国的实际产出，高估了其价格水平，其实这是基于 ICP 结果得出的判断。相反，ICP 法的对应问题在于，由于产出中隐性质量因素无法完全纳入经济测度，国际比较只能相对地确定"经济同一产品"，富国产出中隐含的质量因素往往被忽略，从而 ICP 相对地高估了穷国的实际产出，低估了其价格水平。对富国而言，采用汇率法和 ICP 法的结果相差并不大。于是，两种方法取舍的焦点就在于：究竟如何判断穷国的相对产出和价格水平？

第四，国内贸易和国际贸易之间并没有"柏林墙"，不应该断言汇率仅仅反映国际贸易的购买力关系。

从表象上看，似乎国际贸易与汇率关系更为直接，但至少国内贸易与国际贸易存在着供求关系，因此汇率与国内贸易至少存在间接作用，而在全球价值链中这种关系更为明显。只有假定国内国际两个市场完全切割断裂，才能将汇率仅仅视为由国际贸易形成的购买力关系。

这种间接作用关系在其他因素中也存在。比如，人们认定国际资本流动会影响汇率波动，这似乎与货币购买力并无关系，从而造成汇率法扭曲现实。但如果我们深入探究一下，为什么资本会在国际流动，难道不正基于对不同货币购买力的预期变化么？

看不到明确的直接的作用关系，并不等于关系不存在。间接关系作用力未必小于直接作用力，但人们往往倾向以为直接关系强于间接关系。从社会认知的角度看，这种倾向未必可取。

第五，ICP 并没有经过系统的比较机理研究。

ICP 初创时，更多地把货币购买力国际比较归结为"一类指数问题"，偏重技术路径，"借用"时间指数方法略做调整，就用于空间比较。当时的思考主要在于"如何比较"这个层面，对于"为什么这么比较"思考得并不多，至少不够系统、不够全面。迄今为止，ICP 的主要文件对国际购买力的比较机理也并没有系统、深入的阐述。

而且，存在一种比较普遍的误解，ICP 在 1997 年经过了专家的质量审议，如 the Ryten Report 和 the Castle Report，比较方法的基本法理问题已经得到解决，可以只考虑方法的精细化。ICP 经历了第 6 轮的失败，这两个审议报告实质上是失败的产物，但报告只是从操作层面论述如何改进，Ryten 教授确实提出过涉及比较机理的两个基本问题，但报告正式发表时，这些思考并没有被纳入。至于系统乃至简要的原理阐述还远远不够。

从项目操作看，ICP 已经进行了 9 轮，历时 50 多年，全球将近 200 个经济体参与了比较。人们容易产生一种预设态度甚至迷信，以为 ICP 是国际通行的成熟标准。于是，多数所谓研究只是对之的应用，或顶多在加总方法上做些修补。

第六，并不是技术含量高的方法就准确。

从方法的技术含量看，汇率法比较粗略，而 ICP 表现为精细方法，具备形式上的优越性。由于人们的技术偏好，技术含量高的方法往往容易得到采信。

实际上，ICP 基于一个假设——人比市场聪明，能更准确地辨识国际购买力对比关系。放弃市场汇率观察值，非要替代市场估算购买力比价，本质上是"比较不可比之事物"（compare the incomparable）。ICP 遭遇的核心困难是"代表性"与"可比性"相悖，这是硬性比较不可比事物的代价。在复杂的比较对象面前，ICP 貌似精巧的方法往往非常牵强，而且需要更多的前提条件。

第七，ICP 的质量隐含三个基础性要求。

从汇总方法原理看，ICP 将经济分成七个类别层次，采用"金字塔法"自下而上逐层计算总体 PPP，"基本类别"的价格比率是 ICP 的基础。笔者曾概括指出，从计算性质看，高阶 PPP 是基本类别价格比率的加权平均及其等价算法。基本类别价格比率的估算需要满足以下三个要求。

一是"纯价比要求"。ICP 必须针对"经济同一产品"进行价格比较，所得 PPP 只能是"纯价格"的比率，不能包含质量因素，否则，如果高估 PPP，就会低估真实 GDP；反之则高估真实 GDP。

然而，"纯价比"的要求很难达成，因为我们很难确定"经济同一产品"——国际完全相同的实物产品和服务。按照经济统计学原理，同样一听可乐，在超市出售和在宾馆出售就应算作不同的产品，因为其销售环境不同，包含了不同的服务。同理可循，同样一听可乐，在不同国家销售就能算作"同一产品"吗？其价格比率仅仅反映国际价格水平的差异吗？

问题的严重性在于，可乐是全世界都流行的"实物同一产品"，如果连这种产品都找不到真实的国际匹配品，那国际还会存在"同一产品"吗？现实经济中，产品中的质量因素无法完全区分并剔除，ICP 实际上无法满足"纯价比要求"。

二是"等价比要求"。概括而言，ICP 的基本类别价格比率估算办法是"取其有，代其无，表其全"。受限于统计项目资源，ICP 无法估算各国之间所有商品的比价。按照经济统计的常规，只能选择少部分代表品，而"非代表品比价"则由"代表品比价"来代替。应该注意到，其中有的商品在某些国家并不存在，压根儿没有价格和价比，从而只能是人为赋值。要满足"等价比要求"，需要尽可能详细的产品分类；但那样又更难确认国际"经济同一产品"，需要人为赋值的价格比率会更多。ICP 面临的是操作悖境，左右为难。

三是"价格均值代表性要求"。在计算基本类别 PPP 时，采用的是"年国家平均价格"，这个平均实际上同时包含了时间和空间两个维度，然而，不同国家经济规模不同、变化速率不同，国内不同地区间的发展水平差异也不同，这往往造成不同国家"年国家平均价格"的均值代表性差异很大。例如，中国这种发展中大国，东中西部三大区域差异大，南北差异也凸显，相比新加坡那样的都市型国家，甚至相比于美国这种国内市场化程度较高的大国，该均价的代表性会有很大差异。

但是，基本类别 PPP 的计算要求，"年国家平均价格"与时空变异无涉，不然，其很小的差异也会在 PPP 逐层推算中被放大，对可比性的负面影响不知几何。在物理学中，海森伯先生的"不确定性原理"（uncertainty principle）表明，粒子的位置与动量不可同时被确定。我们在国际比较中需要同时进行时间和空间的平均处理，由于面临的是"复杂有机现象"，比经典物理的对象更为复杂，其不确定性究竟如何，值得深思，难道经济学可以超越经典物理学的功力？

从 PPP 计算机理来判断，基本类别 PPP 的计算应该满足"纯价比"、"等价比"和"年国家平均价格"（事关均值代表性）这三项基础性要求。换言之，如果相信 ICP 数据结果，就需要假设基本类别 PPP 的三项要求都得到满足。然而，价格测度存在着相当大的不确定性，甚至可以断言"价格测不准定理"，由此，基于价格调整的 ICP 其数据基础并不稳固。

第八，ICP 无法与汇率绝缘，不宜用正确与否裁定二者。

在 ICP 过程中，需要用到市场汇率数据。而 PPP 与市场汇率之比又构成了所谓相对价格水平指数，因而不宜将汇率法说成不正确的方法，同时将 ICP 法说成正确的方法。如果三者关系成立，一旦汇率法不正确，那么其偏误就可能传导到 PPP 或者 PLI 数据上。否则，指标间的逻辑一致性就遭受破坏。

总之，"ICP 法一定优于汇率法"的流行判断，并没有得到系统的学术论证。我们不应该盲目推崇 ICP 法，需要提防哈耶克先生所批判的"知识的僭妄"，还需要深入探索其比较机理，以改进国际经济比较的标准。至于 ICP 数据结果，也需谨慎使用，世界银行等国际组织公布数据时的警告并不只是客气话，其中还有免责的意思。

深入探索 ICP 隐含的经济测度问题*——评《GDP、福利和健康:2017 年轮 ICP 的若干思考》

  迪顿教授和施莱尔先生的论文针对 2017 年轮 ICP 重点讨论了 ICP 的经济测度基础及其分析应用。本文按照原文结构概述了论文中值得关注和思考的问题,并对文中内容所引发的 ICP 方法论问题提出了系列看法。主要观点包括:①从 ICP 数据结果中可得出反直觉的认知,面临 "反基本事实" 的风险;②ICP 用 "相近项" 比较替代 "相同项" 比较,忽视了 "生产者视角" 中的价格与质量同一性,忽略了 "名义价格" 与 "实际价格" 的区分,这是影响 "实际产出" 国际比较质量的根本原因;③超越 GDP 实质上就是超越 SNA,采用 "GDP+" 的方式未必能够解决经济统计方法论的内在一致性问题;④ "国内 PPP" 的倡议意味着对现有 GDP 统计的重大否定,即权重处理不当,没有满足经济意义上的 "可加性";⑤ICP 注重 "形式一致性" 还是 "内容一致性",即注重不同轮次间比较结果的一致性,还是比较方法与现实国际关系的一致性,加大频率的办法是否可以处理好所面临的两难选择;⑥ICP 面临的最根本风险是世界各经济体之间的巨大差异,面临不可比的对象如何达成可靠的比较。主要结论:ICP 尚需系统性的方法论思考,对其结果数据不能盲目采信。ICP 进一步研究和统计实践需关注:"区域比较优先" 还是 "全球比较优先" 问题;是否集中进行 "消费项" 的国际比较问题。

  2020 年 11 月,诺贝尔经济学奖得主、美国普林斯顿大学迪顿(Angus Deaton)教授和 OECD 执行总统计师施莱尔(Paul Schreyer)先生发表了 NBER[①]工作论文,题目是《GDP、福利和健康:2017 年轮 ICP 的若干思考》("GDP, Wellbeing, and Health:Thoughts on the 2017 Round of the International Comparison Program"),该论文 2021 年 5 月在国际收入与财富研究会会刊(*the Review of Income and Wealth*)上发表(Deaton and Schreyer,2021)。该工作论文是对 ICP 乃至整个经济统计当

  * 基金项目:国家社会科学基金重大项目 "国际统计标准测度问题挖掘与中国参与的方法论基础研究"(18ZDA123)。

  ① NBER 是业内对 "国民经济研究局"(National Bureau of Economic Research)的英文简称,虽然中文将其名称译为 "局",但是其实这是一个以非政府组织形式出现的研究机构,该机构成立刚刚超过百年,尤以重视经济统计为其研究特色。再者,尽管发表初衷是用于讨论和评论,但 "NBER 工作论文" 通常被经济学界公认为高档次科研成果。

今态势的概括性阐述，事关国势格局的高质量研判，本文依次对其主要内容（分成 7 节）做出解读和评论，并就相关研究的拓展提出看法。

1　摘要与引言

迪顿教授和施莱尔先生的工作论文集中阐述了有关 ICP 的若干测度问题：一些重要的新发现，一些已知认识，一些利用新数据可为的分析，以及仍然不可为的数据分析。采用新一轮比较结果，作者刻意强调了这些数据仍然无法揭示的现象或事实，特别是，如果缺乏"仔细解读"（careful interpretation），可能产生的严重误导。这种告诫颇有必要，由于种种"测度陷阱"，经济统计指标并非公众通常想象得那么简单，如同剑桥大学沃德（Michael Ward）教授在《量化世界——联合国的主意和统计》一书中所警示的那样，需要提防"未受教育的数据解读"（uneducated data interpretation）（Ward，2005，2004）[①]，解读和再解读意义重大。

ICP 是世界上最大的统计项目（statistics initiatives）之一，作者从成本（cost）、地理覆盖面（geographical coverage）、机构参与度（institutional involvement）和历时性（longevity）四个方面指出项目"大"之所在。

2017 年是第 9 轮 ICP 的"数据基年"，数据结果在 2020 年 5 月公布。第 9 轮 ICP 结果包含了 176 个经济体[②]，但并不是参比经济体最多的一次，第 8 轮参比经济体将近 200 个。不过笔者认为，如果不是经济总量大国的缺失，其全球经济比较的意义未必消减许多。这意味着，即便进行全球比较，也未必参比经济体越多越好，ICP 在比较经济体范围与基础数据质量之间存在着权衡余地。

受全球新冠肺炎疫情影响，此次 ICP 结果公布没有引起国际社会的更多关注。这告诫我们，"生命政治"中存在一种基本态度：如果健康受到威胁，物质福利的社会地位就沦为其后，长期性公共产品的重要性也有所下降。

[①] 该书是"联合国知识史项目系列"（United Nations Intellectual History Project Series）中的一本，2004 年由 Indiana University Press 出版。在这本《量化世界——联合国的主意和统计》（该书名由笔者试译）中，沃德教授指出：联合国通过对国际统计体系的发展做出重大贡献，在经济以及后来的社会和环境政策与分析等关键领域影响主流政策思维的关键作用。

[②] 国人尤其应该注意"经济体"的用法，对绝大多数国家而言，经济体与国家等同，但对我国而言，我们以香港、澳门、台湾、中国四个经济体分别参加全球比较。特别应该注意的是，在论及全球经济体排位时，中国是世界上第二大经济体的说法是错误的，因为欧盟历来是一个非常重要的经济体，其 GDP 总量数年超过了美国，或许由于英国退出和疫情影响，2020 年中国（未包括港澳台）的 GDP 总量可能首次超过欧盟，首次成为世界第二大经济体。在大国竞争中忽视欧盟，尤其不应该是中国所为。在《中国非二》（中国统计出版社 2013 年版）一书中对是否排名第二引发的问题有过专门讨论。

不过如果专注测度视角，这从反面也可以印证，GDP 缺失了人类福利的核心内容[①]。迪顿教授和施莱尔先生认为，GDP 不仅有所缺失，还包含了一些与物质福利（material wellbeing）无关的项目，从而使国际比较面临测度风险。可惜作者没有例示其所言，还需要我们深入思考和挖掘。

作者在该工作论文中强调了分配问题（"谁得到什么"who gets what），切中当今社会发展的重心。但笔者认为需要格外注意的是，分配问题并不仅仅涉及国内分配，还涉及国际分配，且二者紧密关联。但在笔者看来，国际收益分配内在的不平衡问题相当严重，且较少为国际经济统计界所深入分析，毋宁说，ICP 其实固化了对经济测度和国际比较的已有刻板印象。

十多年来，国际上"超越 GDP"（beyond GDP）的呼声愈来愈烈。笔者认为需要明确的是，在某种意义上，"超越 GDP"实质上就是要"超越 SNA"，这是当代经济统计体系面临的一次重大挑战。经济统计改革之路究竟应该怎么走？争议颇多，其中一个主流思路是"GDP 及其超越"（GDP and beyond）[②]，并非直接否定超越主张，但对超越做了与口号倡导者截然不同的解读，这种在 GDP 基础上"做加法"的处理，是经济统计界一种"不排除创新，但偏向守成"的观点，与那种"推倒 GDP 重来"的测度主张大相径庭。

迪顿教授和施莱尔先生在导言中强调指出了三点：①尽管存在问题，但是 GDP 仍然是我们比较重要和有用的测度，离开了经过适当解读和调整的国民账户，任何对福利的深入测度都不可能；②从 OECD 统计机构可以看到，2020 年 3 月以来，对 GDP 及其构成的信息需求明显增加，与其他相关指标一道，近期注重健康有关测度（health related measures），GDP 仍然发挥着不可缺失的作用；③ICP 注重国际可比性，刻意剔除市场汇率转换中的扭曲，否则，物质生活水平和贫困率的国际比较即使在"相近程度"（like-for-like）[③]（邱东，2018a）上都不可能。

以上阐述的基调告诉我们，迪顿教授和施莱尔先生实际上坚持着"GDP 及其超越"的主张，认定 SNA 的基础地位不可或缺。笔者基本同意这种主张，几十年来各国在 SNA 框架下构建的经济统计数据是人类社会的宝贵文化财富，当然不能随意放弃。

但更需要明确的是，经济统计体系化建设的重心在于，已有测度与创新测度如何保持方法论的内在一致性，前景并不乐观，《经济测度逻辑挖掘：困难与原则》围绕这个基础性问题进行了探讨（邱东，2018b）。

---

① 即罗伯特·肯尼迪参议员 1968 年在堪萨斯大学讲演中关于国民生产总值的观点，至今在全球都很流行。

② 简言之，可称之为"GDP+"模式。经济统计项目所受到的资源约束是该模式所需面对的关键挑战。在有限的可用于测度的资源中选择哪些测度？由此凸显了"相关性"对设计和制定测度框架的重要意义。

③ 请注意这个概念对准确认识 ICP 的比较机理非常重要。国际比较做不到严格意义上"相同产品"（the same product）的比较，但在 ICP 的计算过程中，却往往容易忽略"相近"（the like）对"相同"（the same）的替代及其对比较结果的影响。

2   2017 年 ICP 重要的新发现

2.1   美国与中国 ICP 结果的比较

2017 年 ICP 的"头题结果"（the headline result）颇具争议性，中国[①]GDP 总量若以 PPP 计算与美国相同，或者超出一点点。不过若按照市场汇率计算，中国的 GDP 总量与美国相差许多。这个美中比较结果与 2011 年 ICP 结论在方向上相同，用迪顿教授和施莱尔先生的说法，证实了第 8 轮 ICP 的发现。

不过国人需要注意的是，两轮 ICP 美中 GDP 总量关系比较尽管在变动方向上一致，但变动幅度上的差异还相当大，按照 2011 年的 PPP 估值推算，中国 GDP 在 2014 年早已超过美国，那么到 2017 年就会超出相当多。这意味着，两轮 ICP 的美中 PPP 值对两国同期 GDP 总量关系的估计实质上相差比较大。说 2017 年结果证实了 2011 年的比较数据，未必那么准确。就不同轮次的国际比较结果的一致性而言，仅仅求得变动"方向"一致还不够，比值大小的"程度"差异不容忽视，甚至在多数场合下更为重要。

更值得警惕的是，中国 2017 年的 GDP 经过 PPP 调整就能超过美国，这意味着从 ICP 的视角看，中国 GDP 名义值与美国 GDP 名义值相比在 2017 年就可以"以六当十"[②]，何以至此？毕竟中国还是世界上最大的发展中国家，而美国仍然是世界上最大的发达国家，难道在宏观上看，相对来说实力较弱的国家的产出质量可以反超实力较强国家的产出质量？

当然，并非仅仅中国的 ICP 数据如此，所有发展中国家的价格水平在 ICP 中大都低于发达国家。如果按照 ICP 的购买力转换模式，将所谓"名义产出"扣除空间价格水平差异因素（PPP）以得到"实际产出"，都会得出这样的推论：穷国的"名义产出"中包含了比富国"名义产出"更多的"实际产出"，这样才可以"以少当多"，只是不同国家的比值在程度上有所差别而已。究竟应该如何解释这种反直觉的认知？

2015 年笔者提出，ICP 存在"反基本事实"的风险，新兴国家出现居民纷纷到发达国家搞"海淘"的现象，前者的商品批发价格高于后者的市场零售价格，相当部分产品的价格水平并不符合所谓"宾大效应"的描述。

众所周知，发展中国家的产出质量整体上低于发达国家，但经过 ICP 调整，

---

① 特别提请注意，这里的"中国"概念是就"经济体"并非国家而言的，GDP 范围并不包含港澳台三个"经济体"，它们在全球经济统计中通常单独出现，"经济体"与国家的区别对国际经济比较而言非常重要。

② 按市场汇率计算的 GDP 名义值，2017 年中国与美国的比率大致为 0.62。

其相对"实际产出"却系统性增大。按照 ICP 的做法，发达国家的"名义产出"水分大，需要调减的"价格水平"数值大，故而其相对"实际产出"的数值会变小。笔者认为，这是 ICP 数据结果存在的颠覆性谜题，业内人士不应该熟视无睹，而需深入研究。

2.2　主要经济体之间 2017 年 ICP 结果的比较

迪顿教授和施莱尔先生给出了图 1，列示主要经济体的 GDP 总量比较，他们选择了 18 个经济体，用以对比市场汇率法和 PPP 法的 2017 年结果。这 18 个经济体中有 9 个发达经济体，G7（美国、日本、德国、英国、法国、意大利和加拿大）之外，还有澳大利亚和韩国；还包含了 8 个新兴经济体，所谓"金砖 5 国"[①]，再加上印度尼西亚、墨西哥、土耳其，此外还有沙特阿拉伯（邱东，2018b）。

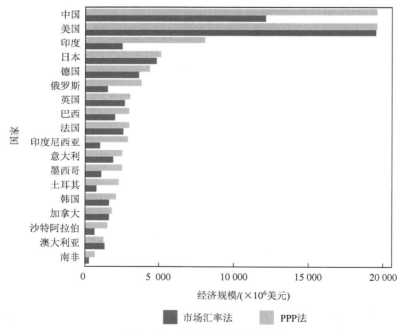

图 1　18 个经济体的经济规模

资料来源：Deaton（2020）

---

① 2015 年在 IARIW-OECD 组织的专题会议"W（h）ither the SNA？"上，笔者和王亚菲教授在论文《全球核算体系 SNA 可持续发展面临的潜在挑战》中提出"铸砖 9 国"（MINT BRICS 9）的动态概念，在原来"金砖 5 国"的基础上再添加墨西哥（Mexico）、印度尼西亚（Indonesia）、尼日利亚（Nigeria）和土耳其（Türkiye），应该认识到，金砖之"金"原本是国人在翻译"BRICS 5"时硬加上去的。

什么是发展中国家，用什么标准来衡量？本来比较容易辨识，但富国政客在谋求其国家利益时会以此当作工具，故意引发争议，如特朗普就否认中国的发展中国家地位。笔者认为，图 1 实质上给出了一个经验性的判别标准：市场汇率法 GDP 总量与 PPP 法 GDP 相应数据的差额，可以作为判别指标，这个差额小的就是发达国家，而差额大的，就是发展中国家。从图 1 中可以看出，就 G7 与韩国而言，二者相差很小，反过来看所列示的发展中国家，即便已经取得了所谓 "新兴国家" 的地位，二者间的差距还是相当大。

从图 1 还可以看出，新兴国家事实上大大超出了原来的概念范围，从发展中国家更积极参与全球化生产链的角度看，所谓 "金砖" 国家的范围应该相应地拓展，这事关如何构建新兴国家与发达国家之间的既合作又竞争的博弈格局。

2.3 ICP 结果引发的国际比较方法论思考

价格在价值指标的计算和比较中一身二任，既是共同计价单位的转换因子（common unit converter），也就是我们通常所说的 "同度量因素"，同时也是各不同种类物量（volume）的权重因子（weight）。明确并强调这种双重性质，对于确切认识 ICP 结果的经济内涵具有重大意义。须知，无论是市场汇率，还是 PPP，都是某种价格——货币的价格，一种综合型价格（邱东，2020b）。

世界银行主持的 ICP 采用 "支出法"（expenditure method），偏重 "消费者视角"，从而倾向于把价格当作由购买而导致的付出，强调价格与物量间的对立性。但如果采用 "生产者视角"，价格与物量中所包含的质量则更具有一致性：所谓价格水平高，更可能是物量中所包含的质量水平高。然而，产出质量既包含显在因素，也包含潜在因素，经济测度和比较中非常容易忽略后者。由于人们依赖于眼睛观察事物的习惯，在认知上也预埋了忽略潜在质量因素的测度陷阱。

经济学界流行一种认识，发达国家的价格水平高，而发展中国家的价格水平低，其实，价格与产出之间存在对偶性，如同产出可以 "二分理解"，价格水平也可以（应该）有 "名义值" 与 "实际值" 的区分。社会现实中一种非常可能的情形是，发达国家物量的潜在质量因素被忽略，被当作了天经地义的存在而供其民众使用，人们熟视无睹，却误以为其市场价格水平较高。以 ICP 通常愿意提及的 "理发" 为例，在富国理发既有必需品的成分，也有某种奢侈品意味的成分，而在穷国理发则主要是必需品。原本是大相径庭的两种服务产出，其服务环境无论宏观还是微观在两类国家都有天壤之别，将其当成 "同一产品"，比较这两种理发服务的价格，其实是在比较风马牛不相及的事物，在很大程度上偏离了比较应有的经济意义。

　　严格而论，无论 ICP 如何努力，实际上仍然无法在不同国家之间找到完全相同的产品，因为我们无法确定物量中究竟存在哪些潜在质量因素，也就无法确定被 ICP 操作所忽略的程度。迪顿教授和施莱尔先生在引言中所言"相近项"（like-for-like）的国际经济比较，是一个比较准确的说法，我们的确无法进行"相同项"（same-for-same）的比较。甚至，已经进行的比较在多大程度上是相近的，即"相近"（like）的程度，我们也无法给出确切的可靠性证明。本应该进行"相同项"（the same item）的空间比较，现实测度中却只能进行"相近项"（the like item）的空间比较，这是 ICP 不得不面临的客观约束，我们在使用 ICP 数据时应该提防这种约束的影响，不能对其结果做绝对的解读。

　　随着 ICP 的发展，业内有专家又提出了进行"国内 PPP"（sub-national PPP）比较的建议。我们固然应该跟进测度创新的国际前沿潮流，但同时也应该深入分析这项比较提议所隐含的经济意义。如果真的需要从事国内 PPP 的比较，就意味着一种重大否定，即各国现行的 GDP 统计在权重处理上存在重大缺陷：将权重不同的价值量直接相加，没有真正满足总量统计的可加性要求。如此说来，"年国家平均价格"的估算本来应该建立在 sub-national PPP 的基础上，才符合国际比较的内在逻辑。若非如此，国际比较也不需要采用 PPP 进行调整。由此，还引发了一个基础性的经济统计方法论问题：同样数值的 GDP，其所包含的质量到底相同与否？这需要更深入的理论和方法论思考。

2.4　ICP 不同轮次之间结果的可比性

　　总体上看，2017 年 ICP 结果与 2011 年结果大致保持了一致，究竟应该如何看待不同轮次 ICP 结果之间的关系？

　　第一，各轮次 ICP 结果并非天然一致。如果价格比较和合成方法变动比较大，则不同轮次 ICP 的结果并不可比。2011 年 ICP 结果与 2005 年就不可比，而 2005 年 ICP 结果与 1993 年更不可比。坦白而言，1993 年 ICP 实际上是失败的，并没有得出全球数据结果，遑论其结果与其他轮次 ICP 结果的比较。

　　第二，让不同轮次 ICP 结果可比是项目执行人努力追求的一个目标。从事国际比较项目是为了测度全球经济的真实结果及其结构，尽可能形成一个可比的时间序列数据，这当然有助于达成政策分析和制定的初衷，是比较和总量方法设计时需要考虑的一个重要方面。2017 年 ICP 结果与 2011 年大致可比，就是当初在设计 ICP 统计程序（the statistical procedures）上刻意保守的结果。这种一致性更多的是从方法形式上所要求的，或可称之为"形式一致性"。

　　将来 ICP 准备采用"滚动数据项目"（a rolling data program），使得数据采集建立在"连续的基础"（a continuous basis）上，以力保用户所要求和期望的数据动态一致性。这种措施能否切实奏效，值得深入探讨。比较方法与经济现实关系匹配与否，既取决于现实关系本身的变化，也取决于专业认知能力。增加数据采集频率，缩小数据的时间间隔，是否足以免除方法变动的客观和主观要求？这也是 ICP 方法论研究的基础性问题之一。

第三，ICP 面临着根本性的两难选择：究竟是以比较数据动态一致性为主，还是适时改进比较方法，从而更好地反映已经变化了的国际经济关系？这种一致性更多的是从比较内容上所要求的，或可称之为"内容一致性"。一个要求是数据结果的动态稳定性，另一个要求是比较和总量方法与时俱进，轮次结果的可比性与方法的先进性（与经济现实关系的动态匹配性），或者说"形式一致性"与"内容一致性"，二者到底孰轻孰重？

物理学中存在所谓"不确定性原理"（the uncertainty principle），经济学比较中是否能够做到同时兼顾时间和空间两个维度？迪顿教授和施莱尔先生对 ICP 历史过程做出了一个总结：总是存在新的统计挑战，总是存在采用改进方法与确保稳定结果之间的紧张关系。对此，用户应该有清醒的专业认识，不宜迷信 ICP 数据结果的可比性。

3　ICP 未包含的重要项——健康产出

当下正值新冠肺炎疫情全球流行之际，迪顿教授和施莱尔先生这篇有关 ICP 的工作论文专门用一节来讨论健康产出问题，体现了经济学家的职业操守和道德情怀，也反映了经济统计非常重要的一个学科要求——相关性原则。

我们在设计和施行经济测度与比较时，与现实社会经济现象的"相关性"始终应该摆在首位。我们从事的是致用之学，不应该安居在抽象空间里坐而论道，我们不能因为自诩为科学就心安理得，甚至堂而皇之地占用非常有限的学术资源，在国家和人类社会发展遇到困难时我们不能无动于衷，而应该挺身而出做出专业贡献，并落实原本就应该具备的人文关怀。

ICP 基于 GDP，迪顿教授和施莱尔先生在这一节专门结合当下社会现实讨论 GDP 口径问题的一个重要因素——"健康产出"（health outcomes）。他们认为，GDP 包含了健康支出（health expenditure），但对作为福利重要组成部分的健康产出却所言不及（tell us nothing about），尤其在全球大疫情面前凸显了福利测度方面的短板。

从经济统计方法论的角度看，这个评价涉及国民核算的"三方等价原则"，支出与产出究竟是什么关系？生产、分配与使用是不是经济宏观总量测度的三个方面？正是因为"三方等价"关系的成立，测度产出总量时，才可以采用"投入替代法"。

按照国民核算的路径，既然 GDP 包含了健康支出[①]，怎么能说它完全没有涉及健康产出呢？如果坚持国民核算三方等价原则，认定生产、分配与使用三者总量相等，则不宜说 GDP 没有包含健康产出，除非对"三方等价原则"做出新的判断[②]。至于所包含项目是否齐备，则另当别论，或许，迪顿教授和施莱尔先生此处的批判过重。

3.1　大流行病下人们的行为调整与经济"测度悖境"的再现

迪顿教授和施莱尔先生在文中指出：新冠肺炎疫情在全球流行，各个国家无论贫富，都选择为拯救生命、降低感染率和死亡率而放弃部分 GDP，短期内甚至较长时期也采取封闭措施，建立一个有弹性的"保健系统"（health care system）和抵御感染的经济系统，意味着为了更长时期福利和安全而放弃眼下的生产率和 GDP 增长。这是社会公众具有针对性的且符合常理的行为调整。

由此引发的专业思考在于，这种行为调整使得我们重新面临每每凸显的"测度悖境"：测度准则本身多维，从一个维度看应该纳入测度，从另一个维度看又会出现弊端，怎么处理都会有矛盾。这里，抵御感染支出是一种典型的"防御性支出"（a defensive expenditure），与飓风灾害过后的修复支出一样，它可能使 GDP 上升到正常时期不可企及的水平，生产增加了，但是我们的消费和投资能力却只是回到没有疫情发生的水平。

诺德豪斯和托宾两位教授早在 1972 年的那篇著名论文中就指出了这种"测度悖境"（Nordhaus and Tobin，1972），近 50 年来经济统计界就此做过无数次探讨，提出过各种方案，但问题并没有得到真正解决。迪顿教授和施莱尔先生这里也只是旧话重提，可见迄今为止尚无现成答案。

知之为知之，不知为不知。经济学界和数理统计界中总有一些人蔑视"指标口径"问题，误以为经济统计学非常简单，压根儿不需要科学研究，真不知他们对此类"测度悖境"做何解释。

还需要特别注意的是，提出此种"测度悖境"是基于发达国家产能过剩的背景。对产能不足的贫困经济体而言，额外添加的"防御性支出"将产生"挤出效应"（crowding-out effect），原本可以用来进行正常生产的有限能力将部分地被迫挪作救灾，以解燃眉之急，而整体经济水平可能因遭灾造成的结构临时调整而下降。灾难就是灾难，甚至灾难更是灾难，在穷国的困境中，那种"福祸相依"的回旋余地相当有限。

[①] 需要注意的是，这里还涉及服务的特性，服务提供与服务使用往往同时发生，因此测度上可以将提供者投入与使用者支出等同相观。北京师范大学王亚菲教授对现代服务是否保持这一特性，从而提供者投入与使用者支出是否相同提出疑问。

[②] 北京师范大学王亚菲教授对"三方等价原则"在经济测度中的作用提出疑问。

3.2　健康指标与 GDP 的关联——为什么要超越 GDP？

以此次疫情为例，迪顿教授和施莱尔先生强调：对健康与财富二者关系不能停留于 GDP 表面，而需要进行深入的、动态的剖析。

第一，在死亡率、发病率与人均 GDP 之间，存在着很强的"跨国关联"（cross-country association）。通常穷国民众比富国民众的寿命短。富国和富人面对疫情等灾难具有种种优势：较好的保健系统、更多应对选项、较大的财富回落空间。

第二，不能将一般趋势当作自动实现的线性关系去理解。须知这种强关联也存在例外。比如卢旺达和斯里兰卡这样的不发达国家有比较高的人均期望寿命，而赤道几内亚和富国美国其人均期望寿命却比较低。高水准的人均 GDP 并不确保低的发病率和死亡率，更富裕并不自动导致更健康。高水平人均 GDP 无法在疫情中确保人民免于死亡，恐怕也无法确保国家免于遭受在疫情中的重大收入损失。

第三，新冠肺炎及其死亡率进一步警示了人均 GDP 与死亡率之间的这种关联的复杂性。不同国家（地区）间对比与国家（地区）内对比，这种关联关系可能表现不同。分析的时期和节点不同，认知结论也可能不同。

第四，究竟是什么因素造成了健康与财富关联关系的变化甚至反转？①低收入国家的测度能力问题。应该留心到数据结果是否为现实关系的客观反映。②新冠肺炎死亡率在老年人中相对较高，一个通常有利于穷国的因素是其相对年轻的人口年龄结构。③病毒传播路径与贸易路径的重合性，会影响我们对关联关系的认知。④指标短期变动使得相关指标（如全球不平等）客观上表现减弱，也会影响我们对二者关联趋势的认知。

第五，健康与财富关联变化与反转的复杂性告诉我们，人均 GDP 并不是人口健康状况的快捷测度，不能误以为 GDP 总是与人均期望寿命长期正相关，也并非 GDP 一旦恢复增长，居民健康就会自动实现。总之，单靠 GDP 测度无法充分反映健康状况，这应该是超越 GDP 最为充分的理由。

3.3　"GDP+"模式的拓展

经济统计中没有完美指标，即便是比较被认同的指标也必定会存在这样或那样的不足和偏误。如何改善这种状况？社会通常的解决之道是"做加法"，即采用其他指标来弥补不足，校正偏误。GDP 是普遍被接受的所谓"核心"指标，经济统计的改进便往往表现为"GDP+"的模式（邱东，2020a）。

迪顿教授和施莱尔先生对该模式强调了如下三点。①GDP 的非全面性。除了健康、生活质量，还有好多其他方面并没有被 GDP 捕捉到，如社会交往、清洁空气、工作生活平衡、民主、安全和幸福。②宏观指标选择困境的历史长期性。上述福利内容从来没有被设计为 GDP 的使命，构建国民账户之初，即库兹涅茨教授概括性总结"国民收入"时，就明确了这一点。③福利测度与市场路径的差异性。GDP 和 PPP 测度的"智慧使用"（the wise use）必须基于这样一种领悟：福利的重要方面并非通过市场达成，从而"补充指标"（supplementary indicators）是必需的。

实际上，为了提供基于更广维度的测度视角，业界已经提出了许多补充 GDP 的指标和方法，比较著名的包括：诺德豪斯和托宾教授的"经济福利测度"（measure of economic wellbeing）、联合国的"人类发展指数"（human development index）、法国前总统萨科齐倡导的斯蒂格利茨教授等主持的经济测度报告（the Stiglitz-Sen-Fitoussi report）[①]，这份报告为"超越 GDP 议程"（the beyond GDP agenda），还有 OECD 的"更好生活倡议"（better life initiative）提供了实施超越一次的强劲动力。

"GDP+"的模式能否切实奏效？迪顿教授和施莱尔先生并没有给出可行性分析。《经济测度逻辑挖掘：困难与原则》（邱东，2018b）一书较为系统地分析了经济测度的方法机理，指出了 GDP 改进过程中所面临的种种测度陷阱。我们既困于误测和漏测，也困于指标误用，就"数据基础结构"（data infrastructure）而言，供给和使用双方都存在不小的问题。

4　"国际元"计值的 GDP 仍可能误导

4.1　侧重消费进行国际比较可发现国家在全球化中的真实地位

如果关注物质福利（material wellbeing），人均消费指标相比人均 GDP 指标而言，是一个更好的选择。这两个指标彼此相关但并不完全相同，其差异有时非常重要。这种差异有时比较明显，比如中国消费占 GDP 的比重与美国相比还相差许多。有时这种差异还需要深入分析，迪顿教授和施莱尔先生利用 2017 年 ICP 数据剖析了一个典型案例，如该工作论文的图 3 所示，见本文图 2。

图 2 给出了以 PPP 计算的人均 GDP 排名前 12 位的国家及地区，并对比了其人均实际个人消费（actual individual consumption，AIC）与人均 GDP 的比重。除

[①] 在《经济测度逻辑挖掘：困难与原则》中简称其为"SSF 经济测度报告"。

了美国以外，其他国家和地区可以分成两类：一类是"投资港"（investment hub）型和地区，其标志（指标阈值）是外国直接投资的存量大于（含等于）其 GDP 的 150%，如卢森堡、新加坡、爱尔兰、瑞士，以及百慕大群岛、开曼群岛、中国香港；另一类是"资源型国家和地区"，其标志是资源租金大于（含等于）其 GDP 的 10%，如卡塔尔、阿联酋、挪威、文莱。

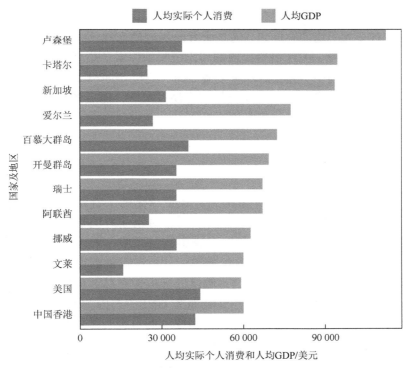

图 2　2017 年 ICP 结果中人均 GDP 排名前 12 位的国家及地区

资料来源：Deaton（2020）

尽管人均 GDP 名列前茅，但这两类国家和地区大多消费占 GDP 比重较低，其原因在于，相对于工资和薪金而言利润占比过高。最典型的是爱尔兰，2015 年其实际 GDP 单年增长 26%，主要是由于跨国公司受引资国低税率吸引而转入其知识产权资产，与之形成鲜明对比的是，爱尔兰居民户的人均可支配收入仅仅增长 4.6%。迪顿教授和施莱尔先生认为，采用 PPP 法测度，比汇率法指标更好地揭示了这种规律性现象。

"外资存量收入"（the income from stocks of foreign-owned capital）产生于引资国，故而是其 GDP 的组成部分，但这部分并不属于其 GNI。2020 年初迪顿教授在美国经济学会年会上强调指出，我们不能消费不属于我们的东西。[①]人均 GDP 包含了并不属于居民现期物质福利的成分。清醒地认识到 GDP 指标的这一特性，对新兴国家特别重要。

其实早在 1883 年，正当美国 GDP 总量即将超越英国之际，美国物理学家亨利·奥古斯特·罗兰（Henry Augustus Rowland）给出了一个"面包屑"隐喻，他在《为纯科学而呼吁》中指出："难道我们总是匍匐在尘土中去捡富人餐桌上掉下来的面包屑，并因为我们有更多的面包屑而认为自己比他更富裕吗？但我们忘记了这样的事实：他拥有面包，这是所有面包屑的来源。"[②]（Rowland，1883）。

应该注意到的是，关注消费比较的讨论逻辑地引发了指标比较范围的取向问题，在全球 ICP 实施中，究竟是求全去搞 GDP 比较，还是干脆集中力量搞"消费项"的国际比较？前者数据结果的质量很容易被拉低，而后者的数据质量比较有把握，是否考虑做出国际比较重心的选择？

4.2　GDP 与 GNI 之差

迪顿教授和施莱尔先生在文中指出：在全球化的大背景下，各类经济主体的博弈平台跨国构建。不同国家的税制不同，对企业跨境投资的吸引力不同，也对不同国家的宏观经济总量的测度造成影响，其中，跨国公司总部是否建立在引资国干系重大。如果总部仍然在境外，只是在投资港设立分支机构，则该国的 GNI 不受利润转移行为的影响：假设分支机构对总部提供一些高标价的服务，那么其利润将表现在投资港的 GDP 而非 GNI 中，因为 SNA 将该项"收入流"（an income flow）归于总部所在国，即便利润再投资于该分支机构，并没有转回总部所在国，也是如此。然而如果总部设置在投资港国，则该国利润会人为地膨胀，GNI 与 GDP 同样保持高位。除非利润真的作为股息转出国外，那时 GNI 才会减少。

我们应该注意到两位业界精英的职业判断：GDP 与 GNI 究竟差别如何——足以达到令人迷惑的复杂程度。这个观点从经济统计方法论角度发人深省，是一个需要深入探讨的专业问题。

更为重要的是结合现实经济视角的深入分析，由于中国深度参与全球化进程，且处于产业链的中低端和价值链的低端，尤其值得国人注意。我们往往误以为两个宏观指标差异不大，而且在指标重要性和测度科学性上也往往以 GDP 为

---

① We cannot consume what doesn't belong to us. 参见 Deaton A. 2020. GDP and beyond：summaries from the 2020 annual meeting of the American Economic Association[J]. Survey of Current Business，100（6）：1-3.

② 1883 年 8 月 15 日，美国物理学家亨利·奥古斯特·罗兰（1848—1901）在美国科学促进会年会上发表了这则被誉为"美国科学的独立宣言"的演讲。

准，这种粗浅的理解忽略了 "1%绝对值" 在空间比较中的重要性，就高质量的国势分析而言，还需要做专业认知的澄清。

第一，GDP 作为牵头指标只是从 20 世纪 90 年代开始，原来宏观经济分析注重国民生产总值指标，即如今的 GNI。

第二，牵头指标由 GNI 改变为 GDP 是出于经济统计可行性的考虑，国际经济交往越来越复杂，充分体现了经济统计内在的 "模糊不确定性"，按照 "国民原则" 来测度一国经济总量越来越困难，只好转用相对容易的 GDP，即按照 "国土原则" 计量。

第三，从指标功能和概念定义看，GNI 优于 GDP；从指标数据结果的可靠性看，GDP 优于 GNI。指标正确与指标准确可能存在差异，正确的未必那么准确，准确的未必那么正确。

第四，GDP 与 GNI 之差从指标定义上表现为 "国外净要素收入"。不同国家在全球化链条中地位不同，"国外净要素收入" 可能为正或为负，从而可以分成 "盈余国" 和 "赤字国" 两类，这种区分对深刻明确国际经济关系颇有助益。①

4.3 围绕 GDP 的测度陷阱

GDP 未必由其生产发生国的居民所有，爱尔兰 2015 年的例子典型地说明了这一点。另外需要注意的一个事项是，国内账户按是否参与生产地而非居住地来计算劳动力数量，事关重大。迪顿教授和施莱尔先生为我们提供了卢森堡的典型案例。大约有 18 万人在卢森堡工作，却居住在法国、德国或比利时，他们不属于卢森堡 "常住人口"（resident population），但却是其劳动力的组成部分。如果将跨境通勤的员工计入，卢森堡人均 GDP 将缩小 20%，对常住人口而言，更精确的收入指标还是人均 GNI，其中用来平均的人口应该按常住人口计算。

资源型国家的特点可以表明 GDP 指标的另一方面问题。这里需要注意两点：第一，GDP 按照 "生产资产"（produced asset）的总值计算，而非净值计算，并没有剔除固定资产的消耗和退化，并不是 "净增加值"；第二，资产范围如何选取？如果基于可持续发展视角，那么就需要考虑自然资产等②，还需要测度 "财富存量"（the stocks of wealth）及其动态变化，投资和新发现为增项因素，退化和消耗为减项因素。斯蒂格利茨教授主持的经济测度报告（2010 年）对此问题有过比较详细的论述，《经济测度逻辑挖掘：困难与原则》中也做过深入剖析。

"GDP+" 模式的一个进路是拓展微观账户。迪顿教授和施莱尔先生认为：无

---

① 笔者与北京师范大学王亚菲教授、北京工商大学王春云副教授 2018 年撰写了《GDP 不是新兴国家测度和比较国力的适宜指标——基于 "国外净要素收入" 的国家间分布》，论文尚待发表。

② 迪顿教授和施莱尔先生这里还列出了金融资产，是否可以作为资产的组成，恐怕需要深入探讨。

论如何，如果我们关注物质福利，就需要更加关注对居民户经济状况的测度。幸运的是，这样的数据事实上在所有国家的国民账户中都能找到，从而可以在 PPP 的帮助下进行国际比较。由于平均数不在意"哪些居民户得到了什么"，因而国际比较还需要补充分配信息。

不知道为什么可以对发展中国家的数据基础如此乐观？以笔者之见，发展中国家与发达国家的重大差异就在于公共产品的缺失，在于社会基础结构［"数据基础结构"（data infrastructure）恰是其重要构成］的畸形，在于"软实力"的薄弱。这种差异不仅影响发展中国家自身的战略制定和实施，还严重影响了对国际比较格局的确切认知。鉴于大多数发展中国家数据基础结构的缺陷，通过拓展微观账户推进"GDP+"的设想可行性比较弱，恐怕并没有那么乐观。

微观账户开发的另一个障碍是其法理性。居民是否应该为宏观测度提供他们的基础数据？如果必须提供，这些信息是不是一种实物税？经济统计进入居民户内部，突破了原本的测度边界①，是一种革命性的拓展，其后果究竟如何，还需深思。

5　可否采用灯光密度之类的代理指标交叉检查 ICP 数值？

5.1　对测度指标一般性质的阐述

在论述代理指标做交叉检验前，迪顿教授和施莱尔先生对测度指标的一般性质做了几点说明。第一，指标多元各异，且各有利弊。我们关注什么事项，如可供使用的资源、公共消费品或生产，就应该采用相应的指标。第二，从国际比较的角度看，指标有名义值与实际值之分，这取决于指标是采用国内市场价格计算，还是采用某种已经构建好的国际价格计算。第三，无论是国民收入，还是经济活动或经济增长，都并不存在所谓的真实指标。各种测度概念的存在都有其特定的缘由，通常是因为它们测度了不同的事项。

5.2　如何评判和使用灯光密度等代理测度？

近年来对"代理测度"（proxy measures）的讨论比较活跃，其动机是对国民账

---

① 交易完成（购买）即为"使用"，而不去深究消费者是否真的使用所购买商品，就是对这种测度边界的一个约定，否则，测度真实的"使用"还需耗费相当大的资源。但这种约定对测度结果是有潜在影响的。例如，如果本期过度购买商品，就会减少其后的商品购买量，使用量测度会隐含跨期误差。

户测度，包括 ICP 等的交叉检验。特别是在贫困国家，统计机构缺乏资金支持，"数据基础结构"薄弱，在这种情形下，代理测度可以发挥作用，给出新的或不同的见识，或者帮助达成通常所需要的估算。这种做法其实有着悠久的历史，19 世纪的恩格尔先生就提出建议，用"食品支出占可支配收入的比重"作为居民户生活水平的代理测度。

"灯光密度"（light intensity）是近些年来比较流行的用来测度经济活动的代理指标，其优势是对所有国家都采取同样的方式处理，与各国的国民账户独立，故而可用于交互检验。Henderson、Storeygard 和 Weil 2012 年在《美国经济评论》（ *The American Economic Review* ）发表论文，说明灯光数据可用于说明许多事项，当然同时需要认识到，灯光数据还隐含着某些因素相应变动的影响，如日光时长、地区温度、来自电力的灯光部分，还有消费和投资占 GDP 的比重（Henderson et al.，2012 ）。

迪顿教授和施莱尔先生指出了两个问题：第一，由于"中间生产"也使用动力，与扣除重复计算的 GDP 相比，灯光数据更接近于总产出指标。对于灯光数据而言，不知道代理什么概念或概念集，是一个严重的问题。第二，市场价格和国际价格哪个测度真实收入更好？在这个问题的裁定上，灯光数据（或食品支出占 GDP 比重）并不能成为所谓正确的代理指标。可见，只有理解了代理指标与国民账户中许多不同概念的关联，我们才能用其评判测度的可靠性。

显然在指标创新和寻求代理的过程中，学者们应该采取一种真正科学的态度，应该更为在意指标代理的逻辑链条是否切实可靠，操作中是否隐含着"节点虚搭"和环节断裂的风险，是否存在假设过假以至于影响数据结果质量的测度陷阱。

从迪顿教授和施莱尔先生的阐述中，我们可知，二位对代理指标的使用持审慎态度。我们应该深刻理解这种警告，所谓灯光数据只是一种特殊的实物指标，如果盲目跟随潮流，甚至把代理指标当成独立方法到处套用，实为大谬。迪顿教授和施莱尔先生专门用一节来阐述代理指标问题，是否意在校正盲目追逐时髦方法的偏误？

6　就全球不平等而言 ICP 揭示了什么？

6.1　ICP 与全球不平等的表现

迪顿教授和施莱尔先生指出：ICP 不能为我们解释国家内部"居民户"（household）之间的收入分配信息，但是它强调全球分布的两个其他重要方面。

第一，ICP 是世界银行估计极端贫困的构建性工具，从而勾画了全球最贫困者的数量和地理分布的图像。第二，通过测算国家间价格水平差异，ICP 为我们提供了以共同价格计算的国家间平均消费的不平等测度，图 3 说明了这一点。

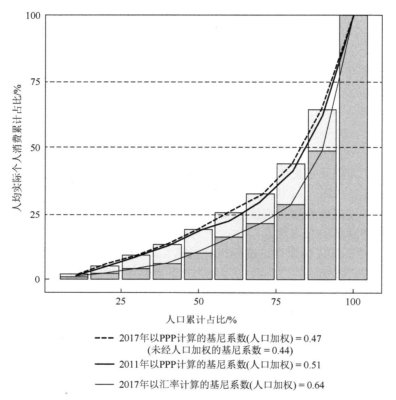

图 3　以 PPP 计算的国家间收入分配比以汇率计算的国家间收入分配更为平等

资料来源：Deaton（2020）

如果分配测度基于市场汇率，则全球国家间不平等将被明显夸大，如基尼系数从 0.47 升至 0.64，这是相当大的差异。穷国的消费价格比较低，所以，我们使用市场汇率就会夸大全球不平等。这并不是说，汇率有时速变、大幅摆动，与生活水平的全球分配毫不相干。如同这次测度所表示的，人均消费的国际分布在 2011 年到 2017 年之间几乎没有变动，虽然 2017 年的分布更为平等，基尼系数是 0.51 到 0.47。

这些估计用人口为每个国家加权，这样，洛伦兹曲线和基尼系数就世界整体而言更为精确，其假设是每个国家的每个人都达到国家平均消费水平，而不加权的基尼系数将每个国家设定为一个居民户，其数值将高出许多。当然，每个国家的每个人消费不会相同，所以，如果我们关注个人或居民户间的全球收入分布，就需要补充居民户调查数据，如同 Milanovic 2016 年所为。

这里笔者特别提请注意的是，案例试算与常规性经济统计存在着统计资源需求量上的重大区别，前者可行，对后者未必可行，绝不能混淆二者在可行性上的重大差异。

6.2　ICP 最大的方法论挑战

当我们考虑收入分配问题时，应该意识到 ICP 把全世界都纳入视野时的困难，如何处理这些困难，导致了 ICP 不同轮次间令人不安的规则变动。ICP 面临着许多方法论挑战，而最严峻的则是如何在不同国家之间得出精确的、富有意义的比较，这些国家发展水平不同，相对价格模式迥异，消费、政府支出和投资模式也迥异。

迪顿教授和施莱尔先生这里提出了 ICP 所面临的最根本风险，如果世界各经济体之间的差异如此之大，对 ICP 结果的负面影响究竟到了什么程度？ICP 是不是一项"不可完成的使命"（mission impossible）？众所周知，比较的基本准则是对象之间可比，而各国的经济结构恰恰不可比，ICP 正是在"比较不可比较之事项"，属于"测度不可测度之事项"（measure the immeasurable）。诺贝尔经济学奖得主、国民账户体系大师理查德·斯通教授是迪顿教授的老师，他曾经质疑过富国与穷国之间进行经济比较的必要性（Deaton，2013），应该引起我们的深入思考。

在 ICP 开创之初，被纳入比较的经济体少，彼此之间差异还没那么大，所得估算结果还可以具备一定的经济意义，所尝试的比较方法在其使用范围内也具备一定的效力。正如当今欧盟国家之间的购买力比较，即便是用于资金分配，也还堪当"超国家"宏观管理的重任。

但不可忽视的是，ICP 包含国家的范围越大，国家间的异质性就越大，国际比较结果的可靠性就越低。单纯出于科研兴趣或许还可以尝试方法创新，但其数据结果要用于政策制定和实施，就不能忽略国家间经济结构的强异质性，否则非常容易沦为哈耶克所言"知识的僭妄"。

当我们得知这种方法论严峻挑战的存在时，还能不能心安理得地或若无其事地将 ICP 现成结果视为国际标准产出？笔者深感遗憾的是，迪顿教授和施莱尔先生并没有接续该话题的论述，这种挑战对 ICP 结果可靠性的影响究竟有多大？我们应该如何应对这种挑战？难道我们可以若无其事地放心使用比较项目的结果数据？

6.3 如何看待 ICP 的国家层级结构？

从 2005 年第 7 轮开始，ICP 采取世界各地区和全球两个层级的估计，这在一定程度上减轻了国际购买力比较中强异质性的影响。毕竟，经济体范围缩小有利于降低地区内部的异质性程度。

不过笔者提请注意的是，异质性只是在一定范围内被降低，从全球比较看，这种异质性并没有被消除。在分组情况下，差异不在组内，就在组间。组内比较固然可以减轻差异，但后续将各组比较结果综合在一起时，刻意转移到组间的差异是否又被悄然包含在总体比较之中，值得深思。

从 ICP 方法论发展来看，这种分层处理也提出一个以哪一层比较为准的问题。一定是"全球比较优先"的思路和进路吗？笔者以为，如果切实重视对异质性影响的消除，就应该以地区比较为准，提出并实施"地区比较优先"的发展思路和准则。

迪顿教授和施莱尔先生概要介绍了全球数据的生产过程：如果要知道全球不平等状况，或比较穷国与美国的生活水平，从而涉及全球贫困估计时，所有这些地区就需要被"胶合"在一起（gluing-together），以形成一套单一的全球账户表，这是多数用户的基础数据和分析起点。

在 ICP 构建的"胶合"阶段，地区内部的账户数据不变，但需要为每个地区组计算一套价格以便将它们纳入一个共同单位，这些价格是"构建性变动装置"（tectonic shifter），在将各地区组放入单一账户时使得它们整体性地上下移动。计算这些"构建因子"（tectonic factors）并非直截了当，可以采用不同方式。估计全球不平等水平对细节较为敏感，因为相对于欧洲和北美组而言，我们将非洲组和亚洲组的所有国家整体地推近或拉远。在这种情形下，对组内各国的"整体"处理，是否又忽视了组内各国间的差异？

2005 年第 7 轮 ICP，每个地区选用几个国家得出地区组的代表性价格。2011 年（第 8 轮）和 2017 年（第 9 轮）时，所有地区组内的全部国家的价格信息都被采用。大多数评论者都同意，前者的"构建程序"（the tectonic procedure）不如后者。从而导致了，2005 年相对于其以前的国际比较而言，被人为地表现出较高的全球不平等水平，2011 年这种不平等水平大大降低，2017 年也是如此。

如同迪顿教授和施莱尔先生在其论文开头所述，这种"动态一致性"将持续下去，部分是由于限制方法论变动的刻意决定，部分则由于在"后疫情世界"（the post-COVID world）承诺进行年度估计项目。至于这样处理对得出国际比较认知是否切实奏效，比较方法本身的"动态一致性"是否等价于 ICP 认知与国际经济现实关系间的动态一致性，还有待进一步研究和商讨。

7 结 论

在 NBER 工作论文的结尾，迪顿教授和施莱尔先生强调了以下四点作为结论。第一，无论在疫情期间还是在平时，GDP 数据都受到了关注——政策制定者需要了解经济活动的走向，对工作和收入而言发生了什么。第二，GDP 的局限还是同样值得重申，以免我们忽略弱势群体。从指标功能和性质来看，GDP 中的项目有时与中等消费者无关，甚至有时与任何人都无关。GDP 漏测了民众关注的许多事项，"健康产出"只是一个突出的例子。不能指望将 GDP 转变为一个福利测度，也没这个需求。第三，我们还是应该理解 GDP 如何测度，其困难所在，以及国民账户还包含了哪些其他有用的指标。这是本专业权威人士对社会各界用户的专业劝诫。第四，需要更有力的"补充指标"，从而对全球物质福利采取"一致性的观点"（a consistent view），国民核算体系的下一轮修订按照这个路径着手以应对挑战。ICP 继续为经济分析人士、政策制定者和公众提供"伟大的服务"，尽管提出这么多的隐含问题，但是迪顿教授和施莱尔先生还是给出了一个光明的结尾。

从迪顿教授和施莱尔先生这篇工作论文的主要内容及其结论看，重心是在 ICP 的测度基础，而非其本身。然而这并非意味着，ICP 的方法论已经成熟圆满，故而无须赘言。

其实，即便在 Ryten 报告[①] 中，ICP 方法论也没有得到系统的剖析和阐述。笔者认为，ICP 的比较机理及其中隐含的"比较陷阱"还需要深度挖掘。至于国际比较的经济测度基础，就更需要类似迪顿教授和施莱尔先生所进行的这种比较系统的反思。进而，经济测度的基础性变革对国际比较的影响究竟如何，则更需要努力辨明。

总之，现代经济统计因其基础性而难以得到重视，然而基础性往往意味着颠覆性，宏观经济分析的现实意义究竟能否达成？国势研判的质量究竟如何？干系实在重大，故而其方法论的提升和深化任重道远。

参 考 文 献

（1）邱东. 2020a. 迪顿新论超越 GDP——敢问路在何方[J]. 中国统计，（5）：58-61.

（2）邱东. 2018a. 国际比较项目基本类别 PPP 中隐含的"纯价比假设"及其经济意义[J]. 经济统计学（季刊），（2）：38-67.

（3）邱东. 2020b. 国际经济比较中的购买力平价与市场汇率之辩[J]. 中国统计，（4）：4-6.

---

① 1993 年 ICP 受挫后，国际货币基金组织、联合国和世界银行等国际组织委托 Ryten 先生主持对 ICP 做系统评估（The Evaluation of the International Comparison Project）。

（4）邱东. 2018b. 经济测度逻辑挖掘：困难与原则[M]. 北京：科学出版社.

（5）邱东. 2021. 基石还是累卵——经济统计学之于实证研究[M]. 北京：科学出版社：156-189.

（6）Deaton A. 2020. GDP and beyond: summaries from the 2020 annual meeting of the American Economic Association[J]. Survey of Current Business, 100（6）: 1-3.

（7）Deaton A. 2013.The Great Escape: Health, Wealth, and the Origins of Inequality[M]. Princeton: Princeton University Press.

（8）Deaton A, Schreyer P. 2021. GDP, wellbeing, and health: thoughts on the 2017 round of the international comparison program[EB/OL]. https://doi.org/10.1111/roiw.12520.

（9）Henderson J V, Storeygard A, Weil D N. 2012. Measuring economic growth from outer space[J]. American Economic Review, 102（2）: 994-1028.

（10）Nordhaus W D, Tobin J. 1972. Is Growth Obsolete? Economic Research: Retrospect and Prospect, Volume 5: Economic Growth[M]. New York: National Bureau of Economic Research.

（11）Rowland H A. 1883. A plea for pure science[J]. Journal of the Franklin Institute, 116（4）: 279-299.

（12）Jacob R. 1999.Evaluation of the International Comparison Programme[C]. United Nations Economic and Social Council Statistical Commission Thirtieth Session.

（13）Ward M. 2005. Aspects of "Quantifying the World: UN Ideas and Statistics" [J]. Forum for Development Studies, 32（1）: 181-218.

（14）Ward M. 2004. Quantifying the World: UN Ideas and Statistics[M]. Bloomington: Indiana University Press.

为什么 PPP 还需要做重大修正？——评霍诺汉《使用 PPP 进行国家间比较的优势与不足》

本文是对霍诺汉先生 2020 年 ICP 论文的一个经济统计学评论①。包括七个部分：霍诺汉论文的背景和概要；ICP 基于对市场汇率法的否定；各轮 ICP 间的"动态一致性"；基于生产率因素对 ICP 结果的修正；注重 ICP 的比较机理和现实意义；基于全球化影响因素对 ICP 的修正；ICP 需要拓展研究的若干课题。

1　霍诺汉论文的背景和概要

彼得森国际经济研究院（the Peterson Institute for International Economics，PIIE）2020 年第 16 期《政策概要》（*Policy Brief*）发表了帕特里克·霍诺汉（Patrick Honohan）先生的《使用 PPP 进行国家间比较的优势与不足》（"Using Purchasing Power Parities to Compare Countries：Strengths and Shortcomings"）。

2009 年至 2015 年霍诺汉先生曾担任爱尔兰中央银行的总裁和欧洲中央银行管理委员会的成员，他也是彼得森国际经济研究院的外籍院士。仅从其社会身份看，霍诺汉先生似乎并不是经济统计学领域的专家，而是一位资深的经济统计数据用户。

然而，从其阐述的内容和观点看，这又是近年来国际统计界少有的论文，偏重经济统计的基本思想，而非国际比较方法的技术细节，作者对国际比较机理和经济意义探讨颇深，还在标题中直言不讳地指明 PPP 的不足。业内罕见此例，其批判精神和思考内容都值得重视。ICP 操作者应该充分重视用户的反馈意见，特别是对 ICP 方法论的"外部冲击"，而不应该满足于圈子内部的方法细节讨论。

霍诺汉先生开篇指出：良好的国际经济政策要求对国民经济运行具备良好可比性的数据，要求采用对经济分析具有"充分意义"（meaningful）的方式。然而

① 霍诺汉先生的论文由北京师范大学李昕教授推荐给笔者，本文初稿于 2021 年 1 月 15 日完成。曾发给北京师范大学王亚菲教授、李昕教授、王岩副教授，东北财经大学谢长博士、黄雪成博士，国家统计局国际统计中心首席统计师王金萍女士等征求意见，8 月 21 日完成第二稿修改，参考了王金萍、张伟《对彼得森研究所 PPP 值调整方法的研究与评价》，发表在《调研世界》2021 年第 7 期。

　　笔者认为，还需进一步明确的是，意义容易具备，但"充分"却非常困难。"充分意义"的达成绝非易事，至少需要长期的、艰难的专业探索。

　　霍诺汉先生在论文中对 ICP 结果提出了三项重大修正，分别基于生产率因素、全球价值链因素和环境因素，就充分说明了这一点。①试想，ICP 已经实施 50 多年了，已成为国际经济统计的一项常规性操作，为什么 PPP 还需要做重大修正？

　　在论文的第一段，霍诺汉先生就提出，尽管新 PPP 数据是国际经济比较的非常有价值的工具，但在使用时还需要小心，应该理解其局限。与这个警告相对照，国内有的宏观事务专家对 PPP 数据不加分析，当作天经地义直接搬用，以支持自己貌似强大的观点，而霍诺汉先生的论文涉及全球比较的大背景，也数次提及对中国国势不同于 ICP 结果的判断，或者说从另一个角度的深刻解读，这对我们高质量发展的战略与策略构思更具参考价值。

　　霍诺汉先生认为，PPP 调整汇率的功能发挥不及预设，还只是将数据置于跨国可比基础的第一阶段。这个基本判定是全时段的，既基于 ICP 的过去和当下，也着眼于其未来发展。这篇论文提出了三个重大修正。

　　就 ICP 自身而言，霍诺汉先生特别强调生产率因素对国际比较的影响，需要就此做出重大修正。这篇论文并没有就事论事，而且还专门设置了"方法论事项"（methodology issues）一节，作者特别注重对 ICP 比较机理的剖析，注重对数据现实意义的追究，通篇都做了较为深入的论述。

　　就 ICP 的经济测度基础而言，因为 GDP 本身的缺陷可能会严重影响到国家间的比较，而 ICP 恰恰以 GDP 作为比较基础，所以我们在使用中应该注意到 ICP 数据质量的基础性缺陷。除生产率因素外，霍诺汉先生这篇论文还提到了两个重大修正，一个是环境因素的影响，另一个是全球生产链的影响。要保证 ICP 结果的稳健性，就需要考虑这两个重要因素。

　　笔者提请注意的是，就与现有核算体系的关系而言，这两个因素大有不同：前者侧重于"经济福利"（economic wellbeing），而非"物质福利"（physical wellbeing），其修正超越了 SNA；而后者则主要涉及国际比较的基础宏观指标，究竟应该是 GDP，还是 GNI，涉及收入的国际分配问题，但修正思路仍然在 SNA 框架之内。

2　ICP 基于对市场汇率法的否定

　　ICP 的构建从一开始就基于对市场汇率法的否定，尽管多年来"世界银行图表

---

① 这项研究也表明，证实与证伪并不对称。

集法"作为对市场汇率法的一种改进，通过修匀市场汇率，以解决其剧烈波动带来的比较偏差，取得了一定的效果，但随着 ICP 的日趋成熟，"世界银行图表集法"就成了一种权宜之计，逐步被边缘化。ICP 方法优于市场汇率法，这成了国际统计界和国际经济界压倒性的刻板印象，似乎并无争议。

霍诺汉先生对市场汇率法也持否定态度，论文却从此开始，分析汇率测度与 PPP 表现之间的差异。论文对汇率法的局限主要①讲到汇率剧烈波动，这并不完全反映相对价格的变化。霍诺汉先生也主张对汇率法结果做出校正，但是不应该出现严重失误（serious errors）。霍诺汉先生强调，影响相对价格变动的因素需要多维度思考，这个表述为后面的生产率因素修正埋下了伏笔。

霍诺汉先生的论文重点考察了汇率波动剧烈的阿根廷等六个国家②，但在其图 1 中，我们可以发现一个问题：如果将汇率修匀，即便以 ICP 结果作为标准，PPP 与汇率二者之间也不过是水平之差或程度之差，而变动趋势（方向）大致相同，这意味着：PPP 结果或许可以通过其他方式得到，或许存在另外一种可能性，未必一定需要否定汇率法而另起炉灶。尤其考虑到两大类操作的成本效益对比，ICP 未必在总体上占优。

从计算性质上看，ICP 就是一个平均法，将其结果与汇率观察值放在一起比较波动性大小，并不公平。如果对汇率观察值做平滑处理，再看二者在数据平稳性上的优劣，似乎方法优劣比较的结论才更为令人信服。本来统计方法的长处恰恰是处理剧烈波动的数据，仅从方法论的这个角度看，汇率波动对国际比较未必构成颠覆性的威胁。而且，如果汇率法的结果仅仅存在波动性缺陷，那么由此可以得出的一个逻辑推断就是：如果采用"世界银行图表集法"可以切实消除剧烈波动的影响，那么就可以放弃 ICP。

毕竟，天下没有免费的午餐，ICP 的优势需要以巨大投入为代价。霍诺汉先生指出：收集 ICP 价格数据的范围日趋扩展，这是一项巨大的全球和各国家的统计基础工作。而在 2005 年以前，ICP 的实施往往是"小本经营"，各种统计投入跟不上工作需求，其数据结果的质量也往往不尽如人意。

笔者认为，工作拓展与成本增加是一枚硬币的两面，我们不可能也不应该只取其一。在国际比较布局时，还应该考虑到 ICP 实施的社会成本，当然也要看到 ICP 的社会效益，比如"数据基础结构"（data infra-structure）的构建。还有一点，对 ICP 的功能要求越多，就越容易隐含更多概念和操作上的方法论问题。总之就评价任何一种方法而言，效益和成本都需要等量齐观。

---

① 霍诺汉先生同时也指出：汇率管制和汇率盯住制度可能造成市场汇率背离相对价格的长期平衡关系。

② 其实，还应该考察其他经济体的汇率与 PPP 的关系，才能全面评估二者在数据稳定性上的优劣。然而在 ICP 必然优于市场汇率的教条之下，这方面的研究往往被忽略。

3　各轮 ICP 间的"动态一致性"

各轮 ICP 数据的更新总是伴随着争论，一个典型的例子就是印度和中国这样的发展中大国，其 PPP 数据大幅度地变动：2005 年陡然向下，[1]而 2011 年则逆转向上。2017 年第 9 轮基本上维系了 2011 年的方法原则[2]，其结果也就维持了 2011 年 ICP 的数据指向，但不同轮次的比值差异程度不同。尽管方法论探讨还在接续，但是现用方法似乎是被大家接受的合理的折中方案。

2005 年 ICP 的结果或许出乎人们意料，毕竟这一轮是第一次真正全球意义上的国际比较，而且，1993 年国际比较项目遭受了颠覆性失败，这是时隔多年之后 ICP 重整旗鼓的首次操作。

欧美经济学界好多人不大相信 2005 年 ICP 的某些数据结果，一项最强烈的质疑是，如果将这种结果倒推到 20 世纪 50 年代，印度数百万人的收入水平就会"低于存活边缘水平"（levels below subsistence），所以反过来认定：2005 年的 ICP 数据对穷国价格水平估计过高，而对其实际经济规模估计偏低。

其实这种质疑可以得到解释。对穷国国民而言，这种所谓过低的国际比较结果反倒相对容易理解和接受。坦白而言，富国国民自身的低收入生存能力比较差，即便是富国的穷人，其低收入条件下的生存能力也不如穷国的穷人。虽然同在地球村也恍如隔世，富国多数人也不知道穷国穷人在极低收入条件下如何生存，对这种残酷的社会现实缺乏切身理解[3]。一个典型例证是改革开放初期，中国派到欧美国家的访问学者，国内发的生活津贴比较少，甚至有的低于所在国（发达国家）的贫困线水平，然而，这些访问学者在国外的生活并不比当地穷人差，而且在一年访问到期后回国时，还能给家里节省出"买大件"[4]的钱。认知缺陷往往导致对策失误。由于缺乏对穷国客观环境的真正体会，国际组织和欧美专家常常对穷国发出类似"何不食肉糜"的政策建议。

就印度和中国等发展中国家的真实规模而言，2011 年 ICP 结果相比于 2005 年出现了相当大的逆转。笔者以为，这极大可能出于针对 2005 年结果的人为调整。毕竟

---

① 正如霍诺汉先生本文所言，2005 年的估计导致几乎所有发展中国家收入和贫困水平的大幅下调，中国和印度的人均收入分别为以前估计的 40% 和 35%。

② 迪顿教授和施莱尔先生在其 2020 年关于 ICP 的 NBER 工作论文指出，这是尽可能保持比较方法一致而刻意谋求的结果。笔者提请 ICP 数据用户注意，"形式一致性"与"内容一致性"存在差别，笔者在《深入探索 ICP 隐含的经济测量问题——评〈GDP、福利和健康：2017 年轮 ICP 的若干思考〉》中做了论述。

③ 正如国人流行的说法："白天不懂夜的黑。"

④ 中国改革开放初期流行的一个说法，指冰箱、电视、洗衣机、录音机等家用电器，而 20 世纪 50 年代和 60 年代的"大件"则是指手表、自行车、缝纫机和收音机。

对 ICP 数据的"倾向性管理"还比较容易实现：只要尽量剔除穷国的高价格项目，将该类数据处理为奇异值，就可以拉低穷国的价格水平，并放大穷国的实际经济规模，从而避免专家所认定的 2005 基年比较结果的偏误。

真正全球意义的 ICP 从第 7 轮开始，至今只有三轮（即 2005 年、2011 年和 2017 年），需要深入思考的是，估计结果与方法论争议之间是否存在某种关联效应？在好多 ICP 数据用户眼里，2005 年似乎"高估"了穷国的价格水平，从而"低估"了穷国的实际经济规模，2011 年轮的大反转难道不存在为提升数据质量的人为调整？

可以从方法论逻辑推演得到的是，在新的比较过程中，完全可以采取某些针对性的预防措施，以校正前期似乎存在的"低估"或"高估"倾向。如果结论先行，事先就可能具有某种数据结果倾向，在方案设计时预设[①]，在过程操作时预调，比较结果究竟可能包含多大的人为因素，值得深究。再者，如果把经过预调的结果当成客观数据，再用其论证所用比较方法的正确性，是否隐含了某种循环论证的味道？

还值得注意的是，2011 年的国际比较结果又对贫困统计形成巨大冲击。霍诺汉先生指出：所估计的低收入国家价格水平大大低于原来的认知，相应地，这些国家的平均实际收入水平就特别高，在这些国家，低于世界银行极端贫困线的人数下降了一半。用迪顿教授 2001 年的话[②]说，国际比较再次威胁贫困统计，到了"毁坏贫困估计"的地步。世界银行对该项比较结果的反应是，迅速将绝对贫困线由每天 1.25 元调整到 1.90 元。鉴于不同基准数据间的大幅波动，阿特金森教授建议，放弃用 ICP 估计的新结果调整国际贫困线，但此议并没有被采纳。

应该看到，这种数据结果的矛盾客观上提出了一个一般性的问题：究竟如何应对不同经济统计项目之间的冲突[③]，或者说，如何保障不同经济统计项目间的协调性？能否将某一种统计操作当作绝对标准？这些至今仍然是有待深入探讨的经济统计方法论问题。

4　基于生产率因素对 ICP 结果的修正

在国际标准的基础上比较平均生活水平和贫困发生率，是一个标志性的应用，

---

① 剔除所谓奇异值就需要事先界定其定义域，其中不可避免地包含了价值判断。例如，在亚太地区比较中，内地的商品价格如果超过香港便被认定为奇异值，无法进入基础数据录入系统，这种识别程序的依据便是所谓的"宾大效应"。

② 按照霍诺汉先生的指示，这个论点出自 Deaton A. 2001. Counting the world's poor: problems and possible solutions[J]. The World Bank Research Observer, 16（2）: 125-147.

③ 这里是 ICP 与贫困统计之间的矛盾。

似乎 ICP 不可或缺。然而霍诺汉先生认为，PPP 并非总是适合于此。近年来的趋势是将以 PPP 计算的 GDP 作为各经济体相对规模和优势的指标，比如，作为一个因素评估地缘政治力量。例如，就以 PPP 计算的 GDP 而论，2017 年中国刚刚超过美国。

但是，霍诺汉先生指出，这种计算忽略了这样一个事实：PPP 包含着较贫困国家价格较低的系统性趋势，如果这种趋势归因于低收入国家在国际贸易项目生产中的低下生产率[1]，那么 PPP 的调整就"过头了"（goes too far），将更多的经济优势归于这些低收入国家，超出了其应当具有的份额。仍以中国为例，如果消除这个系统因素，重新进行经济规模排位，中国将列在美国和欧盟（尽管英国不在其中）之后。

如何看待霍诺汉先生提出的生产率因素这个重大修正？

第一，这种 ICP 结果"可调整性"说明，不同国家间的价格差异是多重原因形成的。霍诺汉先生指出：采用 PPP 方法所剔除的，不仅是汇率误定价造成的扭曲，还可能出于其他因素，其中非常重要的就是各国间的生产率差异。这就是说，穷国的价格水平之低还另有其因，因此不宜将其一概推算为"实际经济规模"（real economic size）较大。这正是霍诺汉先生提出进行生产率因素调整的机理所在。

相对于高收入国家而言，低收入国家通常平均工资低下，非国际贸易品的价格也低。如霍诺汉先生论文的图 2 所示，价格水平总体上随着人均 GDP 的增加而提升，其系统作用相当可观，被半个世纪以来的 ICP 数据所证实。Hassan[2] 的研究表明，这种模式在收入水平低下时不太明显，但当收入上升时证据就愈加充分。Cheung 等[3] 的研究表明，另外三个因素强烈地影响着价格水平的跨国模式：该国是否为石油输出国、该国的腐败水平是否排在高位、该国是否地理遥远。这些因素每个都倾向于拉升发展中国家的价格水平。

被引用得最多的一种对这种模式的理论解释，被概括称为"巴拉萨-萨缪尔森效应"，与供给条件（supply condition）相关。按照这个理论，国家间相对工资水平系统地与生产率水平相关，若某经济体的平均劳动生产率低下，则其工资水平也比较低。国际竞争通常会使国际贸易品[4]的价格趋于相同，但就非国

---

① 巴拉萨和萨缪尔森 1964 年对此分别做出了经济解释，被广为引用。

② Hassan F. 2016. The price of development：the Penn-Balassa-Samuelson effect revisited[J]. Journal of International Economics，102：291-309.

③ Cheung Y W，Chinn M，Nong X. 2017. Estimating currency misalignment using the Penn effect：it is not as simple as it looks[J]. International Finance，20（3）：222-242.

④ 笔者认为，研究"国际贸易项（实物与服务）"对国际价格变动的间接影响同样重要，仅仅关注实物产品还不够，还应该关注服务项。

际贸易的货物和服务①而言，其价格低下反映了低收入国家的低工资率。

需求条件也可能与此相关，霍诺汉先生在论文注释中列示了几项相关研究。de Gregorio 等②的研究表明，如果消费者对非国际贸易服务的偏好随着收入增加，服务的相对价格将被拉升。Bhagwati（巴格瓦蒂）③的研究表明，另一个原因可能是劳动的相对供应，在大多数发展中国家其数量较大，拉低了劳动密集型服务的价格。不过 Devereux（德弗罗）④的研究表明，计量经济研究没有确定哪一种因素占据主导地位。

然而，按照"巴拉萨–萨缪尔森理论"（the Balassa-Samuelson theory）的断言，国际贸易品的平均生产率水平低下，成为低收入国家价格水平低下的系统原因，在这个认知背景下，如果计算以人工汇率（即 PPP）调整的 GDP，剔除该效应，可能会夸大低收入国家的经济规模、生产能力及其在国际关系中的重要性。霍诺汉先生认为，"巴拉萨–萨缪尔森理论"广为接受，具有重要的却被国际比较忽略的"含义"（implication），将其纳入 ICP 视野，足以改变各经济体的排位顺序。

这个结果告诉我们，从市场汇率到 PPP 应该仅做"部分调整"，换言之，应该计算一个"经过生产率因素调整的 PPP"（productivity-adjusted PPP），即去掉相对价格变动中由生产率因素引致的部分。设定如果生产率确实发挥作用的话，则通过将此因素回加到各国的 PPP 估算中，就可以避免各国生产能力测度中的偏差。一个简易概略逼近该份额的方法就如同研究文献中所做的，估算人均收入对 PPP 的影响，并扣减之。笔者加以强调的是，这里问题的关键在于：所扣减的是反映生产率因素的项目，对数值结果而言，最后究竟意味着加项还是减项，取决于不同国家的生产率水平。

这个调整并不直接标出每个国家的生产率，而是采用人均收入全球增长的平均生产率收益。作为粗略的调整，不如 ICP 那么精细，但却是一种简便方法，揭示了以 PPP 计算的 GDP 的一个重要潜在陷阱，用以比较不同国家经济规模和实力时尤其需要当心。

经过这种调整后，PPP 数据更适于比较不同国家的经济实力，明显地改变了人口大国和地区的排序。霍诺汉先生的论文中图 3 表现了这种变化，美国仍然处

---

① 需要明确的是，"国际贸易项"与所谓"非国际贸易项"之间并不存在一堵"柏林墙"。在全球化背景下，二者的相互影响更为密切。但是，"非国际贸易项"受"国际贸易项"影响的内在机制并没有得到深入研究。至于汇率变动是否包含了这种相互影响，也值得探究。当我们将"国际贸易项"与"非国际贸易项"加以区分时，对好多研究者而言，就人为地割断了其间的隐含联系，且不自知。

② de Gregorio J，Giovannini A，Wolf H C. 1994. International evidence on tradables and nontradables inflation[J]. European Economic Review, 38（6）: 1225-1244.

③ Bhagwati J N. 1984. Why are services cheaper in the poor countries? [J]. The Economic Journal, 94: 279-286.

④ Devereux，M B. 2014. Real exchange rates and the Balassa-Samuelson effect revisited[J]. NBER Reporter, 4: 16-20.

于最高位，中国与欧盟（尽管没有英国）相近，但欧盟排在前面。印度仍然超过日本排在第四，但不是之前的超出 60% 那么多。俄罗斯排在第 6 位，超出"撒哈拉以南非洲"（Sub-Saharan Africa），不然二者的排位顺序正相反。这些结果表明，没有生产率因素的调整，PPP 也可能误导国家真实经济规模的比较，只不过这种"扭曲"与市场汇率方式不同。

第二，从实用方法角度看，如果可以用生产率因素回调 PPP 数据，这与市场汇率法（或"世界银行图表集法"）的结果相差几何？

从霍诺汉先生论文的图 3 可以看出，欧盟和中国按 PPP 计算则都接近美国，而按照经生产率调整的 PPP 计算，GDP 大致占美国的 80%。但是回顾 2017 年按市场汇率计算的 GDP，欧盟和中国都是美国的 62% 以上。可见，考虑生产率因素计算 PPP，从数据结果看是向市场汇率法估算结果的一种回归。

PPP 通常存在着压低穷国价格水平的倾向，也即容易夸大穷国实际经济规模。与此同时，还存在着夸大富国价格水平的倾向，也即容易减缩富国实际经济规模。正如霍诺汉先生指出，PPP 的平均化过程更倾向于体现高收入国家的支出权重，从而 ICP 方法往往会低估低收入国家与高收入国家之间的差距。正是由于 PPP 这种测度和比较失误的陷阱，霍诺汉先生才提出这种重大修正。

这里需要注意的是，"回调"的是国际比较中误作为价格因素所扣除的部分，是来自生产率因素的影响，而非价格因素自身的影响。国家统计局王金萍女士和张伟先生在《对彼得森研究所 PPP 值调整方法的研究与评价》中指出，"实际上世行发布的 PPP 值也经过了生产率调整，但只是部分区域（亚太地区、非洲地区、西亚地区等）对政府服务支出部分的 PPP 值进行了生产率调整。世界银行调整的理论依据是，政府部分的工资水平不是市场价格，穷国由于占有的资本存量更少，产出效率更低。但在 ICP 实践中发现，一些低工资经济体的产出测算远远超出了正常水平，因此需要调整"[①]。

问题的关键首先在于国际比较中进行生产率因素调整的必要性。北京师范大学王亚菲教授在讨论中提出："生产率是生产角度的测度工具。"这个视角的揭示非常重要。如果"三方等价原则"基本成立，那么这种调整就是一种经济学意义上的交叉检验，不仅可为，而且非常必要。至于"如何调整"更加符合经济现实，则属于下一层次的问题，有待于深入探讨。[②]

经过生产率调整的 PPP 是一种反向[③]调整，至少会部分抵消压低穷国价格水平倾向的影响。霍诺汉先生提出，PPP 数据使得汇率波动造成的扭曲有效地得到了中性处理。

---

① 参见《调研世界》2021 年第 7 期，第 78-79 页。

② 例如，王金萍女士和张伟先生指出，世界银行的生产率调整也存在问题："政府服务是否可以使用生产函数的方法来刻画值得深入研究，毕竟生产函数的基本假设是利润最大化。"

③ ICP 数据就是要"脱离"汇率法的结果，而生产率调整却与这种"脱离"的方向相反。

但笔者认为，经过生产率调整的 PPP 是将 PPP 数据往汇率观察值的方向回调，并非那么"中性"。如果说这种调整是"中性"的，那么同时要看到，"世界银行图表集法"能够修匀市场汇率波动，也是对汇率观察值的一种"中性"调整。

如果拓宽视野，我们可能面对着两大类四种国际比较数据：PPP 数据、经过生产率调整的 PPP、图表集法数据和市场汇率记录值。若将这四种结果列为一个谱系进行比较，那么居中的两种数据才更为"中性"。

笔者认为，不宜先行将"市场汇率法"打入冷宫，或许经过调整，汇率观察值还可以提供有用的信息，最起码可以用作交叉检验，也还是一种专门的信息利用。我们应该进行两大类方法结果的比较，看看是否存在用其他方法进行国际比较的可能性。尤其是，充分考虑从事 ICP 的成本和效益，我们究竟应该在哪些方面投入经济统计和国际比较的各种资源。

第三，生产率差异与产出质量差异之间是什么关系？

国际比较是从空间角度计算实际经济规模，基本算式是从以本国货币计算的"名义产出"剔除不同国家间的价格差异，即剔除价格因素所代表的"水分"——名义值与实际值之间的差，从而得到以共同货币单位 PPP 计算的实际经济规模。在不同国家间"经济同一产品"的确认中，不可能找到完美的匹配品，只能进行"近似项"（the like item）之间的价格比较[1]，事实上将"近似项"处理为"同质项"（the same item）。由于忽略了"潜在质量因素"，极容易将其归结为价格水平因素，或价格影响，才导致生产率差异被人为地剔除。

笔者在《经济统计学（季刊）》2018 年第 2 期发表了论文《国际比较项目基本类别 PPP 中隐含的"纯价比假设"及其经济意义》，这篇文章较为系统地阐述了产品质量因素对 PPP 结果的影响，认知方向与霍诺汉先生倡导的生产率调整一致，彼此印证。

第四，本文中霍诺汉先生将欧盟作为一个经济体参与比较，值得国人深刻反思。我国从 2012 年 GDP 总量超过日本开始，就欣然接受"世界第二大经济体"的高帽子，诸多国际格局分析中根本没把欧盟当作一个"测度单位"和"比较单位"，显然，持这种见解的中国专家还缺乏大国竞争的博弈智慧和定力[2]。应该看到，自从柏林墙倒塌之后，大国竞争的主战场就是美欧博弈[3]，这是中国快速发展的一个重要外部因素，故而应该是中国进入全球化发展深入"知彼"的一个重要内容。

---

① compare the like with the like 而非 compare the same with the same。

② 笔者认为，欧盟国家的政客是为了避免美国的打压，并为了便于将中国送到全球霸主面前当作替罪羊，才忍住内心对中国自称第二的不满。其实，好多受美国欺负的国家都乐意在美国政客那里推销中国第二的所谓实力威胁，这是国际博弈的"正常"操作，我们切不可看漏这一点。无论如何，将"最大的发展中国家"逼上与"最大的发达国家"对决的境地，居心肯定不良，国人不可不察。

③ 参见笔者《中国非二》第 123 页，中国统计出版社 2012 年版。

5　注重 ICP 的比较机理和现实意义

在 ICP 实施过程中也会提及方法论，但往往是从操作意义上去解读和处理，似乎 ICP 方法总体上已经成熟，其比较机理已经贯通，其社会经济意义的实现已经不成问题。不过，霍诺汉先生在论文阐述中却比较注重对方法论问题的探讨。

第一，如何认识 PPP？

ICP 的核心就是计算一个人为的汇率，霍诺汉先生在论文中称之为"综合汇率"（synthetic exchange rate），如果这个汇率流行于市场，在平价意义上不同国家的价格将相等。换言之，它将使得各国的平均价格均衡。在概念把握上，霍诺汉先生还强调需要注意综合汇率（PPP）与 PPP 理论的区别，按照 PPP 理论，市场汇率倾向收敛于 PPP。

实施 ICP，用 PPP 取代市场汇率，使得 GDP 实际价值及其相应的收入和生产数据在一个更为稳健的基础上进行比较，成为国际经济分析工具包的基本构成。

不过笔者认为，这种替代实际上提出了一个经济统计学的基础性问题：我们在分析现实经济问题时，究竟应该以观察值为准，还是以估算值为准？显然，市场汇率是观察值，而 PPP 是我们人为计算出来的综合价格比率，其中充满了种种假设和估计。通常在经济统计中遵循眼见为实的思维方式，原则上以观察值为主[1]，但在国际比较中，PPP 成为一个典型的反例。这是否意味着，在国际经济关系的认知上，人（ICP 专家）比市场更聪明？

第二，如何全面认识相对价格的影响因素？

一般而言，影响"相对价格"（relative price）变动的因素不仅有市场汇率波动，还有系统性的生产率水平差异等等。ICP 在剔除市场汇率波动影响时，将其他因素也都剔除掉了。当国际比较的重心在于实际经济规模时，这个缺陷的影响尤其明显。

第三，如何合成不同国家间的价格差异？

按照 Deaton 和 Aten[2]的看法，个人带有不同的偏好，且面临不同的价格，比较其福利在理论上近乎不可能。对计算跨国价格差异指数的最佳方法，总是存在着争议。一种实用方法是计算所有国家双边相对价格的平均，一种替代方法是针对一套参考价格和数量框架（人造的参照框架或"平均国"）计算相对数。

---

① 笔者在 2018 年科学出版社出版的《经济测度逻辑挖掘：困难与原则》中对此问题有过论述，参见该书第 49 页。

② Deaton A，Aten B. 2017. Trying to understand the PPPs in ICP 2011：why are the results so different？[J]. American Economic Journal：Macroeconomics，American Economic Association，9（1）：243-264.

Neary[①]和 Oulton[②]的研究表明，不同方法间和方法中的方法论选择都会严重影响所估计的 PPP 结果。

第四，如何看待 ICP 的价格数据基础？

尽管多年来已经有了很大改进，但是基本价格数据的搜集仍是 ICP 面临的主要挑战，过程仍不完善。有些产品在发达国家比较常见，但在某些发展中国家无法得到，或者仅仅在那些为富人和外国游客服务的销售点才能得到。这些产品的价格是否应该包含在比较中，或者采取替代方法？已经采取了高度复杂的系统应对这些问题，但争议仍然存在。例如，拉瓦雷（Ravallion）先生 2018 年的研究表明，在选项采价时可能偏向于国际贸易品，或许这成为过高标示低收入国家价格水平的贡献因素。

这里需要注意的是，有的情形是现实经济结构本身造成的数据缺失，并不是现实中存在该类事项，只要加大统计投入便可获取相应数据。一棵树长满了果子，全面采摘便有收获。但如果有的树枝无果，却硬性规定每一枝都必须显示其果子的相关数据，实际操作显然无法达到这种严苛的设计要求。

第五，如何看待 PPP 在贫困测度中的应用？

Reddy 和 Pogge[③]批评 PPP 基于"平均居民户消费篮子"的做法，他们认为，在定义贫困线时，采用反映贫困者消费的商品篮子比较好。Dabalen 等在 2020 年做了一项事关非洲 16 国的研究，发现就其中多数而言，穷人支付的价格低于平均水平。Argente 和 Lee[④]的研究表明，在美国大衰退期间，通货膨胀对穷人而言更甚于其他人。这里采用市场汇率无所助益，PPP 调整对定义贫困线也不能一锤定音，但是其所考虑的因素却非常重要。

Atkinson[⑤]认为，贫困是一个多维概念，对现金收入的购买力测度并不能完全把握之。需要特别注意的是，"收入"与"收益"的差别，并非仅仅在于"实物支付（转移）"项，笔者在《剖析 GDP 统计隐含的几个测度困局》[⑥]中列示了七项，对深入分析此问题或有启示意义。

---

①　Neary J P. 2004. Rationalizing the Penn world table：true multilateral indices for international comparisons of real income[J]. The American Economic Review，94（5）：1411-1428.

②　Oulton N 2012. How to measure living standards and productivity[J]. Review of Income and Wealth，56（3）：1475-1491.

③　Reddy S G，Pogge T. 2010. How not to count the poor[M]//Anand S，Segal P，Stiglitz J E. Debates on the Measurement of Global Poverty. Oxford：Oxford University Press.

④　Argente D，Lee M. 2020. Cost of living inequality during the great recession[J]. Journal of the European Economic Association. Available at https://dol.org/10.1093/jeea/jvaa018.

⑤　Atkinson A B. 2019. Measuring Poverty around the World[M]. Princeton：Princeton University Press.

⑥　参见邱东. 2018. 经济测度逻辑挖掘：困难与原则[M]. 北京：科学出版社：21-22.

6　基于全球化影响因素对 ICP 的修正

霍诺汉先生倡导的这项调整涉及如何选择 ICP 的基础性宏观指标。

在全球化发展的大背景下，跨国公司为避税和充分利用各种地方优惠措施，刻意模糊其地理区位的格局，基于资产转移套利，从而扭曲了各国的 GDP 和 GNI 数据，这使得国际比较难以客观地进行。

爱尔兰提供了一个典型的例证。2015 年，由于跨国公司资产所有权的大规模转入，爱尔兰的实际 GDP 仅一年就增长了 25%，尽管这种指标计算符合国际经济统计准则，但却破坏了 GDP 的常规性应用，对描述爱尔兰的生活水平而言，人均 GDP 不再是一个意义充分的测度。反观这个案例，也说明国际经济统计准则还存在漏洞，需要进一步研究改进。

跨国公司的这种资产转移活动对引资国的影响主要有三种：第一，其上报利润仅影响 GDP 但不影响 GNI；第二，大规模资产的折旧同时增大 GDP 和 GNI，指标名称的 G 代表 gross，正意味着包含了折旧项；第三，跨国公司将总部移至引资国，尽管公司"未分配利润"归属 GNI，但其股东大多数都是非居民身份。

霍诺汉先生指出，可以用来补救的是 ICP 中 GDP 的主要构成项——AIC，这个指标接近基于消费的经济生活水平测度，而且不受跨国公司转移活动的扭曲影响，ICP 将 AIC 视为一种对"平均物质福利"（average material wellbeing）的测度。如果用 AIC 替代 GDP 进行排序，爱尔兰从全球第 4 降为第 21，从占美国水准的 130% 降为 60%，霍诺汉先生认为这种排序比较符合实际。

另一种应对方法是计算 GNI（＊）指标，剔除由跨国公司资产转移行动造成扭曲的项目，如该类资产的折旧、知识产权进口和知识产权交易等。通过这种百分比缩减的项目调整，可以得到一种粗略的国际比较，爱尔兰在欧盟的排位从第 2 降为第 8，与采用人均 AIC 的结果相近。

霍诺汉先生在论文中提出，绝大多数国家的 GDP 与 GNI 几近相等。但从经济统计学的角度看，"1% 的绝对值"这个概念非常重要，从时间比较上看，同一经济体两个总量指标的差异可能还不大要紧，而对空间比较而言，不同类型国家的"国外净要素收入"或正或负，差异相当可观。所以要避免将 GDP 与 GNI 混同的不良倾向。

笔者认为，这是一个长期被忽略的重要问题，尤其是全球生产链乃至价值链将各种经济体网罗在一起之后，更值得深入探讨。主要发达国家历史上 GNI 通常大于 GDP，优势地位决定了他们对"国外净要素收入"不太敏感，但新兴国家恐怕需要更多地关注这个指标[①]，即关注 GNI 与 GDP 的差异。

论及基础指标，本来就应该采用 GNI 搞国际比较，ICP 采用 GDP 不过是对经济统计现实条件的一种妥协，并非本就应该以 GDP 为基础指标。既然是不同货币购买力的比较，当然应该用收入指标而非生产指标作为基础。按照迪顿教授2020 年在美国经济学会年会上的话说，"我们不能消费非我所属"（we cannot consume what doesn't belong to us）。[②]由于全球化对国际经济关系深度且多轮次的影响，爱尔兰的国势研判不仅不能依赖 GDP，还不得不调整估算 GNI（*）指标，这个典型案例告诫我们，连 GNI 对国家间收入分配的真实状况都有遮蔽，更何况GDP，我们决不应该对此掉以轻心，"唯 GDP 论"对高质量国势研判而言是相当深的测度陷阱。

7　ICP 需要拓展研究的若干课题

霍诺汉先生特别强调基于经济福利因素的修正。ICP 基于 GDP，由此，GDP在测度福利上的缺陷就自然地传导到国际比较当中。霍诺汉先生认为，由于高度异质性的存在，其对跨国空间比较的负面影响大大高于对单一国家的时间比较。该论文给出的例子是环境退化。需要特别注意的是，霍诺汉先生强调的这两种修正在可行性上还有很大差别。

问题在于，当下 GDP 和 ICP 需要解决的方法论困境已经不少了，再考虑环境因素，至少在目前还看不到比较令人信服的解决之道。爱尔兰采用两种替代方式，以解决跨国公司资产转移对经济比较的影响，在测度逻辑上达到了进行修正的要求。

在修正方法和思路提出时，更需要注重其可行性。其一，修正方法是否破坏了现行测度的基本逻辑，是否能与现行核算制度保持内在一致性？比如，采用"人力资本"概念，SNA 中"最终消费"的概念还能否成立？是否会沦为一种"中间消耗"？其二，当指标修正成为常规统计项目后，各国是否能负担得起所需要的成本？特别是对于穷国而言，新的测度与他们的宏观管理是否高度

---

① 笔者与北京师范大学王亚菲教授、北京工商大学王春云副教授 2018 年撰写了论文《GDP 不是新兴国家测度和比较国力的合宜指标——基于"国外净要素收入"的国家间分布》，对这个问题做了较为深入的阐述。

② 参见 Deaton A. 2020. GDP and beyond：summaries from the 2020 annual meeting of the American Economic Association[J]. Survey of Current Business，100（6）：1-3.

笔者认为，所谓"三方等价原则"是概括经济总量在生产、分配和使用三个方面上的一致性关系，但不能做绝对理解，将三者完全混同。

相关？穷国是否有足够的资源和人力持续参与全球宏观数据这种公共产品的生产？此次疫情造成规划中的第 10 轮 ICP 推迟，这个事实应该有助于富国专家更容易理解穷国提供公共产品面临的窘境——参与国际统计项目受制于资源和数据基础结构。

霍诺汉先生在论文结论部分指出，为世界各经济体构建 PPP 涉及许多概念性和实践性问题，不应该低估问题存在的规模（scale）。笔者认为，除了基于福利因素的修正之外，当下还应该注意以下问题。

第一，只做消费项目的国际比较，效果是否更好？

深入思考"实际个人消费"的替代性，能否用 AIC 代替 GDP 的国际比较？或者说，ICP 是否一定要搞 GDP 整体的比较？还是只搞或重点搞 AIC 的国际比较？从数据质量角度看，似乎只搞 AIC 更好。GDP 其他构成项目的数据质量和可比性显然不如 AIC，其数据与 AIC 数据混在一起，会使得整个 GDP 的比较质量下降。当然还需要考察，发展中国家的 AIC 数据基础究竟如何。

第二，如何看待 ICP 结果的一致性？

是否比较轮次的时间间隔缩短就可以保证 ICP 结果的一致性？不能误以为：只要 ICP 的频率加大，就可以解决所有的方法论问题。类似霍诺汉先生提出的重大修正是否还会出现，机理挖掘需要我们避免沉醉于方法和技术的细节改进，避免单纯追求程序化的设计和操作，深度的测度陷阱或许还在，需要我们深入、拓展且提升方法论思考。

应该认识到，刻意保持 ICP 轮次间数据结果的动态一致性，其实也是一种"数据管理"。本来国际经济关系的客观变化要求比较方法与时俱进，但为了数据结果在不同轮次 ICP 间保持一致，就可以放弃比较方法的改进，恐怕是一种本末倒置的做法。不宜将"形式一致性"当作"内容一致性"去维护，笔者在《深入探索 ICP 隐含的经济测度问题——评〈GDP、福利和健康：2017 年轮 ICP 的若干思考〉》中就此问题做过论述。

第三，ICP 的参与、数据应用与中国国势的高质量研判。

对中国经济统计而言，积极参与 ICP 是坚持开放国策的题中应有之义。而且，如果在新历史阶段搞高质量开放，更需要以国际经济统计项目为数据基础。为此需要关注 ICP 和 SNA 等国际标准的发展动向，以明确中国如何切实跟进，也需要尽可能准备统计条件。"数据基础结构"不单单是技术，不单单是方法，更是"社会基础结构"的组成，是"软实力"的体现，往往无法通过突击短期内弥补客观存在着的社会差距。例如，如果也需要更多地关注"实际最终消费"指标，我们的数据基础如何？

优化对 ICP 数据的应用，前提是对该数据含义的"适当解读"（appropriate interpretation），同时，对国际比较机理也能有基本的理解。坦白地说，我们在这方面还需要系统地补课。在《量化世界——联合国的主意和统计》[①]中，沃德教授特别强调避免数据的"蒙昧解读"（uneducated interpretation），我们身处发展中国家，尤其不能掉以轻心。

高质量的国势研判对高质量发展至关重要，对国际经济统计标准和数据，我们既要认真解读和应用，同时也需要学习霍诺汉先生的做法，秉持一种科学认知和批判的态度，不能盲目地照搬照抄，而应该深入挖掘其内在的测度、核算和比较逻辑。

总之，ICP 的方法论、数据理解、应用问题总是存在且变化着，需要持续地研究其解决之道，不可能一劳永逸。

参 考 文 献

（1）Deaton A，Schreyer P. 2021. GDP，wellbeing，and health：thoughts on the 2017 round of the international comparison program[C]. NBER Working Paper Series 28177.

（2）Honohan P. 2020. Using Purchasing Power Parities to Compare Countries：Strengths and Shortcomings[R]. The Peterson Institute for International Economics，policy brief（20-16）.

（3）Deaton A. 2020. GDP and beyond：summaries from the 2020 annual meeting of the American Economic Association[J]. Survey of Current Business，100（6）：1-3.

（4）邱东. 2018a. 国际比较项目基本类别 PPP 中隐含的"纯价比假设"及其经济意义[J]. 经济统计学（季刊），（2）：38-67.

（5）邱东. 2020a. SFD 测度报告的经济统计学评论[C]. 杭州：第 18 次全国中青年统计科学研讨会大会报告.

（6）邱东. 2020b. 迪顿新论超越 GDP——敢问路在何方[J]. 中国统计，（5）：58-61.

（7）邱东. 2020c. 国际经济比较中的购买力平价与市场汇率之辩[J]. 中国统计，（4）：4-6.

（8）邱东. 2018b. 经济测度逻辑挖掘：困难与原则[M]. 北京：科学出版社.

[①] Ward M. 2004. Quantifying the World：UN Ideas and Statistics（United Nations Intellectual History Project Series）[M]. Bloomington：Indiana University Press.

关注 ICP 中产品划分的测度基础
——兼评两项 ICP 分解性研究

　　2021 年 7 月，赫斯顿教授[①]和劳教授[②]在澳大利亚昆士兰大学效率与生产率分析中心发表了工作论文《世界经济中的价格水平、规模、分配和增长：基于近期 ICP 的洞见》[③]。笔者认为，这篇工作论文的最大特点在于其所开拓的"分解性"（decomposing）研究。该论文还推荐了 Zhang Qi[④]2017 年发表在《国际经济学杂志》的《巴萨拉–萨缪尔森关系：服务、制造与产品质量》[⑤]，虽然 Zhang Qi 的这篇论文偏重经济学实证研究，内容并不限于 ICP 方法论，但也是一种基于 ICP 数据的分解性研究。事关 ICP 应用的可持续拓展，本文侧重从方法论研究的视角对这两篇论文做一述评，强调 ICP 研究应该关注产品划分的测度基础。

　　全文分为七小节：①赫斯顿教授和劳教授论文的创新之处；②现实国际购买力关系、ICP 实践方法与 ICP 结果三者间关系；③参比国范围大小与国际比较质量的关系；④Zhang Qi 论文的主要观点；⑤从 ICP 方法论视角看 Zhang Qi 论文的优点；⑥Zhang Qi 的论文中包含或隐含的基本假设；⑦Zhang Qi 的论文中值得进一步研究的问题。

1　赫斯顿教授和劳教授论文的创新之处

　　基于 ICP 方法论和实施的正确性，赫斯顿教授和劳教授开发并使用新的"分析性工具"（analysis tools），对 2017 基年 ICP 的数据结果采用"分析性方法"（analytical

---

① 赫斯顿先生是美国宾夕法尼亚大学教授，ICP 项目的创始人之一，世界银行 ICP 技术咨询组资深成员。

② 劳先生是世界银行 ICP 技术咨询组资深成员，澳大利亚昆士兰大学教授。曾多次到北京师范大学国民核算研究院讲学，指导研究工作，并帮助筹办在北京召开的国际 ICP 研讨会。

③ Heston A，Rao D S P. 2021. Price Levels，Size，Distribution and Growth of the World Economy：Insights from Recent International Comparisons of Prices and Real Product[C]. Centre for Efficiency and Productivity Analysis Working Paper Series No. WP10/2021.

④ 论文发表时署名于伦敦政治经济学院和牛津大学。

⑤ Zhang Qi. 2017.The Balassa–Samuelson relationship：services，manufacturing and product quality[J]. Journal of International Economics，106：55-82.

approach）从增长、分配和价格水平等方面进行"分解性"（decomposing）的深度分析（in-depth analysis），概括而言，就是为各类用户开拓对 ICP 数据结果进行深加工的路径。

赫斯顿教授和劳教授认为，分析 ICP 数据结果的"以往路径"（past trends）主要针对人均实际支出水平和差异（不一致），针对如何解读 GDP 总量层级的价格水平差异。

在这篇工作论文中，赫斯顿教授和劳教授另辟蹊径，从 ICP 数据中消除世界不同地区增长类型和通货膨胀因素的影响，以查验国家和国际层级上"相对价格结构"（relative price structures）的变迁（shifts）。论文将研究置于半个世纪国际购买力比较项目的大背景下，分析价格水平跨国差异的驱动力。

2　现实国际购买力关系、ICP 实践方法与 ICP 结果三者间关系

2.1　"可辨识的更新"与"形式一致性"

赫斯顿教授和劳教授在论文第 1 部分"导论"中指出，2017 基年 ICP 的一个特点是，首次在 ICP 相邻轮次中采用几乎相同的调查框架和方法论，其效果正如迪顿教授和施莱尔先生所指出①的那样，2017 基年 ICP 结果对 2011 基年比较只是"可辨识的更新"（a recognizable update），而不是世界经济地理的"根本性重绘"（a radical remapping）。

50 多年来，ICP 的调查和比较方法都在持续做出大的调整，2017 基年 ICP 刻意保持与 2011 基年的"一致性"，是不是意味着 ICP 方法论的改进告一段落，ICP 已经进入成熟阶段？联合国统计委员会曾做出规划，将 ICP 作为国际经济统计常规项目加以实施，似乎也印证了这一点。

赫斯顿教授和劳教授认为，这个特点非常重要，因为 ICP 以前的方法论更新有时会改变不同国家和各洲的相对规模。例如，2005 基年的比较结果使得世界比原来所以为的更为不平等，而不平等测度的数值也大增。

关键在于现实国际经济关系本身是否变化，如果现实的确没有变化，不同轮次 ICP 结果间保持一致才是值得肯定的。或者说，对不同轮次 ICP 结果间一致性的肯定隐含了一种假设：现实国际经济关系没有什么变化。

---

① Deaton A，Schreyer P. 2021. GDP，Wellbeing，and Health：Thoughts on the 2017 Round of the International Comparison Program[C]. NBER Working Paper Series 28177.

2.2　"形式一致性"与"内容一致性"

上述讨论实质上揭示了一个国际比较的方法论问题，在现实国际购买力关系、ICP 实践方法与 ICP 结果这三者之间，可能存在不同的一致性，究竟应该以何者为准？

笔者认为，三者关系存在着多种可能性的组合，具体如下。

如果不同轮次 ICP 结果（各国相对规模等）相同，则：可能是，现实国际购买力关系本身保持不变，所用 ICP 方法也相同；或者是，现实国际购买力关系变化，所用 ICP 方法也变化，二者的变化相抵消。

如果不同轮次 ICP 结果（各国相对规模等）变化，则：可能是，现实国际购买力关系本身变化，所用 ICP 方法不变；或者是，现实国际购买力关系本身保持不变，但所用 ICP 方法发生变化；还可能是，现实国际购买力关系发生变化，所用 ICP 方法也有变化。

我们知道，现实的国际购买力关系肯定处于不断的变化过程之中，只是不同历史阶段变化的程度大小不同而已。例如，新兴国家的群体性产生，从发展中国家中分离出来，在一定程度上说明了这种国际经济变化的客观存在。

基于此种现实国际购买力关系变化的基本判断，不同轮次所用的 ICP 方法不变，即刻意保持"形式一致性"，现实变了，但对之的测度和比较基本不变，从方法的实践意义看，未必就好。如果顺应现实关系的变化，对之测度和比较的方法也相应地变化，才可能具备所谓"内容一致性"。再从比较结果与现实关系的匹配看，不同轮次 ICP 结果对国际购买力现实关系的映射基本不变，未必就符合实际，无法达成经济统计本该具备的使命。

在《深入探索 ICP 隐含的经济测度问题——评〈GDP、福利和健康：2017 年轮 ICP 的若干思考〉》[①]中，笔者提出，不同轮次 ICP 方法保持一致性，仅仅是"形式一致性"，而所用 ICP 方法随着国际购买力现实关系的变化而变化，才是"内容一致性"。这两种"一致性"究竟应该以哪一种为重，需要深入思考。

2.3　国际比较"内容一致性"将对"形式一致性"产生压力

迪顿教授和施莱尔先生认为，ICP 在健康产出等福利的比较方面还存在缺陷，那么，今后的国际购买力比较究竟应该如何改进？是否会涉及，或者要求，比较方法论的重大改进？如何做到与时俱进，即更加重视国际比较的"内容一致

---

① 参见《统计研究》2021 年第 9 期。

性"？若此，方法论变革或许导致不同轮次的 ICP 结果之间出现重大差异，就可能破坏了原本刻意保持的"形式一致性"，二者究竟如何抉择，恐怕还需要深入讨论。

赫斯顿教授和劳教授在文中还提到，新冠肺炎疫情对世界经济格局产生了影响——低收入国家相对地位提升，2017 基年成为疫情前最后一轮国际购买力比较，从而具有基准性意义。如果疫情后需要根据变化了的国际购买力关系进行比较，则需要相应地改进 ICP 方法，同样会破坏原来刻意保持的"形式一致性"，这是两种"一致性"相矛盾的又一例证。

在对 ICP 数据结果进行"分解性"分析时，如果所用的比较方法发生变化，则公式分解项中恐怕还需要添加这个方法论因素对比较数据结果的影响。在赫斯顿教授和劳教授所开发的分解模型中，显然并没有考虑 ICP 方法变动的影响，或者说，该分解模型实际上隐含了 ICP 方法不变的设定。

3　参比国范围大小与国际比较质量的关系

我们应该认识到，在全部 9 轮 ICP 中，真正具备全球性质的国际比较其实只有三轮，即 2005 基年、2011 基年和 2017 基年的比较。

就参比国范围大小与国际比较质量关系而言，至少有如下两个方面需要考虑。

第一，参比国数目多少对 ICP 数据结果质量的影响。为什么第 8 轮和第 9 轮 ICP 的结果竟然会与 1975 基年比较的结果保持"一致"？[①]

显然在跨度如此之大的历史时期中，不同轮次 ICP 的参比国范围不同，所用比较方法也不同，这种数据结果的"一致"究竟意味着什么？是否可能意味着参比国范围大小对 ICP 质量的影响并不大？若是如此，那我们为什么还那么在意 ICP 的参比国数目，这与国际比较的全球性是否等价？

第二，参比国经济规模对 ICP 数据结果质量的影响。赫斯顿教授和劳教授在文中指出，第 9 轮 ICP 仅仅只有少数小国缺席，所以整个全球比较的结果比较可信。

如果这种说法成立，那么需要反思的就是与其相反的情形，即早先轮次比较中存在某些大国缺席的情况。在那种情况下，全球比较结果和地区比较结果究竟会受到多大的影响？比如，拉美地区的国际比较缺少了阿根廷，其 PPP 所表现的该地区国际相对购买力关系是否可信？如果 PPP 估算中变量关系存在"传递性"，会不会进而波及其他地区乃至全球的比较？

---

① 参见赫斯顿教授和劳教授论文第 16 页最后一段。

4　Zhang Qi 论文的主要观点

4.1　Zhang Qi 在文中给出的有关收入分配的三个命题

关于收入分配与支出份额的命题 1：收入不平等对 X 产品（作者以之代表同质品）支出份额有正面影响，对 Z 产品（作者以之代表异质品）支出份额有负面影响，人均收入对支出份额没有影响。

关于收入分配与"非总量价格水平"（the disaggregate price level）的命题 2：人均收入对"Z 产品"（以之代表异质品）价格水平具有正面影响，而收入不平等对其具有负面影响。收入不平等效应对 Z 产品（以之代表异质品）价格水平的影响在人均收入中呈下降趋势。

关于收入分配与国家价格水平的命题 3：人均收入对国家价格水平具有正面影响，即国家价格水平对人均收入的弹性为正；收入不平等对国家价格水平的影响在人均收入中呈下降趋势，即国家价格水平对收入不平等的"半弹性"（semi-elasticity）在人均收入中呈下降趋势。

4.2　Zhang Qi 在文中给出的主要结论

Zhang Qi 研究的关键假设[1]："质量的收入弹性"（income elasticity of quality）不可忽略，就"非国际贸易品"（nontraded goods）而言，它倾向于更高。模型意味着"B-S 关系"，还指向 Zhang Qi 文中的独特预言：保持人均收入不变，收入不平等对"国家价格水平"（national price level）有显著影响，但其影响在人均收入中呈下降趋势。

B-S 模型依赖于国家价格水平中的价格成分，Zhang Qi 在文章中采用消除"纯服务类"（pure services categories）的"修正指数"（modified index）再次进行了"实证性检验"（the empirical test），即便剔除了服务部分，B-S 关系和第二个独特预言也照样成立。[2]

跨国收入比较严重依赖于国家价格水平中质量因素的调整程度，分析结果的"质量蕴含"（the qualitative implication）在于"误测质量"（mismeasured quality），实际上夸大了 B-S 关系。因此，所观察到的跨国收入差距倾向于被低估。[3]若高收

---

[1] 参见 Zhang Qi 文章中第 66 页右端第 1 段第 3 行。
[2] 参见 Zhang Qi 文章中第 66 页右端第 1 段第 9 行。
[3] 参见 Zhang Qi 文章中第 66 页右端第 1 段倒数第 6 行。

入国家的收入被低估，或低收入国家的收入被高估，再或二者同时发生，则跨国收入差距可能被低估。

模型预言可以由跨时期证据所支持，通过纳入收入不平等对各规格品的影响，可以拓展 B-S 效应的面板模型估计①，估计结果与 Zhang Qi 所预判的（收入分配与国家价格水平的关系）相一致。②

5　从 ICP 方法论视角看 Zhang Qi 论文的优点

5.1　重视经济学直觉和公理性思维

Zhang Qi 的论文本身是一个非常标准的主流经济学研究，但值得关注并学习的是，该文多处强调指出了经济学直觉（intuition）的思路，而且，Zhang Qi 对所给出的定理也加以经济学直觉上的逻辑解读。这种将公理性思维与严格数学论证相结合的方式值得效仿，该方式显然优于将经济学论文仅仅写成数理推导过程。

5.2　重视经济关系内涵和机制的挖掘与解释

典型的如，Zhang Qi 的论文对 ICP 中的"结构产品描述法"③做了颇为深入的剖析④。

ICP 最根本的矛盾在于如何兼顾"可比性"（comparability）与"代表性"（representativity），结构产品描述法的设计也需要平衡二者，对这一点业内的认知相同。关键在于，这一点对 ICP 意味着什么？对比较结果的影响如何？Zhang Qi 的论文做了发人深省的论述。

结构产品描述法无法精确地确定产品的质量，由于不同国家间客观上存在着不同"支出类型"（expenditure patterns），"支出目录"（expenditure category）中某个"精确定义了的项目"（a precisely defined item）在 A 国是"消费篮子"（consumption basket）中的"典型项目"（a typical item），因而就该支出类型而言具备代表性；但在 B 国则不同，即便可以观察到该项目的价格，该项目也未必具备代表性。

在这种情形下，ICP 可能会使用"不那么精确定义的产品描述"（a less precisely

---

① Rodrik D. 2008. The real exchange rate and economic growth[J]. Brookings Papers on Economic Activity, 39（2）: 365-439.

② 参见 Zhang Qi 论文中第 66 页右端第 2 段。

③ 所谓"结构产品描述法"的称呼是从方法功能角度的命名，若从操作角度命名，也称为"标准产品描述法"（standard product descriptions）。

④ 参见 Zhang Qi 论文中第 56 页左端第 3 段。

defined product description），这样两个国家都可以拥有"代表性产品"（representative products）与新的描述相匹配，而不是在两国间采用精确定义产品描述去匹配项目，那样就失去了"代表性标准"（the criteria of representativity）。

作为妥协的结果，在"非总量价格水平"（the disaggregate price level）中就存在着某些重要产品特征，造成产出质量差异，如"生产者特征"（producer characteristics），诸如品牌和产出国等，Zhang Qi 认为这是结构产品描述法通常所迷失的。因此，结构产品描述法在跨国质量变化的描述上仍然留存相当大的空间。"质量水平"（quality level）无法完全调整意味着，由于较富的国家所消费产品的"平均质量水平"（average quality level）更高，国家收入水平与其价格水平之间将出现"伪相关"（a spurious correlation）。

笔者对 Zhang Qi 的论文在这方面的论述做如下点评。

第一，Zhang Qi 所论述的只是双边比较中的项目匹配问题，可想而知，如果扩展到多边比较，不同国家间代表性和可比性之间的妥协势必更为复杂。

第二，结构产品描述法是 ICP 自第 7 轮（2005 基年）复兴以来最为重要的方法论进步，但采用结构产品描述法并没有给 ICP 数据结果上保险。Zhang Qi 说出了实情，在 ICP 实践中结构产品描述法需要放松标准，否则无法落实，从而势必会对比较结果产生负面影响。因而我们在宣称结构产品描述法进步时，也应该对数据用户交代该方法内生的缺陷，同时还应该深究：放松标准对数据可靠性的影响究竟有多大，是否存在改进的可能。

第三，2015 年笔者在日本滋贺大学教学时意识到，基本类别 PPP 估算基于"纯价比假设"，并由此核心观点展开进行了研究。2016 年初在日本国民核算研究会的一个专题研讨会上首次提出讨论，该论文 2018 年发表于北京师范大学国民核算研究院创办的《经济统计学（季刊）》[①]。Zhang Qi 的阐述至少在以下两点印证了笔者的核心观点：①对结构产品描述法的实际操作过程应该认真勘察；②应该深究"误测质量"（mismeasured quality）对 ICP 数据结果的影响。

5.3　分析聚焦于"产品质量"

Zhang Qi 强调指出了"误测质量"对国际购买力关系分析的至关重要性——夸大了"巴萨拉–萨缪尔森关系"（the B-S relationship），从而使"所观察到的跨国收入差距"（the observed cross-country income differences）倾向于被低估。

Zhang Qi 指出，常规价格指数中质量因素没有调整到位，这个认知是产业组

---

① 参见邱东. 2018.国际比较项目基本类别 PPP 中隐含的"纯价比假设"及其经济意义[J]. 经济统计学（季刊），（2）：38-67.笔者近期的论文《为什么 PPP 还需要做重大修正？——评霍诺汉〈使用 PPP 进行国家间比较的优势与不足〉》也接续了这一核心观点。

织文献中的一个长期主题，质量特征价格法（the hedonic price）的相关文献表明了这一点，Pakes 在 2003 年和 2005 年的研究也表明了这一点。

在笔者看来，Zhang Qi 这里特别强调了"生产者视角"，而 ICP 则主要从"消费者视角"进行国际购买力比较，测度视角的补充无疑对完善国际经济关系比较大有裨益。

5.4　特别关注收入不平等对国家价格水平的影响

通过分析揭示 Zhang Qi 文章中"独特的可验证的预言"（distinctive testable prediction）：收入不平等与"国家价格水平"之间存在着一种非单调关系。

这个预言对 ICP 的独特意义在于，如果收入不平等影响了国家价格水平的高低，那么它也将影响实际经济规模的大小。相对两个国家而言，假设其他因素不变，收入不平等程度将决定其实际经济规模。ICP 方法论研究是否应该对此做出相应的思考？

5.5　用"分解性"研究深入探讨国际经济关系

Zhang Qi 的主要目的是分析国际经济关系，为此对国际购买力关系进行了"分解性"（decomposing）分析，即字面意义上的狭义分析。例如，Zhang Qi 采用现有文献中的标准数据集，为每一个产品描绘其 B-S 关系，以构建标准的国家价格水平，并区分服务品和制造品两个大类，二者的国际购买力关系存在明显的差别，计算剔除服务类的价格水平，所指示的国际购买力关系会发生明显变化，从而提出一种新的解释。

这种"分解性"分析是对 ICP 数据使用的深化和拓展，但也需要注意到，分解究竟是否切实可行，关键在于测度中的分类——这种分解所赖以支撑的三个基本产品分类，即服务与货物之分、国际可贸易品与不可贸易品之分，还有同质品与异质品之分。如果这三个划分存在或隐含着可行性陷阱，那么"分解性"分析的数据结果就未必那么可靠，尚需深入思考并给出说明。

6　Zhang Qi 的论文中包含或隐含的基本假设

6.1　"观察价格"即"实际价格"

Zhang Qi 指出了一个"所测度的价格水平"（measured price level），出自 CPI 或 ICP 中所采集到的产品标价。

在国内国际购买力关系研究中，实际上认定：商品"标价"即对价格水平的真实描述，这里，ICP 项目基本上接受①调查所采集的具体价格（the collected detailed prices），即各经济体按照 ICP 要求进行调查并上报的商品标价，"观察价格"（observed price）即"实际价格"（real price），而不像对待汇率那样，预先就认定其数值严重扭曲。

这种区别对待值得进一步反思。汇率实质上就是国际市场中货币的价格，无非一种综合价格，其波动乃整个市场波动的集中反映。以数据波动剧烈加以排斥似乎不妥，本来统计方法在处理波动数据方面恰恰非常擅长，如处理股票、期货数据等，未必因为数据波动剧烈就放弃对原始数据的使用。

至于汇率因政府人为干扰而扭曲的说法也难以成立，一是如果政府干扰汇率，那么对一般商品价格也会加以干扰，不过痕迹没那么明显而已；二是世界银行、OECD、各洲区域银行等国际组织联手搞 ICP，客观上用以指导各国去认知所谓真实的购买力关系，这本身也是一种政府人为干扰②，哪怕这是一种正确的人为干扰。须知，开展 ICP 隐含的认知前提就是：市场中的某部分人笃定比市场聪明。

6.2 服务和实物产品具备可分性

Zhang Qi 在文中强调提出了"纯服务"（pure services）和"非服务"（non-services）的概念③，从而购买力关系分解时可以编制出"将所有服务都剔除"（excluding all the services）的"修正型价格指数"（modified price index）④。

笔者认为，最终产出可以有三种形态：①包含实物中间投入的服务；②包含服务中间投入的实物；③同时包含实物和服务的"混合产出"（mixed output）。

不宜将第三种形态的产出与前两种最终产出相混淆，将最终产出认定为实物和服务两种形态。同时包含实物和服务的"混合产出"（mixed product），比较典型的具体例子有：器官移植、种植牙、航空餐、日本街头的软饮料供应系统等，在此种形态下，不宜将产品中的实物或服务视为该最终产出的中间投入。

严格而论，最终产出事实上并不存在"纯服务"或"纯实物"的形态。只有当某种实物或服务缺失造成最终产品无法完成时，该实物或服务才是该项最终产品的中间投入。例如，不提供航空餐并不影响航空公司将旅客运送到目的地，所

---

① 当然需要剔除按照 ICP 数据认证程序所裁定的奇异值。

② 国际组织在 ICP 实施中是各国政府的领导，在 SNA 五大经济主体中只能划归"广义政府"（general government）这一类。

③ 参见 Zhang Qi 文章中第 57 页右侧倒数第一段第 4 行。

④ 参见 Zhang Qi 文章中第 65 页左端倒数第 1 段第 4 行。

以航空餐是与运输服务相分离的产出，不过混在一起生产是一种升值服务，得以产生更好的社会福利和经济效益而已。

6.3 "国际可贸易品"与"不可贸易品"绝对可分

全球化已经达到如此深入的地步，互联网技术如此发达，国际贸易格局早已改变，各种产出往往是你中有我、我中有你，可否跨国，很难判定。进出口彼此融合，存在不少"为进口的出口"与"为出口的进口"，如何测度"不可贸易品"中的"国际可贸易品"成分？进行"国际可贸易品"和"不可贸易品"的划分究竟有多大的实证意义？

甚至连医疗服务、教育服务等都可以实现跨国。例如，有些美国医生并不负责查看病人的病灶影像，而是发给印度医生，由他们专门负责写成病人影像报告；印度教师还在网上充当美国孩子的专业家教。其实，Zhang Qi 在其论文的第 57 页右端注释 9 中还提及了"服务业中的可贸易品"（tradables in the services sectors）。

不同国家参与全球化的程度不同，则其国际可贸易品和不可贸易品的划分也将不同，由此，进行多边比较时就会产生同一种产出究竟如何归属的问题。

6.4 同质品与异质品的可分性

Zhang Qi 将"实物产品"（goods）划分为"同质品"（homogeneous goods）和"垂直差异品"（vertically differentiated goods）。这里，异质品未必一定是"垂直差异品"。产品质量同异可以是一个渐变的过程，差异未必垂直。

然而，这种划分对国际购买力比较最大的限制在于，在双边比较中或许还可以实施，但在多边比较中，不同商品对不同国家而言，究竟划归同质品还是异质品，可能处理大有不同。某种商品，对某一组国家而言是同质品，但对另一组国家而言则是异质品，全球比较时究竟如何划分，任何一种裁定都将是武断的。

7 Zhang Qi 的论文中值得进一步研究的问题

7.1 应该避免用对部分服务的理解来替代理解全部服务

在 ICP 研究中，在论述"服务"（services）问题时，往往倾向于用传统的"日常服务"（routine services）来代表全部服务，隐含着某种以偏概全的倾向。Zhang Qi 的阐述中也存在这个问题。例如，文中说到在劳动密集型服务部门难以建立其"技术优越性"[①]。

这里立论的关键在于，服务本身是一种多元的产出，故而需要阐明，所论及的究竟是什么类型的服务。作为相反的例证，金融服务属于"脑力劳动密集型"，但与理发等日常服务不同，完全可以建立起其"技术优越性"，从而不仅仅反映当地工薪水平对价格的影响。就这类服务而言，当我们从穷国转向富国时，其价格相对于国际贸易品价格未必上升。

7.2　产品和质量不宜用"水平"来标示

在"产品水平"（the level of the products）的概念中，"水平"意味着某种维度，或者顺序，在国际比较中，应该采用"产品集"（the set of the products）[②]的表述，产品定义为多维的概念才更准确。

与产品同样，"质量"（quality）也不宜用"水平"来标注，Zhang Qi 在文中用到了"平均质量水平"（the average quality level）的论述，这意味着某种单一维度的设定，而其他维度的影响则被排除掉了。那么，这个维度究竟是什么？如果坚持这种表述，就应该深入挖掘，并向读者交代清楚。

质量本来是多元从而多维的，如果将之排序，就必定设定了某个维度。所谓"垂直差异"（vertically differentiated）的表述本身就表明了某种维度——在该隐含维度下的水平高低。[③]

7.3　"quality goods"究竟是指特质品还是优质品

Zhang Qi 论文中的"quality goods"的词义值得注意，究竟是指"特质品"，还是"优质品"？在文中不同部分可能所指不同，需要仔细辨识。

将"非国际贸易品"（nontraded goods）与"quality goods"等同[④]，或者将"quality goods"与同质品（homogeneous goods）并用，[⑤]此时"quality goods"应该是指特质品，而非优质品。

---

① 参见 Zhang Qi 论文中第 55 页左侧倒数第 4 行。

② 参见邱东. 2018. 国际比较项目基本类别 PPP 中隐含的"纯价比假设"及其经济意义[J]. 经济统计学（季刊），（2）：38-67.

③ 参见 Zhang Qi 论文中第 58 页右端第 3 段。

④ 参见 Zhang Qi 论文中第 56 页左端倒数第 1 段第 4 行。

⑤ 参见 Zhang Qi 论文中第 58 页右端第 3 段第 4 行。

然而 Zhang Qi 在如下论述中，即经济体的"最高收入组"（the top income group）消费 top quality goods[①]，此时"quality goods"应该是指"优质品"，显然，收入高者未必会倾向于使用更多的本土特质品。

在 Zhang Qi 的论文中还有这样的论述[②]："更高的收入不平等意味着：当新增富人导致'高质品'（high quality goods）价格上涨时，消费者从'低质品'（low quality goods）转向高质品需要支付更多，这样，消费者将降低其在高质品消费的份额，增加其在'同质品'（homogeneous goods）消费的份额。"这里 quality 显然是指优劣而非同异。

然而可以想到的一种情形是，如果新增富人（可能强化收入不平等）的增量收入足以覆盖其对优质品的支出，则在其他条件不变的前提下，消费者整体未必降低优质品份额，提升同质品份额[③]。

7.4　Zhang Qi 的论文中其他需要注意的问题

第一，食品的质量不同，其营养成分结构不同，对分析的影响如何？即便食品的营养成分差不多，但富人和穷人对不同规格食品所包含的非营养成分的敏感度不同，也会影响其替代弹性。对分析的影响如何，或许不应该用营养成分的分析来代替食品的分析。[④]

第二，从方法论角度看，分析经济结构时对基础数据采用对数处理，即已经先验地确定了某种结构关系，可以比较一下两种不同处理（采用或不采用对数处理）结果的差异，来说明其差异。[⑤]

第三，将"当地劳动力成本"（local labour cost）设定为"当地（产出）成本"（local cost）[⑥]，是否适宜？

参 考 文 献

（1）Heston A，Rao D S P．2021. Price Levels，Size，Distribution and Growth of the World Economy：Insights from Recent International Comparisons of Prices and Real Product[C]．Centre for Efficiency and Productivity Analysis Working Paper Series No. WP10/2021.

（2）邱东．2021a. 深入探索 ICP 隐含的经济测度问题——评《GDP、福利和健康：2017 年轮 ICP 的若干思考》[J]．统计研究，（9）：143-156.

---

① 参见 Zhang Qi 论文中第 58 页右端第 4 段第 9 行。
② 参见 Zhang Qi 论文中第 58 页右端第 4 段第 4 行。
③ 这里需要注意，同质品未必就是低质品。
④ 参见 Zhang Qi 论文中第 78 页左端第 2 段。
⑤ 参见 Zhang Qi 论文中第 70 页右端倒数第 2 段第 3 行。
⑥ 参见 Zhang Qi 论文中第 67 页左端倒数第 2 段倒数第 3 行。

（3）邱东.2021b. 基石还是累卵：经济统计学之于实证研究[M]. 北京：科学出版社.

（4）Deaton A，Schreyer P. 2021. GDP，Wellbeing，and Health：Thoughts on the 2017 Round of the International Comparison Program[C]. NBER Working Paper Series 28177.

（5）Honohan P. 2020. Using Purchasing Power Parities to Compare Countries：Strengths and Shortcomings[R]. The Peterson Institute for International Economics，policy brief（20-16）.

（6）Zhang Q.2017. The Balassa-Samuelson relationship：services，manufacturing and product quality[J].Journal of International Economics，106：55-82.

（7）邱东. 2020. 国际经济比较中的购买力平价与市场汇率之辩[J].中国统计，（4）：4-6.

（8）邱东. 2018. 国际比较项目基本类别 PPP 中隐含的"纯价比假设"及其经济意义[J]. 经济统计学（季刊），（2）：38-67.

ICP 中 PPP 汇总方法的谱系梳理：
比较机理与经济意义的追问

ICP 数据结果质量的基本要素包括：①经济理论和国际购买力比较方法论的内涵；②需要投入的基础数据；③PPP 汇总方法；④测算结果的表达。达成高质量的国际比较数据应该是一个动态过程。

尽管 50 多年来 ICP 的研究重心集中在 PPP 汇总方法上，但是这并不意味着在这个方面的研究就没有进一步深化、提升和拓展的空间了。笔者认为，从总体上看，业内对 PPP 汇总方法的研究过于技术化，对各方法的经济意义挖掘得不够，对其适用场合的分析不够，对方法所应该满足的"公理化性质"之间的关系也尚待进一步梳理，对诸 PPP 汇总方法之间的关系也应该进一步概括总结，总之，关于 PPP 汇总方法的一般化工作还大有文章可做。

本文包括以下八个部分：①国际比较的"公理化性质"和检验；②国际比较所涉及的一般计算问题；③PPP 汇总方法对基础数据的要求；④PPP 汇总方法的一般性概括；⑤GK 系方法；⑥GEKS 系方法（链式方法系）；⑦CPD 系方法；⑧其他 PPP 汇总方法。

本文对 PPP 汇总方法的分析采用文字叙述的方式，其原因在于："事理逻辑"与数理逻辑的非一致性，"事理逻辑"的对象是异质的，而数理逻辑的对象是同质的。应用数理公式往往需要放松分析对象的同质假定，需要从抽象空间"还原"到具象的现实空间，故而仅仅列示数理公式和数例是不够的，简单的经济含义解释也是不够的。算式无法表达其自身的经济内涵，也无法充分暴露其隐含的假设，这就需要文字或者图表作为智力工具。[①]

1 国际比较的"公理化性质"和检验

1.1 如何构建国际比较"公理化性质"体系？

ICP 对 PPP 汇总方法的"公理化性质"要求主要包括如下内容。

---

① 数字、文字和图表三种基本智力工具相辅相成，不应该偏废。已有文献公式和数字用得比较多，笔者补偏，就多用文字叙述。

（1）传递性（transitivity）。两个经济体之间的直接比较结果与它们经由第三经济体比较的间接对比结果相等。假设 A 与 C 两经济体、A 与 B 两经济体和 B 与 C 两经济体的 PPP 分别为 $PPP_{a/c}$、$PPP_{a/b}$、$PPP_{b/c}$，则传递性要求 $PPP_{a/c} = PPP_{a/b} \times PPP_{b/c}$。

（2）基国不变性（base country invariance）。选择某一货币或国家作为参照（基准）不影响其他国家的相对 PPP、价格水平指数和物量指数。

（3）可加性（additivity），即矩阵一致性（matrix consistency），该公理化性质要求，在所有层次上，经过 PPP 调整的支出数据仍能保证原始支出数据内部结构的一致性。假设在国民账户中支出项 A 下包含且仅包含两个基本分类 B 和 C，即 $E_a = E_b + E_c$，其 E 为各项的名义支出额，则可加性要求：$E_a/PPP_a = E_b/PPP_b + E_c/PPP_c$。

（4）特征性（characteristicity）。双边比较使用参比两经济体的价格和支出数据，可以较好地反映两经济体的经济特征。但在多边比较中，其他参比经济体的价格和支出数据也会影响 PPP 结果，国家的特征性可能受损。

就构建国际比较的"公理化性质"体系而言，需要深入思考以下问题。

第一，空间比较指数的"公理化性质"体系应该如何构建？现有的四大经济比较"公理化性质"（基国不变性、传递性、可加性和特征性）是否满足相容性和独立性的要求？除了这四大"公理化性质"，还应该关注哪些"公理化性质"？

第二，不应该仅仅对这些性质要求做平行叙述，还应该进一步阐述：①总量方法为什么需要这些性质？②诸"公理化性质"之间的（内部）相关关系，它们的相对重要性程度如何？它们之间是否存在矛盾之处？如果存在，在何种情形下分别应该以哪个性质为重？

国际比较的四大"公理化性质"应该处于不同层次。所有 PPP 汇总方法都满足基国不变性和传递性，但有的方法满足可加性，有的方法满足特征性。能否依此判断，基国不变性和传递性属于基础层次的国际比较"公理化性质"，而可加性和特征性则处于另外的层次？

第三，需要进一步解释"基国不变性"的法理性。如果强调 ICP 中的各经济体"同等对待原则"，就需要剖析：究竟为什么要同等对待？不管经济体大小，"一国一票"的规定似乎公平，然而社会现实中不同经济体的经济作用不同，怎样赋权才更符合经济现实？"基国不变性"与基国的价格、物量水平及其结构究竟存在什么样的关系？只有这些方面无关才应该具备"基国不变性"；若相关，则基国的选择可能很重要。此外，是否存在这样的关系：一致性导致传递性，进而导致"基国不变性"？

第四，特征性要求最小化其他经济体的影响，尽可能保持双边比较所得到的结果。但如果某一经济体就是受制于其他经济体，这种受制于人的地位正是该经济体的最大特征，在这种状态下，还应该最小化其他经济体的影响吗？

第五，PPP 汇总方法还需要满足其他"公理化性质"，如"稳健性"（robustness，也被译为鲁棒性），由于汇总过程中不可避免地会面临着数据缺口等原因，需要作为"公理化性质"加以补充。①再如，如何阐述"固定性"（fixity）处理的法理依据？一般而论，应该是经济学理论和购买力比较方法论对数学工具提出要求，而不应该反过来由分析工具对所使用对象提出要求，即由数学对经济学提出要求。如果从理论方法论与实践的多轮次作用过程来立论，那么就需要放在这个大背景下进行"公理化性质"要求的阐述。

第六，为什么有的 PPP 汇总方法只能满足部分"公理化性质"？能否依据"公理化性质"的满足程度给 PPP 汇总方法排序？PPP 总量方法需要满足不同性质，如可比性、特征性、互换基国不变性等，能否找出这些性质中最基本的三个或者两个，分别搞三维分析？查看不同的总量方法在这个三维图中的位置，从而判定不同 PPP 汇总方法的适用性或优良度。或者采用雷达图，把"公理化性质"的要求都放上去从而分析各 PPP 汇总方法的优良度。不过问题在于，我们真能量化"公理化性质"的满足程度吗？切实量化各性质的满足度，应该是采用雷达图的前提。

第七，各"公理化性质"与"总量方法的检验方法"之间是什么关系？笔者认为，二者不应该是并列关系。

1.2　不同 PPP 汇总方法的检验及其思考

时间指数方法的公理化性质和检验方法开发得比较早，而空间比较是从对时间比较指数方法的借鉴中成长起来的。迪沃特教授 1992 年在对时间指数的研究中，将对双边价格指数的检验扩展到 5 类共 21 个检验。②

多边空间比较指数的检验也由迪沃特教授在 1999 年系统提出，空间比较检验方法在 ICP 方法论手册中列示了 11 条③。与时间比较指数检验相比，有的相同或相对应，有的则不同。具体如下。

时间比较指数检验	空间比较指数检验
现期价格的比例性（T5）	比例价格检验（公理 3）
基期价格的反比例性（T6）	
现期数量比例变化的不变性（T7）	比例数量检验（公理 2）
基期数量比例变化的不变性（T8）	
商品互换检验（T9）	商品互换检验（公理 5）
同度量性检验（T10）	同度量性检验（公理 4）

---

① 在北京的一次小规模座谈会上，世界银行 ICP 专家尤里（Yuri Dikhanov）先生从数据缺口（data gaps）角度特别强调了稳健性的要求。

② 徐强. 2011.基于指数的宏观经济价格与物量测度论[M]. 北京：中国财政经济出版社：44-47 页. 此处各检验的编号均来自该书的表 2-5.

③ World Bank. 2013. Measuring the Real Size of the World Economy：the Framework，Methodology，and Results of the International Comparison Program——ICP[M]. Washington，DC：World Bank：128-129.

时间互换检验（T11）　　　　　　国家互换检验（公理 6）

现期数量的单调性（T19）　　　　数量单调性检验（公理 9）

基期数量的单调性（T20）

在空间比较指数检验方法的研究中也需要深入进行对比思考。

第一，为什么世界银行 ICP 方法论手册中仅列示 11 条，而不是迪沃特论文中的 13 条？没纳入的那两条不重要吗？还是对空间比较不适用？空间比较指数方法检验体系的完备性究竟如何？还有，这 11 条检验之间的关系如何？如何从经济意义上解读这 11 条检验？

第二，时间比较指数的检验哪些适用于空间比较指数检验？对"借用"的检验有无"校正"，具体而言，对哪个公理化性质按照空间比较的要求进行了校正？空间比较检验如何保持其本来应该具有的经济意义？

第三，空间比较有没有独立创新的检验？检验 1、检验 7、检验 8、检验 10、检验 11 是否从空间比较的视角专门建立？如果答案是肯定的，那么创建人和创建时间如何？其比较机理如何？

第四，时间比较指数检验方法在国际比较中是否全部可以借用？在时间比较指数中，还有基本检验（T1 正性、T2 连续性、T3 恒等性、T4 固定篮子检验）、T12 数量互换检验和 T13 价格互换检验、平均值检验（T14 价格的平均值检验、T15 数量的平均值检验、T16 派氏和拉氏边界检验）、T17 现期价格的单调性检验和 T18 基期价格的单调性检验、T21 因子互换检验，这 12 种检验没有列入国际比较检验。对这些尚未借用的"公理化性质"而言，究竟是不该借用，还是时机尚不成熟？

第五，四大"公理化性质"与 11 条检验之间的关系究竟如何？基国不变性与检验 6"国家逆检验"（country reversal tests）相对应，可加性与检验 11 可加性检验相对应，那么其他两条呢，是否也存在相对应的检验？

笔者认为，在确定各经济比较检验时，应当以经济意义优先，检验算式表达只是经济意义的数学实现，这种摆位或许更为合适。阐述的顺序应该是检验的经济意义在先，检验算式不应该凭空而生，而应该服务于 PPP 方法比较公理的确认。所以，不宜先列出检验算式，再加以经济意义解释。

2　国际比较所涉及的一般计算问题

2.1　平均法优劣能否事先确定？

我们应该深入挖掘数据分布与平均法、权数选择的关系。什么样的分布要求什么样的平均法和权数？它们之间存在组合关系吗？

比较实践应用较多的是算术平均法、几何平均法与调和平均法。应用时应重点考虑的是：不同的平均方法，所针对的基础数据类型是什么？这是在选择平均方法时需要考虑的。

由于不同平均方法针对着不同分布类型的基础数据，各有其适用的场合，所以需要进一步考虑的是，我们能否事先就确定一个优先选用标准，究竟能否在用平均法构造 PPP 总量方法时就论定：算术平均一定优于几何平均，或者相反；算术平均一定优于调和平均，或者相反；调和平均一定优于几何平均，或者相反。

在 PPP 总量方法中，需要选择基本指数作为比较基础。基本指数可以用"杰文斯指数"计算，也可以用"拉氏指数"和"派氏指数"的再平均而成，这就存在"杰文斯指数"系列与"先算均再几均路径"的选择，就"拉氏指数"和"派氏指数"再平均而言，也需要在"费希尔指数"与"唐克维斯特指数"之间进行选择，哪个更优，是否可以得出一般性的结论，也还是个问题。

2.2　实证未必确证

用实际数据探讨不同方法间的关系，或加权与否的效果，并不能证实得出所谓"等效"的一般性结论。因为试算只能基于特定时间和空间的基础数据，在那种特定情形下能够成立的结论在其他时间和空间未必成立。如果将试算结果作为依据，实际上就隐含了假定：基于所用基础数据及其结构关系是恒定的，不会随着时间和空间的变化而变化。

例如，在 ICP 中"重要性权数"的确定，加权与否仅仅看试算结果，如果差异不大，就放弃加权。这个路径隐含着问题，因为所测试的只能是特殊情况下的基础数据，一次或数次测试只能涉及非常小的"样本"，并不能得出加权与否"等效"的一般性结论。通过试算来确定加权与否，测度的基础逻辑上有问题，属于"局部经验推断"的重大缺陷，在科学哲学上早已被证明存在偏误风险。

还有，建立回归模型时为什么要取对数？又为什么可以取对数？对数处理之后固然可以再进行"还原"处理，然而所谓"还原"究竟针对什么而言？如果说总量可"还原"，那么"结构"呢，能够"还原"吗？采用对数处理，本身就意味着数据内部结构的调整。或许，对数处理有利于减弱"数量级"差异的影响，但其代价是数据内部结构的变化，不可不察。

3 PPP 汇总方法对基础数据的要求

3.1 ICP 对数据的性质要求[①]

ICP 对数据的性质要求主要包括：①一致性（consistency）；②可比性（comparability），要求不同国家所采价的支出项目在质量、规格等特征上相同，从而具备可比性；③代表性（representativity），要求对住户经常购买的商品和服务进行采价，以如实反映其支出特征及其结构；④等代表性（equi-representativity）；⑤比较单位无关性（commensurability）。

3.2 构建数据基础需要进一步思考的问题

第一，可比性是第一位的，但是在相对于代表性的权衡（tradeoff）中，究竟可以牺牲多大程度的可比性？EU-OECD 国际比较手册[②]认定，比较方法可以同时满足可比性和代表性要求，究竟如何做到这一点？因为二者不仅存在不一致倾向，而且可能是反向的作用。

在一定的条件下，可比性越好，代表性越差，反之亦然。只能在二者间，或按照比较目标的要求去平衡。问题是：某个方法在这个平衡中的位置究竟如何？是偏于可比性，还是偏于代表性？偏了多少？为什么该方法是比较好的？

第二，本文第 1 节论述了 ICP 对总量方法的"公理化性质"要求，这里又列示了 ICP 对数据的性质要求，这两类性质间的关系（优先性等）如何？能否概括地认为，对总量方法的"公理化性质"要求是形式化要求，而对数据的性质要求则是内涵性要求？两类性质之间的制约机制如何？

第三，EU-OECD 国际比较手册提出了代表性产品与非代表性产品法确权方法，恐怕存在武断性。就二者的权数比例而言，代表性产品权数为 2 或 3，非代表性产品权数为 1，这种统一安排对数据结果的影响如何？可知与否？其中隐含的假设应该是：代表品与非代表品的价格差异结构在所有国家和基本类别中相同，这种假设对数据结果的影响究竟如何？

---

① 需要深入思考：或许是对整个过程的要求？不仅仅针对数据？

② European Union，OECD. 2012. Eurostat-OECD Methodological Manual on Purchasing Power Parities[M]. Luxembourg：Publications Office of the European Union.

第四，ICP 方法如何保障"等代表性"的机制？只要每一组有一个以上的代表性产品，各国皆此。所有方法都能保障这一点吗？这是计算完全比价矩阵的最低要求，还是保障等代表性的要求？

第五，如何确定代表性产品的合适数目？（未必国家间代表性产品数目相同）何为"合适"？由于操作性和可控性，产品单子不宜过长，但究竟多长合适？如何确定？

第六，用"重要性"替代"代表性"，能否起到应该起的作用？在多大程度上起作用？ICP 手册应该做出说明。

3.3　数据基础与 PPP 估算的两层次划分

ICP 在 PPP 估算上划分了两个基本层次："基本类别"与"基本类别以上"。不同总量方法对基础数据的要求不同，所以搭建相应的平台，使得 PPP 总量方法在比较合宜的数据基础上估算，以提高 PPP 结果的可靠性。

ICP 中 PPP 汇总方法对基础数据质量比较敏感，需要思考：更为精确的方法是否往往需要更高质量的数据？

3.4　ICP 验证核实方法可能存在的局限

这种方法先要确定一个数据"可接受区间"，其反面就是"奇异值区间"。对超出这个区间的数据进行检验，如果现实状况为常规，但初始记录却为超出区间的"极值"，则需要进行修正。处理方法只对因测度操作引起的"极值"有校正作用。

但在 ICP 操作中还可能出现其他"数据状况"，"极值"未必与"奇异值"完全对应，前者是客观存在的，后者则是项目所认定的。我们考虑以下两种数据状况。

第一种数据状况是现实经济状况为"极值"，但采价时却被记录为区间内的"常规值"。这种数据登录误差与所使用的检验方法正好方向相反，恐怕是该方法所不能发现的，即"含极值的价格并非为错误价格"[1]，此时我们不能认定市场实践错了，这是由我们未发现（忽略）的因素引起的价格"极值"，不该对之否认。我们比较的正是不同经济体之间的价格差异，对大的价格差异却倾向于不认账，检验方法做隐含的思路是否需要检讨？

第二种数据状况是现实价格靠近"可接受区间"的下限却被记录为靠近上限，

---

① World Bank. 2013. Measuring the Real Size of the World Economy: the Framework, Methodology, and Results of the International Comparison Program——ICP [M]. Washington, DC: World Bank: 247.

或者相反。对这种处于"可接受区间"内的数据记录误差又如何去发现？我们可以忽略之？接近平均值的价格数据也可能有误差，却无法发现，实际上是假定这种误差可以忽略。对我们自己"主观"设定的"可接受区间"内的可能误差选择忽略，未必科学。只有价格数据"可接受区间"幅度非常小，这种误差才比较小，假设才可能成立，但如果这种小误差被逐层放大，则最后的数据结果就会隐含偏误风险。

此外，不同地区的"奇异值区间"是否应该相同？如若应该不同，则全球采用统一标准就会隐含测度缺陷。

4　PPP 汇总方法的一般性概括

4.1　PPP 汇总方法的谱系分析

PPP 汇总方法主要有加权平均法（GK、GEKS）和回归法（CPD）等，还包括以下不同的变种。

GK 系：GK、IDB（Iklé Dikhanov Balk）、Gerardi 法、KS-S（单纯型 Kurabayashi Sakuma 法）、等权 GK 法、SRK（Kurabayashi Rao Sakuma）法、MPCP（maximal possible characteristic price）法、SS（standard structure）法、MBC（maximal bilateral characteristic）法。

GEKS 系：GEKS、GEKS-S（改进的 GEKS 法）、GEKS*。

CPD 系：CPD、CPRD（country product representativity dummy）、WCPD（weighted country product dummy）、空间 CPD 法。

此外还有经济指数法（GAIA 法，即 Geary-Allen international accounts method）和链式方法：MST（minimum-spanning trees）法、MD（minimum distance）法或 SP（shortest past spanning tree）法等。

尽管业内研究的重心在于 PPP 汇总方法，但一般性概括的工作还需要深化、提升和拓展。应该为 PPP 汇总方法梳理出概念框架（conceptual framework），因为模型不能自我解读。每种方法都应该列示出若干条基本原理，以便各种用户较为系统地把握其内涵，增强对 ICP 数据结果的信心，比较原理应该能让业外人士也容易理解。

不同谱系的 PPP 汇总方法为什么功效相同——都能计算出基本类别及其以上层级（总量意义上）的 PPP？不同方法之间的算法是否等价？"算法等价"的机理究竟是什么？其计算性质究竟应该如何概括？其共性究竟是什么？PPP 汇总方法的本质是什么？对不同谱系 PPP 汇总方法的相同性和不同性如何系统地总结概

括？能否系统地将 PPP 汇总方法与国际比较逻辑的关系做出一般性的说明？对每一个总量方法都应该做一个说明，阐述其从"一般概括"到具体方法的比较逻辑发展，其共性、异性、优点、缺陷、适用性等。

还应该梳理 PPP 汇总方法的演变及其原因。就 PPP 汇总方法每个谱系的改进而言，需要回答以下基本问题：为什么要改进？改进了什么？改进的收益如何？显在和隐含的成本代价如何？再改进的前景如何？

PPP 汇总方法是否具备这样的功能：使得基本类别 PPP 汇总所隐含的"纯价比假设"和"等价比假设"更符合现实的国际购买力关系？是否具备使得"年国家平均价格"更具代表性的功能？如果确实具备，其作用机制如何？如果确实具备，是否可以抵消假设所带来的全部负面效应？或者，是否能使假设的负面效应降低到比较结果可以被接受的程度？

4.2　梳理 ICP 中 PPP 汇总方法演变及其原因

这里有以下问题值得注意。

第一，为什么 2005 年采用"桥国比较法"，2011 年弃用，主要原因是什么？经历了重大方法路径的变化，2005 基年与 2011 基年的结果是否可比？

第二，为什么"非匹配品"加权处理效果在欧盟外的区域不明显？此时匹配品的权数实质上处于什么地位？权数三级处理够不够？为什么是三级而非五级？

第三，从指数的方法论角度看，超级（superlative）指数为什么总能得出对生活费用指数的最佳估计？方法优越为什么可以得到理论性质上的保证？究竟是如何得到的？难道是如同牛顿万有引力一般的作用机制？

笔者认为，所有空间价格比率都是名义值，其中总包含着质量因素，会影响"真实"价格比率的大小。在 PPP 估算中，总会有部分特征因素无法纳入，但这里应该区分两种情况：有的是因为其小而忽略，有的则可能因为其不可测度而被迫放弃，后一类因素的数值不确定，未必就小到可以忽略的程度，对这部分无法测度因素的忽略，势必会影响到我们估算的价格比率远离其真实值。需要深入思考的是，PPP 总量方法如何解决这一问题。

第四，"理想指数"可以限制双边比较中权重较大者的影响，然而究竟能够限制多少？如果说"理想指数"在所有限制中最"保险"，是否因为采用了平均方法处理？如何平均可否选择？何种平均适用面最广？

第五，贫困测度受制于价格水平的测度，只考虑收入方，不考虑支出方不成。而支出多少受价格测度影响，若价格中隐含着质量因素，则"性价比"应该是一个更为合适的概念，但如何测度则更成问题，两个不确定因素的比率，其不确定性可能更大。

5　GK 系方法

5.1　GK 法比较原理

GK 法比较原理可以从以下五个方面梳理和挖掘。

第一，GK 方法是一种采用联立方程组求解 PPP 的方法。其比较原理在于同时兼顾两个方面：一方面，如果知道了某商品的"世界平均价格"，根据各国按其本币计价的该商品价格与"世界平均价格"的比率，以该国该商品的支出量作为同度量因素和权数，就可以确定该国货币的相对购买力（PPP）；而另一方面，如果各国某商品按本币计价的价格都按该国的货币购买力调整，以该国该商品的支出量份额作为权数，就可以确定该商品的"世界平均价格"。

在所定义的国际经济关系中，所谓"联立"表现在两个方程式中，"世界平均价格"是 PPP 方程式中的一个构成因素，PPP 又同时是"世界平均价格"方程式中的一个构成因素，这两个变量互为因果。求解这个联立方法组，就可以达到国际购买力比较的要求。

第二，GK 法的数据基础和适用场合。

第三，从公理化性质看 GK 法。

GK 法满足基国不变性、传递性和可加性，但不满足特征性。满足可加性，使其可用于实际经济结构分析。

第四，GK 法的优点和缺点。

GK 法的优点在于：其比较方法的经济意义明确；充分利用了各国的价格和支出量两类基础数据。

通常认为[①]，GK 法的缺陷在于其存在"格申克隆效应"（Gershenkron effect）：由于 GK 法中的"世界平均价格"是一个以商品支出量为权数的加权平均数，所以国家大小、经济发达程度高低对价格平均数形成有重要影响，经济大国的价格结构往往对世界平均价格起着支配作用。从而 GK 法的数据结果往往会低估"经济小国"的价格水平，即高估其物量水平；而高估经济大国的价格水平，即低估其物量水平。

第五，不同 GK 方法间的关系梳理。

---

① 将 GK 法受格申克隆效应影响视为缺陷，已经广为接受。但笔者认为，这个命题还有值得深思之处。笔者的质疑将在《PPP 总量方法的五点质疑》中展开。

5.2　GK 法的改进形成 GK 系方法

从计算性质看，PPP 无非是[①]价格比率的加权平均，所以对 PPP 总量方法的改进也主要基于两条途径：如何加权和如何平均。

（1）IDB 法。Iklé[②]提出该方法的思想，Dikhanov[③]将之公式化，Balk[④]证明了其解的存在，故称之为 IDB 法。IDB 法改变了指数形式。采用了加权调和平均方法。用支出份额替代消费量做权重。以克服 GK 法的"格申克隆效应"。

（2）RS 法。Rao[⑤]提出多边比较的体系。Rao system for multilateral comparison，简称 RS 法。由 GK 法的加权算术平均变为加权几何平均。指数采用 Törnqvist 指数形式。

（3）HR 法采用支出份额权重替代支出量权重，降低了国际平均价格向经济大国偏移的可能性。

（4）GGK 法。Cuthbert[⑥]提出可加性条件和广义 GK 法。

（5）KS-S 法。Kurabayashi 和 Sakuma[⑦]提出了 KS-S 法，Sakuma 等[⑧]又发展了该方法，Balk[⑨]称之为"SRK 方法"，都是 GK 系方法的变种。

---

① 笔者将 CPD 法视为价格比率加权平均处理的等价算法。参见笔者《国际比较项目基本类别 PPP 中隐含的"纯价比假设"及其经济意义》，刊于《经济统计学（季刊）》2018 年第 2 期。

② Iklé D M. 1972. A new approach to the index number problem[J]. The Quarterly Journal of Economics，86（2）：188-211.

③ Dikhanov Y. 1994. The Sensitivity of PPP-Based Income Estimates to Choice of Aggregation Procedures[C]. A Paper Presented at 23rd General Conference of the International Association for Research in Income and Wealth，St. Andrews，Canada，21-27，August 1994，Washington，DC：World Bank.

④ Balk B M. 1996. A comparison of ten methods for multilateral international price and volume comparison[J]. Journal of Official Statistics，12（2）：199-222.

⑤ Rao D S P. 1990. A system of log-change index numbers for multilateral comparisons[M]//Carrillo J S，Rao D S P.Comparisons of Prices and Real Products in Latin America. Amsterdam：North-Holland.

⑥ Cuthbert J R. 1999. Categorisation of Additive Purchasing Power Parities[J]. Review of Income and Wealth，45（2）：235-249.

⑦ Kurabayashi Y，Sakuma I. 1981. An Alternative Method of Multilateral Comparisons of Real Product Constrained with Matrix Consistency[C]. Paper Presented at the 17th General Conference of the IARIW，Gouvieux，France.

⑧ Sakuma I，Rao D S P，Kurabayashi Y. 2000. Additivity，Matrix Consistency and a New Method for International Comparisons of Real Income and Purchasing Power Parities[C]. Paper Prepared for the 26th General Conference of The International Association for Research in Income and Wealth，Poland，Cracow.

⑨ Balk B M. 2008. Price and Quantity Index Numbers：Models for Measuring Aggregate Change and Difference[M]. New York：Cambridge University Press.

（6）MPCP 法。Sergeev[1]提出"最大化可能特征性价格法"（method of maximal possible characteristic price），简称 MPCP 法。

（7）SS 法。Sergeev[1]提出"标准化结构法"（method of standard structure），简称 SS 法。

（8）MBC 法。谢长博士 2017 年提出"最大化双边特征法"（maximal bilateral characteristic），简称 MBC 法。[2]

5.3   GK 法需要进一步思考的问题

（1）Walsh 法在理论概念上是否占优？如果确实占优，那么 Walsh 法不被用作主流方法的原因是什么？一种解释是：其"基础数据的可获得性"差，不具备可操作性，ICP 不得不向经济现实妥协。

（2）IDB 法所谓"等权形式"，应该从什么角度去认知，商品还是国家？[3]用价值份额加权为什么还说是等权？进而，PPP 总量方法计算中是否存在两种权？

上面我们对 GK 系方法做了一个梳理，为了得到一个整体的把握，下面给出 GK 系方法发展线路图，GK 系方法发展线路如图 1 所示。

（3）GGK 法对于原始 GK 法和 IDB 法可以给出作为其特例的说明，那么对于 GK 系的其他方法呢？也能找到其 β 的特定值吗？[4]

（4）KS-S 法"被加权的对象是一个比较特殊形式的国内相对价格 $P/\sum P$"[5]，问题在于：$\sum P$ 可以存着吗？即各项目的价格可以直接加总吗？本来价格（price）与物量（volume）相对，应该不能独立加总。

（5）GK 法的问题未必在于方法"不民主"，恰恰相反，正在于用强国结构代替弱国结构。光是采用所谓"民主化方法"还不能解决测度反映实际的问题。究竟如何反映强国作为"价格决定者"、弱国作为"价格接受者"的残酷经济现实，如何反映全球价值链中不同经济体之间实际存在的不平等定价关系，应该是国际比较中的一个严肃的学术和实践问题。

---

① Sergeev S. 2009. Aggregation methods based on structural international prices[M]//Rao D S P .Purchasing Power Parities of Currencies：Recent Advances in Methods and Applications. Cheltenham：Edward Elgar.

② 谢长. 2021. 多边价格指数汇总方法的改进研究[M]. 北京：科学出版社：121-125.

③ 谢长. 2021. 多边价格指数汇总方法的改进研究[M]. 北京：科学出版社：94.

④ 谢长. 2021. 多边价格指数汇总方法的改进研究[M]. 北京：科学出版社：95.

⑤ 谢长. 2021. 多边价格指数汇总方法的改进研究[M]. 北京：科学出版社：97.

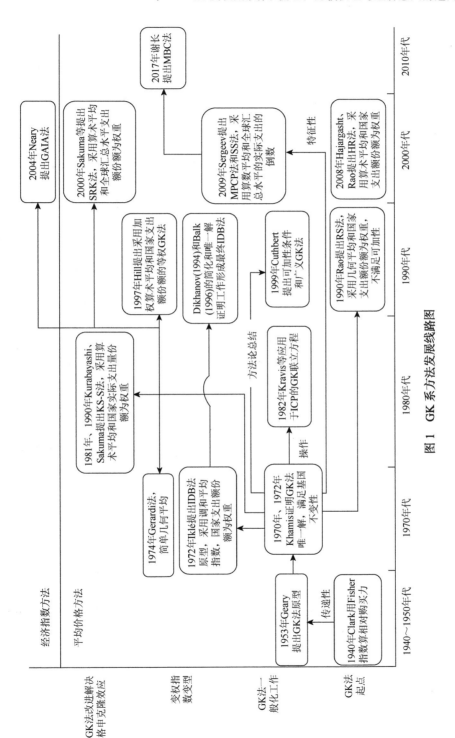

图 1 GK 系方法发展线路图

6　GEKS 系方法（链式方法系）

6.1　GEKS 比较原理①

第一，GEKS 法是在双边比较基础上进行多边比较的方法。从计算角度看，GEKS 方法就是对双边比较结果再求平均。

第二，其基本步骤是，先进行双边比较，分别以基本类别数量为权数计算"拉氏价格指数"和"派氏价格指数"，再用"费希尔理想指数"（F）对两个算术平均数做几何平均，这里所平均的是价格比率②，也就是基本类别的双边 PPP。这样就得到了多边比较的价格比率矩阵（F），不过，它尚不满足国际比较的传递性要求。

第三，GEKS 法的核心思想在于对基于基本指数构建的双边比较（价格比率）矩阵 F 进行转换，得出新的 PPP 矩阵。新矩阵的各元素既要满足传递性要求，又要在总体上尽可能小地偏离双边比较结果 F。

GEKS 法设置了一个最小化离差平方和的目标函数,该函数的约束条件满足可传递性。D. S. Prasada Rao 教授给出了该函数方程的简化形式,采用常规最小平方方法求解该最优化问题，可以实现：具备可传递性的多边比较 PPP,同时让该平均值与各双边比较值的离差尽可能小。

第四，采用 GEKS 方法的主要理由是它最大限度地保留了参比国的产品特征性。③GEKS 方法在计算 PPP 总量时，利用了所有参与国双边比较的基本指数。同时，GEKS 法赋予每个国家相同的权重。

第五，所谓 GEKS 法满足特征性是相对的，相对其他 PPP 总量方法而言，GEKS 法满足特征性的程度最高，但并不是 GEKS 法完全保留了特征性。要得到具备双边比较矩阵内部一致性（矩阵元素间的传递性即意味着矩阵的内部一致性）的结果，就需要付出代价，就得偏离原来的 F 矩阵。方法设计要求是这种偏离尽可能小，偏离小也就意味着较大程度地保留了各参比国的产品特征性。

第六，GEKS 法所获得的实际支出数据无法保证总量水平与各个分量水平的内在一致性，即该方法不具备可加性，无法进行实际支出结构的国际比较。

---

① GEKS 法原来被称为 EKS 法，L.Drechsler 是 EKS 法的命名者，1973 年他推介了匈牙利统计学家 O.Eleto 和 P.Koves 以及波兰统计学家 B.Szulc 分别于 1964 年发表的方法贡献，然而，他忽略了 C.Gini 早年对此方法的思想贡献。那么，是谁首次在什么时间提议将此方法改名，以强调 Gini 于 1931 年的原创思想呢？应该明确之。

② 从算式上看，GK 法所平均的是价格水平。明确这一点对认识 PPP 总量方法中的权数很有意义。

③ 王岩. 2021. 中国经济实际规模测算研究[M]. 北京：科学出版社：38.

6.2　运用 GEKS 法需要深思的问题

首先需要深入考虑的问题是，如何定义与双边比较矩阵的离差？不同定义会有不同方法，现在的定义是否最优？如何表现这种要求的达成程度？

通常认为，GEKS 法在很大程度上解决了 GK 方法仅使用世界平均价格对支出进行加权的弊端，避免了 GK 方法所存在的替代偏差[①]，从而在很大程度上避免了"格申克隆效应"的影响。如前所述，究竟应该如何看待"格申克隆效应"？

其次需要深入思考的问题是：这种保留在参比国之间是平等的吗？采用几何加权方法就绝对保证了这一点？如果采用其他方法，那么哪一类国家保留得多些？即更多地保留了谁的特征性？

相对于其他地区国家而言，欧盟各国的经济结构同质性强，即经济具备较大程度的同构性，各参比国的产品特征性弱。如此说来，欧盟各国对保留产品特征性的需求不如其他国家强烈、迫切，为什么反倒是欧盟率先采用 GEKS 方法？

最后需要考虑的是，世界平均价格究竟如何形成？它与双边比较结果再平均（GEKS 方法）的内在关系如何？二者的路径不同，GK 方法对价格数据是先平均再比较，GEKS 方法则是先比较价格再加以平均，两种方法都进行了比较处理和平均处理，区别是不是在于处理顺序上的差异？

6.3　GEKS 法的改进及其思考

GEKS 法的改进主要有三种：GEKS*法、GEKS-S 法、加权 GEKS 法。

Sergeev 先生[②]指出，在使用 GEKS*方法时，如果一个国家的代表性商品数量众多，而另外一个国家的代表性商品较少，则对于代表性商品较多的国家来说，"费歇尔–杰文斯指数"会产生较为严重的向下偏倚，也即低估代表性商品较多的国家的价格水平。[③]

那么接下来的问题是，对于代表性商品较少的国家呢，是不是可以推出向上偏倚的结论，是不是高估了该类国家的价格水平？

加权 GEKS 方法中赋权的考虑，不仅应该从数据可靠性角度来确定权数，还应该从比较对象在经济现实中的作用大小来确定权数。首先，后者如何选取相应

① 王岩. 2021. 中国经济实际规模测算研究[M]. 北京：科学出版社：38-39.

② Sergeev S. 2003. Recent methodological issues：equi-representativety and some modifications of the EKS method at the basic heading level. Journal of Econometrics，54（1-3）：335-346.

③ 王岩. 2021. 中国经济实际规模测算研究[M]. 北京：科学出版社：58.

的方法？其次，两种赋权思想如何结合在一起确定赋权方法？如何实现更多维度的赋权考虑，又如何处置？

在采用数据可靠性赋权时，还存在一个问题：可靠性的度量并没有一个统一的标准，可以从多个角度对其进行衡量，如 Hill[1]教授提出的距离函数方法，Selvanathan 和 Rao[2]教授提出的经济距离方法，Kravis 教授等[3]提出的价格结构相似度方法。[4]那么，究竟如何确定所应该采用的可靠性测度方法？存在最优选择吗？

7　CPD 系方法

7.1　CPD 法的比较机理

（1）模型的缘起。设计 CPD 的动因本来是为了解决"不完全价格比率矩阵"对 PPP 估算的制约问题，如果某支出项在经济体 A 为采价品，但在经济体 B 为非采价品，或者甚至根本不存在，则价格比率缺失。CPD 法需要人为地估计出其价格比率，将"不完全价格比率矩阵"调整为"完全价格比率矩阵"。

需要注意两点：第一，这种比率补充存在最低门槛，如果这个价格比率矩阵的因子缺失到一定程度，则难以估算 PPP；第二，人为地为本不存在的价格比率赋值，或可能使得估计总体上失去应有的经济意义。

（2）模型的基本假设。CPD 法是一种基于"特征因素"（英文表述为 hedonic）质量调整思想的回归方法，它的基本假设是：两个经济体任意商品的价格比率都围绕该商品所在基本类别的双边 PPP 波动，即价格比率，有且仅有一个系统影响因素——其所在基本类别的双边 PPP，余者皆为随机因素。

需要注意的是，在基本类别之内，由于商品分类层级比较低，详细程度高，在分类正确的前提下，这个假设可能会贴近经济现实，因而可以被接受。但如果超出基本类别，恐怕得另当别论。

如果对计算价比做一个统一和动态的理解，是不是一个向真值回归的过程？以匹配项目的价比关系为锚，加入或人为设定非匹配项目的相关信息，即补充有

① Hill R J. 1999. Comparing price levels across countries using minimum-spanning trees[J]. The Review of Economics and Statistics，81（1）：135-142.

② Selvanathan E A，Rao D S P. 1992. An econometric approach to the construction of generalized theil-tornqvist indices for multilateral comparisons [J]. Journal of Econometrics，54（1-3）：335-346.

③ Kravis I B，Heston A W，Summers R. 1982. World Product and Income：International Comparisons of Real Gross Product[M]. Baltimore：Johns Hopkins University Press.

④ 王岩. 2021. 中国经济实际规模测算研究[M]. 北京：科学出版社：57.

关结构差异和宏观差异的信息，得到修正后的匹配价比，是否内在地存在这样一个过程？这个过程是否要求产品序列的连续性？而不能是非离散的？或者，至少是高密度离散？

（3）理论模型转为可计算模型。Rao 教授等 ICP 专家根据"一价定律"将 CPD 法的基本原理转换为估算 PPP 的模型——各国的货币购买力等于各国的价格水平与世界平均价格的比率。[①]

（4）模型性质。"从 CPD 模型的计量含义理解，CPD 模型实则就是一个简单的固定效应模型，PPP 估计反映的是国家效应，而商品的国际价格反映的是商品效应。"[②]

（5）模型与国际比较的"公理化性质"。CPD 法满足基国不变性和传递性，是一个扩展的桥国法，隐含的假定是任意国家都可以是"桥国"。CPD 法也是一种按照可传递性要求逆向倒推[①]的多边汇总方法。

（6）基础价格信息利用效率高。CPD 法估算时利用了单边消费产品的价格信息，模型同时生成了单边消费产品对比方的"价格信息"及其相关的价格比率。通常认为，CPD 法与 GEKS 法相比的突出优势在于：估计时利用了所有可用的基础价格信息，其估计效率应该更高。这样 CPD 法可以用于基本类别层次的 PPP 估计，为汇总层次的 PPP 估算奠定了数据基础。

（7）模型的可拓展性。CPD 法的基本模型考虑两个特征因素：产品和国家，所以才称为"国家产品虚拟法"。但是价格的特征回归模型可以进一步拓展，即还可以添加虚拟因子。比如 CPRD 法，1988 年 J. Cuthbert 和 M. Cuthbert 将规格品的"代表性 R"作为影响价格的第三个特征引入 CPD 模型。

（8）模型隐含的系列假定。王磊博士指出，"随机法的演进路径则可概括为沿着放松假设的方向前进"[③]。比如，"CPRD 放松了传统 CPD 法隐含的相对价格模式相同（产品间相对价格在所有地区相同且地区间相对价格在所有产品上相同）的假设"[①]。又如，"加权 CPD 法放松了传统 CPD 法隐含的每个平均价格重要性相同的假设"[①]。再如，"空间 CPD 法放松了 CPD 法在回归估计时隐含的随机扰动项相互独立的假设"[①]。

7.2　CPD 系方法需要进一步思考的方法论问题

对 CPD 法，还有如下的方法论问题需要进一步思考。

---

①　黄雪成. 2018. 购买力平价（PPP）汇总方法稳定性测度研究[D]. 东北财经大学博士学位论文：28.

②　谢长. 2021. 多边价格指数汇总方法的改进研究[M]. 北京：科学出版社：45.

③　王磊. 2012. 购买力平价（PPP）测算方法研究述评与展望[J]. 统计研究，（6）：106-112。该文对 PPP 总量方法的评论是颇有深度的，值得关注。

第一，CPD 原型公式中的双因素假设。

在 ICP 所使用的 CPD 公式中，通常都会注明一种假设：随机扰动项呈均值为 0、方差为 δ 的对数正态分布。笔者认为还需要一个假设：国家 PPP 和商品的"世界平均价格"包含了全部系统性因素——价格的特征因素，且二者独立，不存在交互作用。这样，才能进行对数变换，或交互项的取值为 0，从而得到现在的估算式。然而，后一假设在 CPD 法的阐述中并没有得到明确而深入的讨论。试想，如果这一假设与经济现实相差过大，对 PPP 估算结果的影响将会如何？恐怕还需要进一步思考。

第二，CPD 法与"一价定律"。

按照 Parasada Rao 教授的说法，CPD 法与"一价定律"（the law of one price，LOOP）[1]高度一致，在什么意义上得出此结论，回归的视角还是平均的视角？无论如何，"一价定律"为 CPD 法提供了回归之锚。

然而值得注意的是，ICP 的创始人之一赫斯顿教授并不那么认可"一价定律"[2]，两位 ICP 资深专家的见解是否存在不同？如果不同，究竟应该如何协调其对 CPD 法的意义解读？这是否意味着 CPD 方法尚值得深思？如果"一价定律"仅是一种抽象概括，那么将 CPD 法视为"一价定律"的表现，是否意味着 CPD 法存在脱离经济现实的问题呢？二者关系涉及 CPD 法的法理依据究竟如何？还有学者提出，特征因子法（the hedonic method）、CPD 和"一价定律"三者相通，需要展开加以说明。

第三，CPD 法的信息利用问题——"不及"与"过"。

能够比较充分地利用基础数据固然值得赞赏，但是否可能存在"过度测度"的风险，与数据不足同样，造成另一个方向的偏误？

在"不完全价格比率矩阵"中，所谓缺失的价格比率有两种情况：一种是经济现实中比较另一方存在着该交易，但没有采集其价格信息，所以没有价格比率；另一种则是经济现实中比较另一方并不存在该种交易，即比较双方只有单边消费了该种商品，从而对比方也就没有该种商品的价格。既然没有价格，比价就无从谈起，表现在价格比率矩阵中为缺失项。CPD 法没有区分这两种本质不同的缺失。

在 CPD 法中，对前一种价格比率的缺失可以估计，而对后一种缺失的补足实际上是人为赋值，属于无中生有。GEKS 方法的问题是价格比率信息利用的不足，

---

① World Bank. 2013. Measuring the Real Size of the World Economy：the Framework，Methodology，and Results of the International Comparison Program——ICP [M]. Washington，DC：World Bank：106. 当然，一价定律需要先从"物理同一性"确定不同空间的同一产品，然后才能讨论其价格是否同一。

② Heston A. 2004. The Flaw of One Price：Some Implications for MER-PPP Discussions[C].The PPP vs MER Workshop，Hartley Conference Center Stanford University，February 19-20. 笔者则认为这个定律应该被称为"趋一价定律"，因为它应该是一个动态过程。

单边价格信息无法纳入模型，而 CPD 法则尽可能地利用全部价格信息，但同时就意味着：人为生成了一些经济现实中并不存在的价格，并用来生成并不存在的价格比率。所谓"完全价格比率矩阵"很可能上是对经济现实的过度描述，会不会产生过犹不及的效果？至少在阐述 CPD 法估算机理时需要说明，无视两种价格比率缺失的差异，做同样的处理，并不影响对 PPP 的估计。

第四，CPD 法增加特征因素引发的疑虑。

采用 CPRD 法的试算结果并不理想，主要原因有两个：一是代表性的定义模糊性、争议性和主观性；二是对参数的赋值也带有主观性。采用产品的"重要性"替代"代表性"概念，是否可以解决这两个问题？在多大程度上能够解决这两个问题？

应该意识到，各国在确定代表性商品时所谓的随意性，实际上很可能是对各国经济特征的自我认知和坚持，客观上反映了特征性与可比性之间的内在矛盾，国际比较的"公理化性质"之间存在着非一致性。除了基国不变性和传递性之外，CPD 方法在满足其他比较公理上应该如何加以评价？

更值得注意的是，因素拓展模型在一定意义上对 CPD 法原型实质上可能是一种否定，从而我们需要进一步做如下思考。

（1）国家因素（C）、产品因素（P）和代表性因素（R）是否代表了产品价格的全部特征影响因素？更一般地，究竟应该有多少个价格特征影响因素？还有没有人们尚未意识到的重要因素？即 CPD 法的可扩展性究竟如何？

（2）代表性因素（R）是否完全从产品因素（P）中析出？如果这样，（P/R）即产品因素（P）析出代表性因素（R）后的余项又代表了什么？如何确认代表性因素（R）与国家因素（C）之间的独立性？更一般地，不同价格特征影响因素之间的关系如何？它们是否相互独立？特征因素之间的层次关系如何？国家因素与地区类型因素、采价点因素是什么关系？产品因素与产品代表性因素、产品重要性因素是什么关系？纳入模型时是否还需要"独立同分布假设"？

（3）从国际比较实践的角度看，ICP 估算 PPP 时应该考虑多少个因素？在不同的场合下，能够考虑的价格特征因素有多少个？当采用的价格特征因素少于应该考虑的因素时，比如将基本模型与扩展模型相比较，特征因素选取对模型推算结果的质量影响究竟如何？未纳入因素的实际影响究竟如何？

（4）特别是，系统因素是否会存在于随机残差项之中？或者，随机残差项是否隐含了系统性因素？是否还保持着随机性？比如，我们能否确信，代表性因素（R）仅从产品因素（P）（甚至国家因素 C）中分离出来，与原随机残差项无关。

第五，二元分析与多元分析的区别。

CPD 回归函数方程中两个截距项具有明确的经济学含义，在二元图中这两个因素的影响大小表现为截距。[1]那么在多元情形下呢？比如，产品代表性因素的系数，还有地区类型和采价点类型这两个因素的系数，也能表现为截距吗？在二元分析中成立的关系到了多元分析中仍然成立吗？

第六，CPD 法所得标准差的含义解释。

CPD 法的一个优点是其可以获得标准差，这个指标是否包含了估计值对真值的全部误差，是否为对该方法可靠性的全面测度？或者只是从某个角度（方面）对方法可靠性的一种测度？

当"随机扰动项的对数值"服从"高斯-马尔可夫假设"（Gauss-Markov assumptions）时，可通过面板数据的"最小二乘虚拟变量法"（least squares dummy variable method，LSDV）估计模型中的未知参数。[1]"高斯-马尔可夫假设"的在国际比较中的经济学意义究竟是什么？是否针对着特定的数据结构？

从方法本质上看，随机法的产出结果基于特定的数据结构[2]，这是否意味着该方法内生的稳健性不足？

第七，空间 CPD 法的反馈性启示。

ICP 资深专家、技术咨询组成员 Parasada Rao 教授 2004 年提出[3]，应该考虑到 CPD 法原型的随机扰动项中存在着"空间自相关性"，从而提出"空间 CPD 法"。2011 年王磊博士在其学位论文中提出[4]，空间自相关性也可能表现为"空间滞后性"，或者"残差自相关性"与"空间滞后性"的叠加，因此进一步提出"一般化空间 CPD 模型"，并采用"贝叶斯方法"进行模型估计[5]，以解决"极大似然估计"无法解决的"异方差问题"。

用反馈视角看待这种方法改进过程，说明原来对模型中残差项的假定实际上隐含着测度缺陷。只有真正明了方法的来路，才能把握其发展趋向。所以，我们在 PPP 总量方法的阐述中，不能只是列示公式和算例，还应该明确揭示其比较机理的逻辑线索，这就需要深度挖掘其隐含的假设及其对参数估计的可能影响。

---

① 范超. 2016. 国家产品虚拟（CPD）法综述与研究展望[J]. 经济统计学（季刊），（1）：1-7.

② 徐强. 2011. 基于指数的宏观经济价格与物量测度论[M]. 北京：中国财政经济出版社：53-57.

③ Rao D S P. 2004. The Country-Product-Dummy Method：A Stochastic Approach to the Computation of Purchasing Power Parities in the ICP[C]. SSHRC Conference on Index Numbers and Productivity Measurement.

④ 王磊. 2011. 中国地区间价格水平差异及其收敛性实证分析[D]. 北京：中国社会科学院。这里，王磊博士同时考虑了随机变量在时间维度上的相关性问题。

⑤ 用贝叶斯方法估计模型参数，需要总结推算的逻辑关系。范超博士讨论过这个议题（范超. 2016. 国家产品虚拟（CPD）法综述与研究展望[J]. 经济统计学（季刊），（1）：1-7）。推算过程是：用先验信息（前期 PPP 和前期国际平均价格水平）确定先验分布；再由先验分布推算后验分布；尔后根据后验分布推算预测期的相关信息。过程可靠性的逻辑链接如何表述？整个过程可概括为比例推算，需要进一步明确的是：两个时期的变量信息与分布之间的关系，先验分布与后验分布之间的关系。

　　应该认识到，方法改进本身就意味着方法原型隐含着测度缺陷，方法论演进包含着"立—破—再立—再破—再立"的关系，如何让这个演进过程保持统一性，保持经济比较逻辑（事理逻辑）的一贯与畅通，反馈视角非常重要。

8　其他 PPP 汇总方法

8.1　经济指数方法

　　GAIA 法由 Neary 教授于 2004 年提出[①]，这是一种针对 GK 法存在着"替代偏差"问题加以改进的方法。这种方法特别强调经济学理论对方法设计的思想指导。

　　Neary 教授还指出并论证了 GAIA 法与 GK 法、GEKS 法的内在关系。需要拓展思考的是，这种关系的存在是否具备一般性。

8.2　链式方法：MST 法和 MD 法（SP 法）

　　与单维的地理距离不同，"经济距离"存在多元性，"最短距离"能否统一定义？由于"经济距离"的多元性，"决策树法"用于 ICP 的可行性究竟如何？

　　链式方法容易受主观选择影响。经济本身多元，空间比较多元，经济相似性也多元，经济相似性指标自然就多元。采用哪个指标来表示"经济距离"，必然涉及不同的主观选择。

　　如果说 MST 法是加权 GEKS 法的一个特例[②]，而 MD 法（被重新命名为 SP 法），二者都与 GEKS 方法存在着某种关系，那么，链式方法究竟能否成为一类独立的 PPPs 汇总方法？需要从方法谱系的角度进一步厘清。

参 考 文 献

（1）Heston A.2004. The flaw of one price: some implications for MER-PPP discussions[C]. The PPP vs MER Workshop, Hartley Conference Center Stanford University.

（2）Eurostat, OECD. 2012. Eurostat-OECD Methodological Manual on Purchasing Power Parities [M]. Luxembourg: Publications Office of the European Union.

（3）Hill R J. 1999. Comparing price levels across countries using minimum-spanning trees[J]. The Review of Economics

---

[①]　Neary J P. 2004. Rationalizing the Penn world table: true multilateral indices for international comparisons of real income[J]. American Economic Review, 94（5）：1411-1428.

[②]　Hajargasht R, Hill R J, Rao D S P, et al. 2018. Spatial Chaining in International Comparisons of Prices and Real Incomes[C]. Working Paper, Department of Economics, Department of Public Economics, University of Graz.

and Statistics，81（1）：135-142.

（4）Hajargasht G，Hill R，Rao D S P，et al. 2018.Spatial Chaining in International Comparisons of Prices and Real Incomes[C]. Working Paper，Department of Economics，Department of Public Economics，University of Graz.

（5）Kravis I B，Heston A W，Summers R. 1982. World Product and Income：International Comparisons of Real Gross Product[M]. Baltimore：Johns Hopkins University Press.

（6）Rao D S P. 2004. The Country-Product-Dummy Method：A Stochastic Approach to the Computation of Purchasing Power Parities in the ICP[C]. SSHRC Conference on Index Numbers and Productivity Measurement.

（7）Selvanathan E A，Rao D S P. 1992. An econometric approach to the construction of generalized theil-tornqvist indices for multilateral comparisons [J]. Journal of Econometrics，54（1-3）：335-346.

（8）World Bank. 2013. Measuring the Real Size of the World Economy：the Framework，Methodology，and Results of the International Comparison Program—ICP[M]. Washington：The World Bank Group：128-129.

（9）范超. 2016. 国家产品虚拟（CPD）法综述与研究展望[J]. 经济统计学（季刊），（1）：1-7.

（10）黄雪成. 2018. 购买力平价（PPP）汇总方法稳定性测度研究[D]. 东北财经大学博士学位论文.

（11）谢长. 2021. 多边价格指数汇总方法的改进研究[M]. 北京：科学出版社.

（12）王磊. 2012. 购买力平价（PPP）测算方法研究述评与展望[J]. 统计研究，（6）：106-112.

（13）王磊. 2011. 中国地区间价格水平差异及其收敛性实证分析[D]. 北京：中国社会科学院.

（14）王岩. 2021. 中国经济实际规模测算研究[M]. 北京：科学出版社.

（15）徐强. 2011. 基于指数的宏观经济价格与物量测度论[M]. 北京：中国财政经济出版社.

如何深入解读 Ryten 的 ICP 评估报告和世界银行对之的观察报告①

1999 年，联合国经济及社会理事会统计委员会发表了由 Jacob Ryten 先生撰写的 ICP 评估报告②。笔者认为，虽然已经过去 20 多年，但是这份报告所讨论的内容对 ICP 的可持续发展仍然非常重要，特别是其中除去应急性话题外的长期性议题，其相关阐述仍有深厚且广阔的文献价值。而今，新冠肺炎疫情使得原定于 2017 基年的 ICP 项目延期，我们正应该利用这个意外的"空档期"，重续 Ryten 先生当年讨论过的若干议题，围绕着 ICP 的比较机理，进行深入解读和探讨。

本文包括以下七个部分：①应该如何对待 Ryten 的 ICP 评估报告？②ICP 作为经济统计项目的特殊性；③ICP 面临的核心矛盾与若干悖境及其社会意义；④"原理型方法论"研究的必要性；⑤现实关系（对象）、比较方法（工具）与数据结果（产品）三者关系；⑥ "Ryten 报告"关于 ICP 与市场汇率的议题；⑦如何理解世界银行对"Ryten ICP 评估"的观察报告？

1 应该如何对待 Ryten 的 ICP 评估报告？

1.1 注意"Ryten 报告"的由来和背景

我们应该充分注意到"Ryten 报告"的背景，即 1993 基年 ICP 的危机。在"Ryten 报告"中多处明确提及③这个危机。事实上，讨论"ICP 是否继续"这个话题，本身就意味着：项目立废在当时确实是个非常严峻的问题。但我们注意到，

---

① 本文由笔者多年来研读"Ryten 报告"的批注整理而成。2012 年，笔者有机会与北京航空航天大学任若恩教授讨论 ICP 的原理问题，任先生是中国最早进行 ICP 研究的享誉海内外的著名学者，成果颇丰。遗憾的是当时他的学术重心已经他移，不过他向笔者推荐了 Ryten 先生的评估报告，在此特别感谢任先生的指导！

② Ryten J. 1999. Evaluation of the International Comparison Programme[C]. The Statistical Commission at Its Thirteenth Session.

③ 请参见"Ryten 报告"第 5 段、第 9 段、第 11 段、第 20 段、第 22 段、第 24 段、第 28 段、第 29 段等的用语：to rescue the programme, the programme is to be rescued, put its survival, letting the programme fade away or else deliberately hastening its demise, keeping a programme alive, ICP is in crisis, a virtuous circle, the ICP crisis。

后来的相关文献在讲述这段历史时，似乎再也没有出现这种表述，业内对 1993 基年 ICP 的失败，似乎讳莫如深。

当时对 ICP 的批判主要是从其工作（如管理不够集中）及其不当结果（如数据的时效性）入手，因而对这类批判的直接回应必然成为主要内容，Ryten 等专家所要回答的核心问题在于：ICP 是否应该继续进行？

明确了这个背景，就容易理解，Ryten 先生在什么意义上对 ICP 说 yes？应该看到，Ryten 先生的 ICP 评估主要是从必要性即国际社会管理需求的角度加以肯定，进而从项目操作组织角度——国际经济比较供给侧的一个层面，着重展开论述。

1.2　避免 ICP 原理研究已经完结的误解

然而，ICP 方法论应该包含两个层面，即比较方法的法理性和可行性，尤其是前者，已有研究并不充分[①]。如果 1993 基年 ICP 的失败仅仅由于组织工作不力和财政约束，那么在项目操作层面大大改进后，过去的失败就确实不必旧事重拾。

如果不注意这一点，可能就会产生一个极大的误解，似乎 ICP 方法原理已经通过了系统的审视，剩下的就是如何落实经过改进的方法，仅仅加强项目管理就可以了。

由此看来，"Ryten 报告"客观上存在一个副作用，容易让人们放松对 ICP 方法原理研究的迫切性认知，ICP 方法论研究的历史似乎已经"终结"[②]了，似乎经过了 Ryten 先生等专家对 ICP 的全面审视，剩下所能做的就只是 ICP 的操作——更好地组织协调；而每轮项目结果公布后，就仅仅是如何应用数据结果进行经济分析了。

1.3　可比性研究未有穷期

对专业学者而言，方法论经过讨论，并不一定就是相关疑问都得到了解决。本来，"Ryten 报告"应该是方法论研究的开始，当时就应该专门组织对国际比较方法机理的系统研究，开辟另外一条与操作型研究并行且时有交叉的方法论"战线"。

我们应该看到，相关人士当初对"Ryten 报告"采取了一种实用主义的态度，对其报告的看法和建议只是部分被采用，危机之后并没有对 ICP 方法论进行系统

---

① 对此，Ryten 先生本人明确表示，评估报告的重心并不在 ICP 的方法原理，参见第 6 页第 10 段。不过还是应该充分注意到 Ryten 先生对 ICP 方法原理的深入思考，特别是从项目长期发展看，更是如此，原理中隐含的测度陷阱是国际比较项目隐含的根本脆弱性所在。

② 黑格尔意义（或福山意义）上的终结。

的深入研究。人类行为往往如此，危机时工作重心在于救急[①]，无法也没有资源用于相对耗时、耗费心力的深层次的方法论研究，危机后深入研究的必要性又不易被察觉。

在考察 ICP 问题时，Ryten 先生对国际经济比较的原理性还时有涉及，如比较机制的解释、比较过程中的逻辑链接等，然而这些内容在危机过后却被忽略或遗忘了。这是 ICP 方法论研究上的一笔巨额的"知识负债"，我们不应该对此视而不见。

本文的阐述重点恰恰是这些被忽视的内容[②]。笔者坚持认为，如果 ICP 的方法原理不能充分贯通，拓展分析数据结果的现实意义实际上将大为消减，除非同时进行"原理型"方法论的反思。甚至，若测度和比较方法带有风险，则相应数量分析所得出的政策建议就可能误导用户。量化分析是追求经济学认知的科学性，但对专业知识的迷信和盲从其实是反科学的。尽管社会经济领域不同于物理、化学等领域，由数据不当导致的行为失误不易被察觉，行为主体的责任也难以辨认，但是事关学术道德，学者不能因此而放纵自己。

从"建制性研究"的反面——"批判性研究"看，比较的方法论原理及其操作还存在哪些疑问？这是从供给侧角度而展开的深层次研究，进而可以提升项目方法论的透明性（transparency）。需要明确的一点是，在 ICP 问题上同样并非人定胜天，加大项目的资源投入，未必就可以得到理想的数据结果。

我们注意到，世界银行对 Ryten 先生 ICP 评估的观察报告颇有深意，并没有局限于操作性事物，值得深入思考。遗憾的是，相关的后续研究并没有系统展开。

我们也注意到，只是在 2017 基年 ICP 结果报告[③]中，世界银行才在附录中列出了"研究展望"（ICP research agenda），但看看其列示的 13 项主要内容，还是以项目操作和数据分析应用为主，缺少对 ICP"原理型方法论"专门的、系统的深入研究。

1.4　Ryten 风格的经济统计学研究

仔细研读"Ryten 报告"，可以发现他对 ICP 评估的一个特点：整个报告没有什么数字，没有实例，没有图表，只有文字表述。用来说明观点的例子也是他思想实验的产物，也是头脑设想出来的场景。

---

① "Ryten 报告"第 6 页第 10 段明确指出其内容重心甚至不在于方法论研究。因为 Ryten 先生认为，在当时的危机背景下，这并不是 ICP 最脆弱之处，参见第 17 页第 47 段。

② 本文对 ICP 操作性的内容则加以省略，只是在与方法论原理相关联的场合才会论及。

③ 即世界银行于 2020 年发表的报告—— "Purchasing Power Parities and the Size of World Economies：Results from the 2017 International Comparison Program"。

　　Ryten 先生是加拿大统计局的资深专家，联合国统计委员会特别邀请他为 ICP 做评估，可他的报告在某些人眼里居然这么"不统计"。当然错不在 Ryten 先生，而是我们好多人的"统计观"需要校正，不能把统计仅仅当作数学。笔者倒不是提倡大家都来做这种风格的研究报告，而是表明，这种风格的统计研究也是可以有的，属于诸多学术研究中的一种。

　　其实，到了大数据时代，除了"结构化数据"外，还有"非结构化数据"，可见，广义地看，文字也是数据的一种，我们不能再狭义地仅仅把数字等价于数据，不能仅仅把数字分析作为统计研究的唯一形式和工具。似乎统计研究没有数字和图表就不合情理。

　　文字、数字和图形是人类认知的三类基本工具，各有其优势和劣势，我们不能将之按优劣排序，不可认定某种工具一定优于另外一种，工具的取舍需要视所应用的场合而定。

　　尤其在原理型方法论研究中，恐怕还是需要以文字为主。"Ryten 报告"对笔者研究的一个重要启示在于，基于现实、基于常识、基于经济学直觉的思考路径，同样需要少部分学者坚持探索下去。

2　ICP 作为经济统计项目的特殊性

2.1　ICP 仅仅属于 SNA，还是一个相对独立的经济统计领域？

　　"Ryten 报告"的一个核心观点就是，无论是从概念上、理论上还是从实践上看，只有包含了 ICP，SNA 才可能完善[1]，并以此作为需要继续进行 ICP 的重要理由之一。

　　Ryten 先生指出：国际比较作为经济统计的重要构成部分，处于一个充满"实践和概念困难"（practical and conceptual difficulties）的领域，工作上常常面临逆境（adverse circumstance）。[2]SNA 的修订，是为从事"宏观经济统计"（macroeconomic statistics）的统计工作者[3]提供国际语言（international language），以确保他们在用同样方式说话时指涉的是同一事项。[1]

　　将 ICP 置于 SNA 的基础之上，无疑很有道理。但还需要深入考虑的比较方法

---

①　"Ryten 报告"概要第 7 页，第 12 段。
②　"Ryten 报告"概要第 7 页，第 6 段。
③　Ryten 先生在文中还用到了 national government statisticians 的概念，对于专业能力（professional abilities），Ryten 先生的解释是包括对国民核算、经济应用和基本统计"复杂性的把握"（a grasp of the complex）。这些论述对认识经济统计学的学科性质颇有启示。

论的系统性问题是：ICP 除了基于并适应于 SNA 的测度、核算方法之外，是否还应该进行比较方法（know-how）在学理（know-why）上的深度思考？我们是否能把 ICP 的方法进步全都维系在 SNA 的改进上？SNA 本身也隐含着测度与核算缺陷，其对 ICP 的负面影响都有哪些？如何加以避免？进一步看，是否存在相对独立的 ICP 方法论研究？

2.2　梳理 ICP 作为经济统计项目的特殊性

在评估报告的第七章第一节①，Ryten 先生专门分析了 ICP 的 "特殊状况"（special circumstances），与国内经济统计相比主要有以下六个方面的不同。

（1）数据处理与国际标准的关系不同。国内数据即便提交给国际组织，也只意味着按国际标准进行调整。而就 ICP 而言，尽管我们仍然在寻求其定义明确的国内应用，但是在数据生产者的心目中，未必谋求与国际机构的标准和处理相一致。

（2）尽管国内数据编制也要遵守国内或国际标准，但主要用于国内目的，国际应用处于边缘地位。而 PPP 很少使用支持 CPI 的国内统计机制，零星的借用仅仅处于边缘地位。笔者认为，这个特性要求我们审慎对待倡导 ICP 与 CPI 融合的建议。

（3）统计操作者与用户的关系不同。国家统计机构与国内用户直接联系，国际统计机构则有自己的用户，国内用户与国际用户未必发生联系。在 ICP 中，国家统计机构的用户就是国际机构，因而项目参与和联系都受到限制，自主性不强。

（4）国家统计机构对数据质量的保障作用不同。国家统计机构对本国数据质量通常可以全过程发挥保障作用；而在 ICP 中，则顶多只能保障所提交基础数据的 "准确性"，但数据的 "可比性" 才是国际比较成功的关键。Ryten 先生警示我们，这个特性意味着统计数据质量的重心可能不同，在国内偏重准确性，而在国际更偏重可比性，故而需要特别考量与取舍。

（5）他国数据质量对本国数据结果的影响。国内数据的编制通常与他国统计的质量关系不大，但 ICP 要比较国际关系，一国的统计数据结果就非常容易受到他国统计质量的影响。Ryten 认为，这是二者的一个非常根本性的区别。这里还需要注意，ICP 并不是国际经济关系统计的全部，所有涉及国际经济关系的统计项目，其质量都会受到他国统计的影响，如国家间贸易差额的争论。

（6）对项目评价的视角不同，国内数据质量的推动者主要基于国内背景的用户意见，而 ICP 由于其着眼于国际视角，在某种程度上可以无视国内的批评意见。

① "Ryten 报告"，第 28 页，第 78 段。

笔者认为，这个特性所隐含的风险是，ICP 的倡导者往往把前期发达国家（实验）比较的经验当作标准，容易忽略其概念和方法对后参与国家的适用性。

而且，由 ICP 特性所引发的一个疑题是：尽管发达国家在国际比较工作中处于领先地位，但是 EU 和 OECD 组的 ICP 能否独善其身？没有广大发展中国家的参加，即便其比较质量高，数据结果也只能是仿真国际关系的一个截面，而非全球图景。这应该是 ICP 不同于其他经济统计项目特性中非常重要的一点，也是"Ryten 报告"比"Castles 报告"更值得深究的原因。

2.3　空间比较不同于时间比较的特性

在 ICP 评估报告第 119 段，Ryten 先生提及"时间比较"（time-bound comparison）与空间比较的差别。前者存在"自然顺序"（natural order），而后者并不存在，因而任何维度的比较都可以具有法理性。因此，相对于时间比较而言，缺乏"传递性"（transitivity）成为空间比较的重大障碍因素。

Ryten 先生介绍了 B.Szulc 先生 1995 年对空间比较中"武断排序"（the arbitrariness of order）问题的讨论①。链式指数为"基期"（the base time）与"目标期"（the target time）比较提供了一个比较顺畅的路径。当从时间比较转向空间比较时，其相应处理就是：制定一个可接受的标准，以选择最佳可能路径。B.Szulc 先生提出的推测是：定义国家间的"距离"——两种变量分布的绝对离差之和，选择能够最小化二者距离的链接方法。

笔者认为，采用距离比较方法的潜在测度陷阱是，"社会经济距离"本身"多元"，人们对其的认知也势必"多维"。不同的距离定义，不同的距离测度方法，所得出的国际经济比较结果很可能产生不容忽视的差异。此外，一种距离定义是否普遍适用于全球不同地区的各个国家间的比较？提出某种距离比较方法，其科学性的一个前提条件应该是，证明该方法所定义的距离更适合于该项国际比较。

3　ICP 面临的核心矛盾与若干悖境及其社会意义

3.1　特征性与可比性的核心矛盾对 ICP 究竟意味着什么？

"特征性"（characteristicity）与"可比性"（comparability）这对核心矛盾业内

---

①　"Ryten 报告"第 46 页，第 119 段。

周知，但矛盾的影响究竟达到什么程度？我们所采取的种种措施①得以破解这个矛盾的机理何在？是否足以奏效？如果这个内生性矛盾无法从根本上得到解决，我们还能否心安理得地进行 ICP 数据的应用性分析？

Ryten 先生在报告中明确提出："方法透明度"（transparency of methods）与及时性、结果可靠性一样，是项目的质量特征之一。ICP 操盘者应该乐于与参与者分享项目的经验和失败。②那么，我们就应该深入挖掘，特征性与可比性的核心矛盾对 ICP 究竟意味着什么？

第一，ICP 的工作对象与测度边界约束，决定了其核心矛盾在于特征性和可比性之间的妥协，即矛盾是内生性的。

Ryten 先生明确地指出③了国际经济比较所面临的客观对象：我们生活在这样一个世界，即多国、多种实物和服务、口味和技术存在空间差异与时间变动。

因此，测度和国际比较都面临着"操作边界"的约束：我们无法明确地确定"标准购买"（the standard purchase）的构成——它应该反映参比国的"口味"（taste），我们也不能确保所选择的商品④能满足各参比国的特征性质⑤，同时还在各参比国之间保持可比性。如果比较是在高度发达国家与发展中国家进行，发展水平的巨大差异将凸显这个矛盾。⑥

关键在于，如果该矛盾确定为内生性的，则仅仅进行项目组织和操作性方面的改进，未必能充分消除矛盾对比较数据结果的负面影响，因而需要深入挖掘平衡或协调该矛盾相应措施的有效程度。

第二，国际比较项目间"可比性"程度的不确定性，将导致不同总量方法在"可加性"上的不确定性。

Ryten 先生明确指出⑦，尽管在 PPP 总量方法上进行了大量研究，促进了我们对问题的理解，为避免"破坏性缺陷"（damaging pitfalls）而开展了可观的智力开发，但是在采用"共同尺度"（a common yardstick）进行不同国家间经济运行比较的问题上，仍然没有一个简明的令人信服的答案。无法定义以不同货币标示的经

---

① 如"Ryten 报告"第 27 页第 77 段提到，"如何坚持特征性与可比性之间的操作性平衡"（a practical balance）。第 52 页第 143 段在阐述数据"编辑指导"（editing guidelines）时提及，该矛盾表现为重要产品（代表特征性）与"同一产品"（identical products）选择上的冲突，第 144 段和 145 段提及特征性与可比性之间的动态协调（compromise）。

② "Ryten 报告"第 12 页，第 28 段、第 29 段。

③ "Ryten 报告"第 13 页，第 35 段。

④ 设定这些商品被广泛使用于各参比国，从中提取参比的样本。

⑤ "Ryten 报告"第 31 页第 79（i）段转述提及了"社会习惯"（social habits）、"机制结构"（institutional structures）、"气候因素"（climatic factors）等。

⑥ "Ryten 报告"第 16 页，第 44 段。迪顿教授在《逃离不平等——健康、财富及不平等的起源》中介绍，他的老师 R.斯通教授早年也有过这种质疑。

⑦ "Ryten 报告"第 13 页，第 36 段。

济运行产出如何"相加"（added up），没有理论明确支持使用某种总量方法，而不是另外一种。

"可加性"问题根植于社会现实中的内在不可比性。在经济现实中，价格差异（变化）与质量差异（变化）存在着动态博弈。例如，如果在食品中放添加剂，供给的窗口期延长，但容易减少部分高档客户对之的需求。商品可能因普适而价高，或因稀缺而价高。多因多果，标示的价格未必就是"实际价格"，倒很可能是质量因素的作用。

通常测度服务难于测度实物产品，ICP 实践通常将服务分为两组："可定价服务"（priced services），还有"难以比较的服务"（comparison-resistance services）。事实上，更为困难且未被注意到的问题在于：①实物产品中隐含的服务成分（中间成分）在不同空间、不同中间产品形态中的分量不同；②最终产品形态的服务，在不同空间中质量不同，在定价过程中质量因素很可能被当作价格因素进行测度。

在上述情形中，进行"数量价格分解"就会产生或隐含"因素划归"的不确定性，影响加总和比较。

3.2　由可比性与特征性的核心矛盾所造成的若干比较悖境

"Ryten 报告"在第七章第三节专题阐述了推行 ICP 所遭遇的悖境[①]，应该看到，这些悖境是由可比性与特征性之间的核心矛盾引发的。

第一，"管理目的"与"测度中性"要求之间的悖境。

"Ryten 报告"正文开篇[②]就论及了 ICP 的主要应用：①各国经济水平的国际比较；②稀缺权力（如国际货币基金组织份额和提款权）的理性分配；③（新开放国家）适当汇率的确定；④理解国际竞争要素对外贸的影响；⑤消费、投资与经济增长的关系；⑥反贫困；⑦分配世界银行基础设施的有条件信贷。

在上述应用中，有的直接就是政策应用，并不单单是经济测度与比较分析，而是直接关系到相关国家的福利提升。这就说明，ICP 事实上已成为国际竞争博弈的一个组成部分。尽管数据结果对某国可能利弊并存，但在一定的时空条件下，当事国家会有自己的偏好和选择，于是，参与国对 ICP 的投入便内在地隐含了"数据倾向性"。

为达到"管理目的"（administrative purpose）[③]，就可能牺牲统计测度一直标

---

① Ryten 先生在报告中用了 dilemmas 和 paradox 两个表述。因所述内容的内在性和客观性，笔者选用"悖境"来表达，而悖论可以是主观产物。

② "Ryten 报告"第 7-8 页，第 14 段；第 11 页，第 25 段、第 26 段。

③ 参见 European Union，OECD. 2012. Eurostat-OECD Methodological Manual on Purchasing Power Parities[M]. Luxembourg：Publications Office of the European Union：14.

榜的"中立性"（neutrality），二者不能两全。甚至如果放弃用于管理，统计项目本身也可能消亡——由于相关性不足而无法得到所必需的资源支撑。然而，中立性又往往与数据的可靠性相关，统计工作者原本不应该存在预设立场，无偏才可信。"Ryten 报告"对这个议题的讨论涉及了经济统计（或测度）的一个最为基本的问题，统计究竟应该单纯反映现实，还是也应该作为政策工具。

要让社会各类行为主体应用数据结果，就离不开（避免不了）人的"自反性"（reflexivity），由此 ICP 不可能完全中立，因为各类参与者，包括 ICP 组织者和测度专家自己，谁都避免不了其生长和工作环境对其认知的预先影响。社会角色和环境决定了其预设的且可能动态的立场和观念（如重视哪些因素，忽视哪些），尤其是与政策实施紧密联系的"应用项目"，"相关性"实质上打开了数据人为"调整"的后门。

只要存在全球数据生产与国家利益的矛盾，就会有国家级水平的统计造假。ICP 用于管理目的，决定了参与国可能会用高报价格的方式来减低责任和竞争压力，或者时局强迫他们做出某种选择，总之存在着一定的操作空间。无论何种体制①皆如此，不过程度可能有所差别而已。世界上最大、手法最高明的统计造假，就是高盛集团的一个信用评估项目，在希腊加入欧盟之际，以金融创新为名进行数据处理。

第二，"参与者理性投入"与项目质量之间的悖境。

由前所述 ICP 作为经济统计项目的特殊性，一国的数据结果受到他国数据质量的影响，这将导致某种"参与者理性投入"，即 ICP 的工作投入保持与他国相等水平即可，因为追加的投入未必带来更高质量的比较结果。ICP 整体质量的提升本来需要各参与方追加更多的努力，但一国并没有知晓或评估他国相应工作质量的现成方法②，项目推行的内在机制使得各方倾向于采取"守住底线即可"的投入策略。

第三，产品分类程度的悖境。

越要确保比较结果的质量，为匹配不同国家间的"同一产品"，就需要确定越多的产品种类。然而，产品种类越多，由于特征性与可比性的核心矛盾，比较操作就越困难。而且，比较结果公布得越详细，就会有越多的数据暴露出问题。例如，与人们对国家间经济关系常识的不一致，还有时间上的不稳定等，从而引发更多对项目质量的批判。

第四，地理覆盖面与国际比较质量之间的悖境。

一国参与国际比较的"地理覆盖面"（geographical coverage）是不是越大越

---

① 人们往往愿意把统计造假与专制体制相联系，其实专制体制未必"专门"擅长于此，因为专制体制下并不用造假。倒是所谓民主体制容易隐含数据造假，典型的例证就是希腊入欧事件。

② 但是，参与国非常在意邻国的数据质量，容易对其所报的数据质疑，参见"Ryten 报告"第 24 页第 65 段。笔者认为，"数据倾向性"恐怕是其驱动原因。

好？比较要满足特征性，纳入比较的范围就需要设置人口阈值（threshold）或收入阈值作为底线，指标超出阈值的地理覆盖面才能满足特征性要求。所谓地理覆盖面，其实还是围绕人群特征的比较。问题在于，随着从中心城市到全国的覆盖面逐步扩展，需要面对越来越多的不可比因素[①]，比较复杂度陡增，可比性可能陡降，需要更多的假设。而且，究竟是"富豪型比较"（plutocratic comparison），还是"民主型比较"（democratic comparison）？面临着困于可行性约束的选择，左右为难。

4 "原理型方法论"研究的必要性

4.1 ICP 方法论的两层次划分与注重比较原理思考

对 ICP 方法论研究，各种相关文献都非常重视[②]，然而，当我们使用"方法论"这个表述时，人们的指向可能不同，好多人所要表达的是针对 ICP 操作的方法论，并没有强调方法的原理。

鉴于报告的历史使命——拯救 ICP 于危难之际，"Ryten 报告"在方法论议题上的基调也偏于操作。Ryten 先生讨论[③]了"定义性事务"（definitional issues）与"操作性事务"（practical issues）在手册（handbook）中的分布重心问题，Ryten 先生还专门列示[④]了修订 ICP 手册应该包含的 8 项基本内容。

有鉴于此，笔者认为，应该将 ICP 方法论做出层次区分：一是"原理型"方法论，侧重于方法机理即 know-why 的研究；二是"操作型"方法论，侧重于方法运用即 know-how 的研究。

ICP 操作过程比较复杂[⑤]，需要深入研究。但如果"方法"（how）讲得多，"论"（why）讲得少，就成了方法，而不是真正的方法论。同时要注意，不能用方法操作的研究替代方法机理的研究，机理是操作的基础，手册固然重要，但如果其内

---

① "Ryten 报告"在阐述中提及：除了"常规困难"（the traditional difficulties）外，空间比较还包括了国内中心城市与偏远地区的比较，及其国内中心城市与国外中心城市的比较、国内的偏远地区与国外偏远地区的比较。地理覆盖面以人口还是收入作为确定比重阈值的基础指标？两国比较是以固定的阈值为底线，还是要求达到指标相同比重的地理覆盖面？在第 31 页第 79（i）段和第 34 页专栏的倒数第 2 段，Ryten 先生采用思想实验法举例说明了国际比较面临的悖境。

② "Ryten 报告"第 34 页提及：ICP 面临"负担颇重的研究议程"（a much burdened research agenda）。

③ 参见"Ryten 报告"第 28 页专栏。

④ 参见"Ryten 报告"第 40 页第 95 段。

⑤ 参见"Ryten 报告"第 31 页第 79（k）段。

容仅仅局限于或偏重操作，则关于 ICP 的"脑书"（headbook）①更不容忽视。

ICP"原理型"方法论研究，应该是"国际统计基础结构"（the international statistical infrastructure）的重要组成部分，系统阐明方法之所以可比与可加，对提升 ICP 方法的透明度（the degree of transparency）也不可或缺。有了"脑书"，可以让应用方法者内心坦然。否则，所用方法之缘由就将隐匿于黑箱之中，世人或部分知其然，却不知其所以然。

4.2　以总量函数为例说明"原理型"方法论研究的必要性

Ryten 先生阐述的 PPP"总量函数"（aggregator function）②典型地说明了这一点。不同的总量函数，如 GK 法、CPD 法和 EKS 法③，导致不同的数据结果，其间差异可能惊人，我们无法以时间指数中的现成方式给出解释，数据与"现有理论"（established theory）如何关联，以及数据与现实如何相恰，都需要深入思考。

就 Ryten 先生对此议题的阐述和讨论，笔者可以提出以下问题。

（1）不同函数都可以用于 PPP 加总，如何系统地概括总结其共性，以丰富对国际购买力比较原理的认知？

（2）通常认为 GK 法赋予富裕国家"过分"的权重，然而现实中发达国家往往就是"价格决定者"（price maker），其权重值大，不正是对现实作用差异的客观映射吗？怎么能当作 GK 法的缺点呢？如果更为平均化地赋权，是否粉饰了原本不平等的国际经济关系？

（3）CPD 法能充分利用价格基础数据，被视为一大优点。如此评价的背景是数据缺失严重，但所隐含的假设是，该方法具备正确使用基础数据的能力，恰好从多个维度中选到了对所有支出项都正确的维度④，对数据的合成处理客观地映射了现实空间关系。用了数据，就是用对了、用好了，如韩信将兵多多益善，这种假设在多大程度上成立，至少需要加以说明。

4.3　ICP"原理型"方法论研究任重道远

"Ryten 报告"专门设置了一章⑤，讨论 ICP 的重大问题，并部分给出回答。其

---

① 英文没有错，笔者为了强调原理研究而特意创造的一个英文单词，2015 年在国际收入与财富特别论坛发言时正式提出。

② 参见"Ryten 报告"第 30 页第 79（h）段和专栏。

③ 如今为突出 Corrado Gini 先生对此方法在思想创新上的更早贡献，已经被相关文献改称为"GEKS 法"。

④ 其实，是否存在这样一个普适于所有支出项的合成维度，需要深入思考。

⑤ "Ryten 报告"IX. More questions and answers.

中包括"GDP 权数"（GDP weights）、GDP 覆盖范围（GDP coverage）、"GDP 总量"（GDP aggregation），还有"桥国"（bridge countries）问题、快捷方式和地理事项等，这些内容都与原理型方法论密切相关，重心未必在项目操作方面。Ryten 先生明确指出[①]，存在系列问题值得特殊研究，而且，报告本身对其中某些问题"不提供答案，"建议将它们列入"ICP 研究议程"（the ICP research agenda）。可见，ICP "原理型"方法论研究任重道远。

微观还原法是 ICP 方法的基本内涵，若要达成还原关系，则需满足两个基本要求：微观可比，宏观可加。而要达成这两个基本要求，需要对"Ryten 报告"所提出的重大问题进行深入的探讨。

然而在推广 ICP 时，组织者往往采取一种以现有标准为科学的态度，有时漠视不同国家提出的特殊处理意见和建议。例如，某些国家上报数据可能被当作超出预设门槛限制，而成为"被拒绝的奇异值"（rejected outliers）。此时，"Ryten 报告"往往可能在无形中作为一种盾牌，似乎原理研究已经做过了，顶多就是在准备新一轮 ICP 时对方法进行小修小补。故而，需要深入展开研究 Ryten 先生所提出的问题，以纠正已经达成 ICP 方法论"结论"的错觉。

5　现实关系（对象）、比较方法（工具）与数据结果（产品）三者关系

5.1　数据"可解释性"与"反直觉诧异"

经济统计非常重视的一个产出品质是，数据容易被理解（ready understanding[②]，obvious to see what the story it tell[③]），还有对数据来源令人信服的交代（an acceptable economic interpretation of how they come out）[④]，概括而言，就是数据的"可解释性"（interpretability）。

同时，供给者也需要注意人们对数据结果的"反直觉诧异"（counter-intuitive surprises）及其与数据质量的关系。直觉往往是人们是否接受 ICP 结果最先用到的内在标准，所谓数据阅读，其实是眼与脑并用的。Ryten 先生指出，人们对 ICP 数据的直觉不同，但谁都认为，自己才是国际购买力方面的专家。从国民经济统

---

① "Ryten 报告"第 41 页第 98 段. This report offers no answer to the question.

② "Ryten 报告"第 22 页第 57（c）段。

③ "Ryten 报告"第 22 页第 55 段。

④ "Ryten 报告"第 24 页第 63 段。

计发展的经验看，直觉不过是人们在长期认知过程中逐步建立起来的一种信念（establishing the kind of faith）[①]。多数人的直觉相同，就容易形成社会对某事物的常识（common sense）。

"反直觉诧异"是人们遭遇"无法解释的数据"（unexplained numbers）[②]时的一种"自动反应"（automatic reaction）[①]，不能把它完全视为一种负面的存在，Ryten 先生甚至用到了"可信的反直觉诧异"（credible counter-intuitive surprises）[③]这种概念，将这种诧异的缺乏与数据结果的"形式一致性"[④]并列为数据的显在性质，显然需要我们认真地对待。

在推进过程中，早就存在对 ICP 的一种质疑，即其数据结果"反直觉"（counter-intuitive）[⑤]。"Ryten 报告"列示，按 ICP 数据显示的墨西哥在所属地区的排位"反直觉"，而且，支出项目低层级的比较数据好多说不通。[⑥]"Castles 报告"给出了 ICP 在国家排序方面反直觉变动的例子，Ryten 先生认为，无法对反直觉的数据结果给出令人信服的解释，是对 ICP 诸多批评中最具破坏性的一种。[⑦]

笔者认为，如果秉持"相反相成"的哲学观，通过对数据结果的直觉进而思考 ICP 方法的科学性，可能成为一种基于基本事实的研究进路。

5.2　国际购买力比较领域中对象、工具和产品三者之间的关系

与经济统计的其他领域相同，国际购买力比较也包含着现实关系（对象）、比较方法（工具）和数据结果（产品）三者间的基本关系，应该系统梳理。前述对数据结果的直觉判断，本质上涉及三者关系的动态显现。

"Ryten 报告"的阐述中数次提及此议题。

联合国经济及社会理事会统计委员会第 25 次会议要求，所准备的 ICP 手册应该提供有效的方式，使得基础数据提供者能够跟进支持项目的理论进步[⑧]。这个要求表明，在 ICP 中，经济学理论研究对购买力现实国际关系的认知（包括三者关系）逐步深入，而比较工具的使用如何相应地加以完善，以提供更高质量的数据产品，是一个动态过程。

---

① "Ryten 报告"第 24 页第 63 段。

② "Ryten 报告"第 24 页第 65（b）段。

③ "Ryten 报告"第 24 页第 64 段。

④ 参见"Ryten 报告"第 24 页第 63 段，原文为 coherence，笔者认为其实际表达的是数据结果的"形式一致性"。

⑤ "Ryten 报告"第 29 页第 79（d）段。

⑥ "Ryten 报告"第 22 页第 57（b）、（c）段。

⑦ "Ryten 报告"第 38 页第 92（c）段。

⑧ "Ryten 报告"第 17 页第 47 段。

　　Ryten 先生提出：用数据的连续性来解决数据及时性和可用性问题。[①]这是一个重要的推进思路，涉及不同轮次数据结果间的一致性问题。不过需要注意的是，数据"可用性"还不等价于数据的"可靠性"，数据"可用"，只是数据质量的性质之一，或有利于促进数据可靠性的提升，但不能替代之。

　　数据在"时间上的一致性"（coherence over time）[②]对人们的信任度提升颇有好处。然而，数据的特殊上升或下降，容易引起人们的警觉，是否存在系统性的高估或低估？到底是现实的变动，还是测度和比较方法变动所致？此外，当出现新的基年 ICP 估计时，需要研究如何使得数据修订的影响最小化。[③]这些思考都涉及了对象、工具与产品之间的深层次关系。

　　在所列示的数据"分析类型"（the type of analysis）中，Ryten 先生发问：自上轮 ICP 以来，地区内"支出结构"（the structure of expenditure）变化如何？[④]这直接指向了国际关系的现实动态变化，需要 ICP 相应加以反映，并做深度分析。

　　有的人对 ICP 的意见是数据结果不稳健[⑤]，但如果确实是现实关系发生了变化，那么数据结果的相应变化就应该被接受。然而，数据结果的变化也可能另有其因，如我们对比较工具做了调整，这样，现实关系的变动（真值）未必同于数据结果所表现。

　　笔者在《深入探索 ICP 隐含的经济测度问题——评〈GDP、福利和健康：2017 年轮 ICP 的若干思考〉》[⑥]中对对象、工具和产品三者关系提出了看法。这里只是重申这个思考进路，希望引起应该有的重视。

6　"Ryten 报告"关于 ICP 与市场汇率的议题

6.1　国际购买力关系分析能够全然放弃 MER 数据吗？

　　Ryten 先生对"汇率法"持否定态度，开篇他就指出，许多文献结论性地表明，无论用于政策设计，还是用于经济假设检验，基于汇率的国际比较将得到偏误的结果（misleading results）。[⑦]即便如此，"Ryten 报告"的讨论仍有多处涉

---

① "Ryten 报告"第 21 页第 54 段。
② "Ryten 报告"第 24 页第 63 段。
③ "Ryten 报告"第 26 页第 70（c）段。
④ "Ryten 报告"第 54 页第 154（d）段。
⑤ "Ryten 报告"第 31 页第 79（j）段。
⑥ 参见《统计研究》2011 年第 9 期。
⑦ "Ryten 报告"第 11 页第 23 段。

及了汇率法，Ryten 先生甚至提出进行 ICP 结果与市场汇率结果的比较分析①。

在第二章 "概述" 的第二节，Ryten 先生从日常管理角度比较了市场汇率与 ICP 二者的优劣，他总结性地提出②，在当今条件下 ICP 法是否比市场汇率法更有用，这也是一个 "法理性问题"（legitimate question），其答案高度取决于：①我们意欲形成的政策决定；②有待于克服的 "概念性障碍"（the conceptual barriers）；③处置 ICP 相关事务时我们应该安置的工具。

6.2　市场汇率和 ICP 的 PPP 都是 "货币转换因子"

由于各国多采用自己的货币，国家间经济运行的比较需要 "货币转换因子"（currency convertor），这样才能用同一标准的货币表达实际经济规模。汇率是天然的转换因子（natural converter）③，所谓 "天然"，即来自市场的，处于第一位状态的，而非人为加工的。

Ryten 列示了汇率用作 "转换因子" 的三个问题：①波动剧烈；②部分地受制于人们对资产价格短期内如何表现的预期；③并非所有（其实只有少部分）生产于某国的货物和服务都进入国际贸易。

应该分别对这三项 "指控" 做更深入的思考。第一，数据波动剧烈，统计工作者就束手无策了么？世界银行的 "图表集法" 不是对市场汇率做了修匀处理吗？国际比较一定要全盘否定市场汇率而另起炉灶吗？第二，在市场发展深化和拓展的格局下，甚至连 "资产价格" 本身都成了商品，汇率受制于人们对之的期望，不是国际经济关系变动的一个内在因由吗？第三，在全球生产链背景下，国内经济越来越成为国际经济的一个组分，所谓国内贸易与国际贸易的划分对比较国际关系的意义已大为消减。第四，退一步讲，即便这三项 "指控" 都成立，是否足以取消市场汇率作为 "转换因子" 的资格？

ICP 提出了 "意义更为充分"（a more meaningful convertor）的转换因子，到底是改进，还是推翻市场汇率全部重来？笔者认为，需要进一步思考的是，市场汇率与这个定义究竟存在什么样的关系？是否全然违背这个定义呢？或者仅仅是部分违背，只不过是 "意义没有那么充分的转换因子"（a less meaningful convertor）？甚至并没有违背该定义，只是转换的维度选择不同？如若不然，汇率有什么资格成为天然的转换因子呢？

进而需要设问的是，市场汇率与 ICP 的 PPP 是否存在共性的一面？市场汇率

---

① "Ryten 报告" 第 54 页第 154（a）、（b）段。

② "Ryten 报告" 第 14 页第 41 段。

③ "Ryten 报告" 第 12-13 页第 31 段。

绝对不应该成为"货币转换因子"吗？还是部分地具备转换功能？甚至，市场汇率也具备完整的转换功能，不过其转换所选择的维度不同于 ICP？

6.3　用 ICP 制定官方汇率所暴露的逻辑缺陷

人们对于两种购买力比较有不同的认知。有人提出，如果二者结果相近，有什么必要采用不同于市场汇率的新方法呢？Ryten 先生认为[①]这种提问方式有问题。第一次世界大战摧毁了国际汇率系统，那么就应该这样来提问：如果有了购买力相关信息，为什么还费事去观察汇率呢？因此，为了确定采用什么样的汇率，答案是明智地使用购买力比较，从而尽快达到汇率的合适水平，凯恩斯先生对此做过阐述。Ryten 先生接着强调指出，即便市场汇率能够最后发现其合适水平，其所经历的路径也是政治上不可容忍的[②]。因而应该谨慎地进行购买力比较，在其基础之上力图先行确定一个汇率，让市场最后发现其合适水平，凯恩斯先生在《丘吉尔先生的经济后果》中说明了英国当时的情形。

对这段论述，笔者做三点评论。

第一，如何认识汇率法和 ICP 法的层级关系？需要深入思考。笔者认为，二者都是"购买力比较"（purchasing power comparisons），是比较的两种方式，都可以得到关于国际购买力关系的信息；而且，ICP 得到的 PPP 未必就是 PPP 的真值，不宜将 ICP 的 PPP 化身为真理去评判汇率法，似乎业内 ICP 操盘者真的比市场更聪明。

第二，市场汇率与 ICP 所估算的 PPP 是否存在内在一致性？业内人士强调用 ICP 法帮助制定"官方汇率"（official exchange rate），如果二者没有内在的一致性，这种路径的法理性何在？业内人士过多地关注市场汇率与 ICP 的 PPP 二者的差别，却很少有人注意到二者的一致性，恐怕失之偏颇。

第三，采用 PPP 数据以制定合适的汇率，ICP 的这项政策应用颇为诡异。本来否定汇率法的国际比较，重要理由之一就是其数值容易受政府干预而扭曲，采用 PPP 正是要避免政府的扭曲，避免其对现实国际关系认知的负面影响。而到了这种情形，却要用 PPP 来帮助制定一国的汇率，即帮助政府实施干预，其实，国际组织主持 ICP 制定 PPP，正是一种政府[③]干预。否定于前又实施于后，在"事理逻辑"上是否存在矛盾？

这项应用本身就意味着，政府干预是可以的，只是要科学地干预。从而，ICP

[①]"Ryten 报告"第 19 页专栏。

[②] 原文为 politically intolerable，参见"Ryten 报告"第 19 页专栏。所谓政治上不可容忍，应该是相关利益方的损失及其过程长度，可能引发政治冲突。

[③] SNA 中定义了五大经济行为主体，"广义政府"（general government）正是其一，显然，国际组织只能划归在广义政府当中。

与市场汇率的比较方法之争又可以转化为：究竟谁有资格裁定国际比较方法的科学性？如果汇率法是"科学法庭"①上的"被告"，那么 ICP 就应该是"原告"，问题在于，能不能仅由 ICP 操盘者担任"庭审法官"呢？笔者无意也不能充当汇率法的辩护律师，只是想指出，对汇率法的批判在逻辑上未必通透，而且有的指责往往反弹回到 ICP 自身。

7　如何理解世界银行对"Ryten ICP 评估"的观察报告？

世界银行观察报告②高度认可 Ryten 先生评估 ICP 得出的主要结论。ICP 的必要性主要基于两点：①PPP 对政策相关的经济分析至关重要；②没有 ICP，SNA 就不可能真正完成。而接续进行 ICP，PPP 估计需要提高时效性、可靠性和数据质量，从而需要充分发挥对项目的管理功能，强化中心协调性。

在观察报告的结论部分，世界银行认为，PPP 相关工作必须接续进行，全球水平的 ICP 必须尽可能有用且高效地进行，必须做出决定，如何建立强有力的中央管理，从而切实地控制基础数据质量。

不过，世界银行的观察报告并没有局限于 ICP 的操作，而主要关注 ICP 数据结果的"可信性"（credibility）。面对"可信性差距"（credibility gap），世界银行概括了影响数据质量的"三大关键因素"（three key factors）或三个"基本问题"（basic questions）：①"概念相关性"（conceptual relevance），概念是否正确地定义，是否具有意义；②"方法论框架"（methodology framework），所确定的统计方法论是否适合概念性定义和所选择的模型；③"数据管理过程"（data management process），用以编制基本信息的数据收集程序如何完成，所收集的统计量是否映射了现实，是否映射了概念及方法论基础。

7.1　三大关键因素之一："概念相关性"

世界银行观察报告从"时间比较"（comparison over time）入手，动态分析需要将"现价系列"（current price series）调整到一个"固定价格的基础"（a constant price basis）之上，从而测度"实际数量变化"（real quantum change）。在"空间背景"（a spatial text）下，进行数量水平的比较，相应地需要将用当地货币计价的"现

---

① "Ryten 报告"第 14 页第 41 段。Ryten 先生使用了"constitute a court of appeal"这种表述。

② UN ESC. 1999. Observations of the World Bank of the Report on Evaluation of the International Comparison Programme[R]. E/CN.3/1999/8/Add.1，United Nations，New York.

有价值"（current value）转换为"可比较的标准价值"（a comparable standard value）和"货币计价单位"（currency numeraire）。

进而，世界银行观察报告概括比较了 PPP 与市场汇率，PPP 可以将国家间以现有汇率计算的"现有价格水平差异等量化"（equalize the existing differences in price levels），从而具有意义；基于现有汇率转换的直接比较不是"实际数量差异"（real quantum differences）的测度，市场汇率在许多国家年度之间高度不稳定，汇率比较同时受制于"计价货币"（numeraire currency）（通常选为美元）和比较国的变化影响。

从概念上看，在分析关键部门和商品支出的跨国差异时，甚至在国内比较时，都需要 PPP。为了测度"真实数量差异"（real quantity differences），无非有两种方法可供选择，但无论是通过"支出费用"（expenditure outlays）还是"生产价值"（production value），"价格水平差异"（price-level differences）都必须剔除，从而提供稳健的福利和产出水平的国际比较。

世界银行观察报告强调，必须指明的一点是，在研究者和理论家中间有一个明确的协议：只能通过 PPP 去调整价值以消除价格水平中的差异，才能得到适当的跨国比较。

世界银行观察报告用美国经济学会（the American Economic Association，AEA）的评价作为标杆：1999 年，由于在国际比较方面的重要贡献，认定罗伯特·萨默斯（Robert Summers）教授和阿兰·赫斯顿（Alan Heston）教授为"杰出会员"（distinguished fellows）。早几年，欧文·克拉维茨（Irving Kravis）教授因在 ICP 领域中开创性的工作获此殊荣。1998 年，昂格斯·麦迪逊（Angus Maddison）教授因在同样主题方面的贡献，被邀到会做了"库兹涅茨讲座"（Kuznets lecture）。

对这部分阐述，需要注意以下几点。

（1）世界银行观察报告在与价格水平相对的概念阐述中，采用了 quantum[①]和 quantity（数量）这两个词，而没有采用 volume（物量）这个词。显然，数量与物量之间存在不可忽视的区别[②]，特别是在与价格水平相对时，无论对时间比较，还是空间比较，这种区别都有着特别重要的经济学意义，事关比较方法的当否乃至存废。笔者在《国际比较项目基本类别 PPP 中隐含的"纯价比假设"及其经济意义》[③]一文中对数量与物量的差别进行了比较系统的剖析，从而阐述了"纯价比假设"对 PPP 数据结果的影响。

---

① 世界银行观察报告为什么用 quantum 这个词，它与 quantity 在概念表述时是否同义，报告中没有做出说明。

② 参见 Francois Lequiller, Derek Blades, Understanding National Accounts, second edition, OECD Publishing: 53. 也可参见勒盖耶 F, 布莱兹 D. 2017. 理解国民账户（第二版）[M]. 国家统计局国际统计信息中心，译. 北京：中国统计出版社：36-37。

③ 参见《经济统计学（季刊）》2018 年第 2 期，第 38-67 页。

（2）从时间比较的概念转而进行空间比较的概念阐述，符合比较方法探索和实践开发的历史进程，也与人们的测度认知的成长过程相一致。但需要注意时间比较与空间比较的本质差异，注意这种差异对比较方法构建的潜在影响。不能想当然地认定，在时间比较中适用的方法就能够应用在空间比较当中。毕竟，空间多维，而时间维度比较单一，仅仅这个维度数量的差别，就完全可能给比较方法的设计和使用带来相当大的隐患。

（3）无论在时间比较还是在空间比较中，调整价值量中价格水平的变化或差异，以描述实际经济量的相对关系，都是必须的，这应该是国际比较的一条公理。然而，这种必要性并不等价于 PPP 的正确性，汇率法存在问题也并不等价于 ICP 方法具有真理性。在概念相关性阐述中，应该对 PPP 的比较机理做出更直接和明确的定义。

（4）概念相关性阐述中实际上提及了"国内 PPP"（sub-national PPP）的问题，但应该同时论及其与"一价定律"的逻辑关系，二者是否一致？也应该论及其对国民经济总量统计的潜在影响，如果切实需要进行国内购买力差异的比较，那么，GDP 统计中不同地区产出的可加性究竟如何？

（5）美国经济学会对杰出会员的表彰固然令人称赞，但是，杰出会员的成果究竟是阶段性的，还是终极真理？ICP 的概念体系构建是否已经完成？是否可以接续思考？是否可以提出疑问或补充？ICP 的基本概念研究是否还容许深入、提升和拓展？在篇幅非常有限的"概念相关性"阐述中，大段用美国经济学会的学术评价作为立论的例证，学理依据是否充分？

7.2　三大关键因素之一：方法论框架

方法问题的关键在于：如何才能达成最佳的 PPP 计算？分析者打算接受什么程度的精确性？这里有两种操作手法用来计算 PPP，以达成稳健的跨国比较，分别是"支出法"（the expenditure approaches）和"实际生产法"（the real product method），或名"增加值法"（the value added method）。

GDP 统计主要有三种方法，故而需要解释为什么 ICP 只选用两种。业内周知，"比较收入法"（a comparative income approach）无法分解出"隐含单位'价格'"（the implicit unit "price"）和"数量成分"（quantity elements），特别是"总（净）营业盈余"（gross（net）operating surplus），在该项上更是如此，因此不可用于国际比较。

世界银行观察报告指出，两种方法各有其用。但购买力比较方法应该：①采用合理的成本效益方式；②构建在常规基础之上；③所构造的跨国 PPP 合宜，具备操作意义。支出法在概念上通达（sound），实践上可行，故而，世界银行、欧盟统计局和 OECD 确定采用基于支出比较的 ICP 法。

世界银行观察报告认定，ICP 是 SNA 的组成部分。与任何国际统计框架首要关注的性质一样，SNA 特别强调"协调性"（harmonization）和"可比性"（comparability）。1993 年版 SNA，是多个国际组织发起全球性努力，对宏观经济活动采用一致的定义和分类，从而提高国际可比性。从这个角度看，SNA 详细叙述了如何调整用现行国家价格表示的经济价值，跨时间的调整针对通货膨胀，国家间的调整则针对价格水平的空间差异。

对这部分阐述，需要注意以下几点。

（1）ICP 基于 GDP 统计的三种方法，在其中进行比较选择，最终确定了以支出法为主的国际购买力比较。

（2）在讨论收入法用于国际比较的可行性时，提及了"数量价格分解"（quantity/price breakdown）的问题，正是由于收入法 GDP 统计中的子项目，特别是"营业盈余"，无法进行"数量价格分解"，所以国际比较才无法采用收入法，可见"可分解性"至关重要。

然而需要注意的是，这是基于"实际操作"视角的讨论，如果严格从"概念定义"的视角看，真正应该从事的是"物量价格分解"（volume/price breakdown）。当我们讨论"数量价格分解"时，实际上已经经历了一个从"概念相关性"到"方法论框架"实际构建的转换，用"数量"概念悄然替代了"物量"概念。在勒盖耶先生和布莱兹先生的《理解国民账户》[1]中，其第二章"区分物量和价格增长"的论述，同样存在这种从理论概念（概念性定义）到实际操作（操作性定义）的隐含转换，需要我们在学习和运用时真正把握和理解。

（3）世界银行观察报告把 ICP 方法溯源到米尔顿·吉尔伯特（Milton Gilbert）和欧文·克拉维茨（Irving Kravis）1954 年的工作，似乎还不够。在 2017 基年 ICP 结果报告[2]中，附录 A 讲述了 ICP 的历史，将其溯源到科林·克拉克（Colin Clark）1940 年发表的研究——《经济进步的条件》。该报告参考文献仅列示了 9 项与 ICP 相关的个人研究成果，克拉克先生的就有三项，可见其开创性贡献。

（4）ICP 固然应该并需要以 SNA 为基础，但这种关系其实应该是一把双刃剑，SNA 的优点可以让国际比较达到其目的，但 SNA 并不完美，其隐含的测度和核算陷阱完全可能拖累国际比较，从而形成比较陷阱。

例如，ICP 的比较基础指标究竟应该是 GDP，还是 GNI？迪顿教授 2020 年明确指出，"我们不能消费非我所属"。强调这个经济学公理对 ICP 的启示是，国际

---

① 参见 Francois Lequiller, Derek Blades, 2014, Understanding National Accounts, second edition, OECD Publishing：47-79. 也可参见勒盖耶 F，布莱兹 D.2017.理解国民账户（第二版）[M]. 国家统计局国际统计信息中心，译. 北京：中国统计出版社.

② World Bank Group. 2020. Purchasing Power Parities and the Size of World Economies：Results from the 2017 International Comparison Program[M]. Washington DC：World Bank.

购买力比较的基础指标并不天然地应该是 GDP，从国际比较机理看更应该是 GNI，对支出法比较而言，尤其如此。

好多人，包括一些所谓的现代经济学专家，竟然以为 GDP 与 GNI 差不多，而不知道这两项指标内涵差异对国际比较的重大经济学意义。退一步看，即便二者数值差不多，其背后的经济结构差异也可能相当大。"国外净要素收入"数值不大，既可能是出于经济封闭，也可能是出于投资"大进大出"，二者相互抵消的结果。

还有一条经济统计学启示是，某项宏观指标流行，未必是由于其学理正确，而很可能是必要性与可行性平衡后的选择结果，经济统计只能是可行性为王，在基础指标和标准确定之时，更多的是取决于条件约束，过后我们并不能将无奈选择当成天经地义，不应该完全放心地使用，还需要注意指标测度可能隐含的陷阱。

7.3　三大关键因素之一：数据管理过程

许多"低层级支出项目比较"（the lower-level expenditure comparisons）不可靠，其主要原因是 ICP 领域的国家层级统计工作缺乏有效的管理和监督，然而，并没有快速和容易的解决方案。

世界银行观察报告指出：一个国家的"微观数据集"（micro-data sets）必须与那些处于相近发展阶段的国家进行比较。

在 ICP 参比国范围扩展过程中，有一个平衡关系：新的参比国受邀带来反映其特殊兴趣和特征的表格，同时也必须理解参比国应该尽可能诚实地填表，并同化于现行 ICP 的实践。

对这方面的阐述，需要注意以下几点。

（1）应该广义地理解"国家能力"。ICP 的国家能力，并不仅仅是参与 ICP 基础数据收集者的能力，收集者的工作能力可以通过培训等措施得到提升，但是，国家能力还包括该国的"社会基础结构"（social infra-structure），ICP 基层操作者所面临的环境对其能力的发挥影响可能相当大，是国家能力的宏观组分，这种宏观或综合能力的提升需要一个长期过程。

（2）还要注意参比国如实提供基础数据的意愿。进行 ICP 的主要目的是政策相关的经济分析，从而客观上隐含着国家间的利益博弈。如果某国愿意突出表现其发展业绩，则可以尽可能地采集低价规格品作为样本，压低其价格水平就容易得到更多的实际产出规模数据，这种"数据结果倾向性"与 ICP 政策分析功能密切相关，内在于 ICP 过程，不可忽视。

（3）进行相近发展阶段国家间的比较，是一种客观可比性的要求，应该是一个国际比较的基本原则和信条。如果这个说法成立，那么以全球 ICP 为项目重心就与此原则相违背，因为区域内部的可比性显然高于全球各国的可比性。因此，在设计 ICP 操作程序时，区域比较和全球比较孰轻孰重，应该明确提出指导性意见，从比较学理上应该是以区域比较数据为要。

（4）国际组织与国家之间的 ICP 工作关系。相关国际组织直接进行数据的"加总过程"（aggregation process），只要求参比国提供基础数据，即仅参与"数据采集过程"（data-collection process），后续计算工作则由国际组织代理。

这种工作机制安排，究竟由于工作条件问题，还是统计权限问题，需要深入探讨。

（5）ICP 工作中投入与产出的关系。数据质量问题出于多种原因，对于"资源约束"（resource constraints）和基层 ICP 工作者"能力约束"等引发的数据质量问题，只要加大投入，就可以相应地提升 ICP 数据质量，这是容易解决的问题，也是容易下手操作的问题。

关键在于，这种问题的解决是否就足以使得 ICP 数据质量达到令人满意的程度。其他原因所造成的数据质量问题，恐怕并没有那么容易解决，此类改进的"产出"效果并不与 ICP 投入成正比，问题的解决需要一个长期的过程，因而，需要对数据管理过程进行全方位的考察、管理设计及实施。

7.4　世界银行对 ICP 的评价

在观察报告中对这个议题主要讨论了三点。

第一，对 ICP 结果的认知。世界银行（1999 年）认为，此前新近发表的 ICP 结果是可信的，但长期以来人们的认知习惯基于汇率的比较，可能对 ICP 结果抱有"直觉难以接受"（intuitively difficult to accept）的心态，使用者因此需要逐步把握 PPP 调整数据的真实蕴意。

这个表述表明，世界银行接受"直觉"认知这个进路。而今，人们对国际比较认知的习惯可能恰恰相反，经过 50 多年的不懈努力，更多的人接受了 ICP 结果优于市场汇率结果的认知。

笔者正是从"经济学直觉"这个进路提出疑问[①]，按照 ICP 的计算机制：发达国家"名义产出"中需要扣除的价格"水分"多于发展中国家，其"实际产出"相对变小的程度比发展中国家更大，即意味着发达国家"名义产出"的质量反而不如发展中国家，这恐怕有悖于经济学公理，应该是"直觉难以接受"的。

第二，对低层级支出项目比较的认知。

世界银行观察报告坦诚地指出，可以接受这样的判断：许多详细的"低层级支出项目比较"缺少稳健性和可靠性。这表现在：①有的产出（特别是服务）

---

① 邱东. 2021. 深入探索 ICP 隐含的经济测度问题——评《GDP、福利和健康：2017 年轮 ICP 的若干思考》[J]. 统计研究，（9）：143-156.

难以详细、清晰地加以说明；②质量可能存在明显差异，无法进行"充分调整"（sufficient adjustment）；③"年国家平均价格"在"价格宽幅"（a wide price band）中逻辑地下降（如印度和中国），在上述的情形中，更是如此。然而在逐层升高的总量估计中，"详细的测度"（the detailed measure）对确保更强的一致性始终是必须的。

这涉及了国际购买力比较的"内生性障碍"，即对象本身是否可比的问题：部分产出项目难以描述，究竟难到了什么程度？所谓"充分调整"何为充分？是否存在"充分"的绝对标准，越充分越好，还是我们实际上处于不同要求相悖的矛盾境地？"价格宽幅"是不是当地市场价格决定的特殊机制使然？如果这些问题内在于国际比较机理，则未必能通过加强数据管理过程的手段加以解决，从而隐含地涉及了 ICP 数据结果的可信度。

第三，关于"一致性偏误"的寻找。

在跨国比较和 ICP 采价的特殊项目中，世界银行都没有发现出现"一致性偏误"（consistent bias）的明确例证，其他独立研究也是如此。这就强化了人们对 ICP 的认知：国际比较的主要估计和宏观水平上的总体结论有效。就低层级支出项目比较存在的可信度问题而言，世界银行观察报告认为，这个观察是一个非常重要的例外。

需要存疑的是，"一致性偏误"没有找到存在的例证，并不意味着它确实不存在，持续追踪可能的、潜在的偏误，是切实提供高质量 ICP 数据的必要内容。

参 考 文 献

（1）邱东. 2021a. 深入探索 ICP 隐含的经济测度问题——评《GDP、福利和健康：2017 年轮 ICP 的若干思考》[J]. 统计研究，（9）：143-156.

（2）邱东. 2021b. 基石还是累卵：经济统计学之于实证研究[M]. 北京：科学出版社.

（3）World Bank Group. 2020. Purchasing Power Parities and the Size of World Economies：Results from the 2017 International Comparison Program[M]. Washington DC：World Bank.

（4）邱东. 2018. 国际比较项目基本类别 PPP 中隐含的"纯价比假设"及其经济意义[J]. 经济统计学（季刊），（2）：38-67.

（5）Lequiller F，Blades D. 2014. Understanding National Accounts：Second Edition[M]. Paris：OECD Publishing.

（6）勒盖耶 F，布莱兹 D.2017. 理解国民账户（第二版）[M]. 国家统计局国际统计信息中心，译. 北京：中国统计出版社.

（7）Ryten J. 1999. Evaluation of the International Comparison Programme[C]. The Statistical Commission at Its Thirteenth Session.

（8）UN ESC. 1999. Observations of the World Bank of the Report on Evaluation of the International Comparison Programme[R]. E/CN.3/1999/8/Add.1，United Nations，New York.

空间经济比较原理若干问题的探究——接续并拓展"Ryten 报告"的研究议题

ICP 已经搞了 50 多年了,然而相关基础理论尚未系统化。可能有人会说,联合国经济及社会理事会统计委员会在 1999 年不是发表了对 ICP 的评估报告[①]吗?是的,这份报告由 Jacob Ryten 先生准备,是 ICP 发展历史上非常重要的文献。然而在笔者看来[②],该报告的重心在于"项目角度"的系统审视,主要讨论了 ICP 的必要性和下一步操作路径。而且,"Ryten 报告"中本来包含了"原理型"方法论的相关议题,却一直没有引起 ICP 业内本应该有的重视。因而,ICP 还没有经过经济统计学"原理型"方法论的系统审视。

仅仅正面宣传 ICP 的优势,固然有利于项目的全球推广,但也容易让人们产生误解,似乎 ICP 已经是方法论成熟的经济统计项目,从而忽视其中隐含的种种测度陷阱。

购买力国际比较是现代经济统计学中非常重要的一个子领域,虽然在 ICP 推广过程中国际组织都编制了相应的"手册",但其中对购买力国际比较的原理仅做了最基本的交代。至于需要深入挖掘的国际比较机理则阐述得不够,比较方法中隐含的种种假设没有指明或展开论述,这些假设对国际比较结果可靠性的影响也没有得到充分的说明。用笔者的一个形象概括而言,经济统计学领域中"手册"比较多,但"脑书"则十分缺乏。在本学科的公理体系[③]构建上还需要"再度"(re)寻找(search),还需要研究(research)!需要将国际比较方法的逻辑过程加以体系化概括,并系统地给出表述,以解惑、授业并传道。

特别是,经济学理论对方法的指导作用需要重点研究、系统地梳理,给出论证,这样才能真正解决"没有理论的测度"(measurement without theory)和"没有测度的理论"(theory without measurement)这两个相互联系着的问题。尤其是,国际经济学对 ICP 究竟如何支撑?对 PPP 理论与 PPP 测度之间的关系究竟应该做出怎样的论述?理论与实证怎样互为支撑?应该看到,经济学意义的 PPP 与 ICP

---

① Ryten J. 1999. Evaluation of the International Comparison Programme[C]. The Statistical Commission at Its Thirteenth Session.

② 参见本文集的《如何深入解读 Ryten 的 ICP 评估报告和世界银行对之的观察报告》,本文实际上是该文的续篇。

③ 应该是某种"类公理"的体系,而非数学意义上严格的公理体系。

中的 PPP 之间存在相同点和不同点，故而需要深入挖掘和探索各种疑题，对"PPP谜题"（PPP puzzle）做出经济统计学的专业解释。

强调 ICP 的经济学基础，又不可限于国际经济学，国内交易与国外交易在全球化背景下存在着密切关联，有的学者认为，甚至一个经济体内部的不同地区间也有购买力差异，故而整个经济科学其他分支的相关内容都应该包括在内。例如，尽管采用支出法进行购买力国际比较，方法设计时"消费者理论"非常重要，但"生产者理论"也不应忽略。还需要指出的是，国际比较的理论基础并不限于经济科学。人们无法将所谓经济现象与其他社会现象截然分开，所以，支撑国际经济比较的"领域科学"本来就应该是广义的。

笔者认为，不能仅仅把空间经济比较当作一种指数处理的技术问题，而应该从基本概念入手进行基础性思考。再者，即便是操作性问题也需要进行梳理归纳，从中发现和总结出规律性的方法论内容。

本文尝试从以下几个方面进行探索：①经济学基础性概念对购买力国际比较的潜在影响；②对货币三种"相对"能力的思考；③时间空间因素的混同与分解问题；④ICP 的基本悖境与"操作性悖境"；⑤空间结构与空间经济比较单位；⑥系统比较汇率法与 ICP 法的思路。

1 经济学基础性概念对购买力国际比较的潜在影响

反思经济学的基础性概念，对发现购买力国际比较的潜在影响因素意义重大。

1.1 PPP 与价格

在空间经济国际比较中，PPP 本身就是一种价格水平，或者说，价格本身是货币购买力的反向表示，反之，货币购买力是价格的反向表示。设定其他条件不变，则有二者的逆向关系：价格高，货币购买力弱（低）；价格低，货币购买力强（高）。价格与货币购买力是一个事物的两个不同方面，一枚硬币的两面。由此可推论，不同空间的单项购买力差异即"单项价格差异"，而其购买力综合差异即为"综合价格差异"。正是从单项到综合的测度，让经济统计学面临着"惊险的一跃"，其方法论价值（意义）立废的关键在此一举，正如同资本从商品到货币的市场实现一样。

各国经济结构不同，而购买力总是在一定经济结构下形成，故采用单项价比再加总的方法未必总合宜，也未必完全合宜。例如，住房价差造成的经济损益可以用交通价差来弥补，比如日本房价很高，但跨城市的铁路通勤非常便捷且便宜，从而得到某种程度的弥补。不同国家有不同的平衡方法，市场博弈本身在进行某种综合，ICP 的人为综合不过在估算这个博弈过程的结果。

广义地理解，事物都有其价格，所谓"事物"包括商品、生命、幸福、女性、工作、文化、信仰和未来等。如果这种说法成立，那么反过来说，是不是价格变动包含了所有这些不同事物的影响？价格扭曲因素对 ICP 是一种冲击，这种冲击究竟是外生的，还是内生的？

扣除了价格因素之后，未必一定可以得到实际经济规模，因为价格信号可能有扭曲。我们需要当心"可比"和"等价"的前提：只有在完全自由竞争的市场经济中才无此扭曲，所以，采用市场价格来进行国际经济比较，隐含了价格信号无扭曲的假定，即市场是充分竞争的，质价之间可以切割得非常干净。

不同国家的市场发育程度不同，市场垄断源（政府、跨国公司、非政府组织等）不同，价格扭曲形态也不同。总扭曲水平不同，价格结构中不同价格的扭曲程度也不同，所以，关于价格信号的假定至少部分失效。

按照 ICP 的设定，如果价格因素被剔除了，就可以得到国家之间较为准确的物量比率。问题在于：价格因素真的能剔除干净吗？价格可能：①A 国、B 国都高估；②A 国、B 国都低估；③A 国高估、B 国低估；④A 国低估、B 国高估。四种情况①对比率的影响如何？如果对这些影响的测度不准确，则可能意味着价格因素并没有剔除干净。

1.2　支付价格的广义解读

在市场交易中，消费者所付出的绝不仅仅是现金，还有其他项应该纳入视野，即对"支付价格"应该采用广义的解读：

消费者支付的广义价格 = F（现金货币投入+交易行为投入+个人信息投入）

其中，"交易行为投入"包括时间、知识和精力的投入，比如寻找标价最便宜的商店，或探讨是否有折扣机会等。广义价格②的上述三个基本项目可以有不同组合，某一项投入（支付）多，其他项可能投入少，彼此之间存在替代性。

对"支付价格"做广义解读的意义在于，我们应该看到："现金货币投入"低，并不一定意味着价格低。发展中国家消费者投入的现金货币也许没有那么多，但为了尽可能减少"现金货币支出"，其"交易行为投入"和"个人信息投入"往往更多，用交易中付出的"劳务"和"信息"替代"现金货币支出"。从整体上看现金账，少支相当于多收。

---

① 仅仅从方向上区分，如果再加入程度因素，则可分解的状况更多。

② 笔者在 2018 年首次正式提出相关思考，参见邱东.2018. 经济测度逻辑挖掘：困难与原则[M]. 北京：科学出版社：21-22.

购物（shopping）是家务劳动的一部分，具备生产性。即使没有购买行为发生，也可能是生产性的，可能是一种心理训练，相当于企业的研发，购物过程可以培养自己对于商品的购买能力，甚至品位和鉴赏力。提高自己的购买能力，是生产的一种准备和培训。当然，它同时又可能是一种消费行为，比如逛商城（mall），甚至橱窗浏览（window shopping）都可能是一种心理满足。

需要强调指出的是，不宜将价格完全视为 "显示性偏好" 所认可的支出。其理由还在于以下几点：①交易未必是 "显示性偏好" 的实现，可能是强势方（"价格决定者"，price maker）借势压人；也可能是弱势方（"价格接受者"，price taker）别无良策，或只能及时止损。② "价格决定者" 和 "价格接受者" 这些概念的出现，本身就表明了市场经济并不是那么纯粹和自由，并非由千千万万个平均大小的企业和消费者相对而构成，并不存在 "纯市场"。③消费者的经济偏好都是特定的，都有其相应的时空限制。

由此带来的问题是，如果价格未必是 "显示性偏好" 所认可的支出，尽管价格与消费者的偏好密切相关，所谓 "显示性偏好" 中的 "显示性" 这个前置还有必要或适宜吗？

1.3　确认产品质量差异时的信息成本和时间成本

成本也是广义的，确认产品质量差异这个行为本身需要付出信息成本和时间成本，"经济可察觉差异"（economic noticeable difference）就包含了这层含义。然而，不同行为主体，愿意花费的信息成本和时间成本不同。对不同产品而言，人们愿意花费的信息成本和时间成本也不同。

ICP 方法本质上是一种 "还原法"，因而在 ICP 运用中如何认知其 "原" 非常重要，程序设计中是否忽略了人们确认产品质量差异的信息成本和时间成本，或者假定了：对同一产品而言，人们付出的信息成本和时间成本相同？

不同收入水平的人，比如仅仅区分富人和穷人两组，购买不同产品的时间成本和信息成本并不同，对相似产品差异的敏感程度不同，对不同类别产品质量差异的敏感程度也有很大区别。

在国际比较过程中，因为对产品的差异认识不够，忽略了其隐含的差异，将之放在一个项目（item）里。又因为产品在一个项目（item）里，就认定它们的差异不大，这里恐怕存在 "自我指涉" 的问题。

国际比较对象即 "物量"，其中包含了质量因素，而质量因素的测度存在不确定性，故而可能导致比较结果的不确定性。对不同经济主体而言，其所指涉 "物量" 的定义域不同，所以 "一定" 物量的说法严格而论存在着模糊性。

地理划分仅仅是空间范围的一个因素，空间范围可以从不同因素来区分。比如 GDP 与 GNI 就是按照不同因素（经济领土或行为主体国籍）确定空间范围的典型例证。

　　如果漏测了质量因素，"物量"数值实际上会变少，即价格高估，货币购买力低估。对富国而言，这种漏测的机会更多一些。穷国的现代服务业不发达，其产出中隐含的质量因素少，漏测的机会也少，价格高估的机会少，货币购买力低估的机会也少。仅仅采用富国穷国两分法来检视数据结果，两种漏测因素及其叠加就可以说明国际比较中存在系统性偏误的可能性。

1.4　效用与产品篮子相同的必要性

　　按照 ICP 的程序①，计算 PPP 时并不要求各国采用"相同的产品篮子"（an identical basket of goods and services），其参加比较项目的组合变化要依据各国的经济、社会和文化差异（the composition of the basket will very between countries according their economic social and culture differences），而所谓"相同的物量"（the same volume）关键在于"相等满意度"（equivalent satisfaction），或者"效用"（utility）。这种表述意味着，在国际比较中不同结构的产品篮子可以等效。

　　这里需要思考以下相关问题。

　　第一，既然产品篮子不同也可以提供"相等满意度"或"效用"，那么确认"同一产品"的必要性又何在呢？相同产品篮子都未必能提供"相等满意度"或"效用"，更何况不同的产品篮子呢？再者，根据什么来判定不同产品篮子可以提供"相等满意度"或"效用"呢？如果把目标定在"相等满意度"或"效用"上，则篮子的作用就可能虚化。

　　第二，以"效用"作为"产品同一性"的内在判断标准，就包含了人们的主观感受。所谓"同一产品"，即产品的"效用"对消费者而言无差异，他们不准备为产品选择增多（减少）支付。不过有的消费者并没有能力对产品差异做出鉴定，对真实"效用"失察，或者他们也不愿意为这种鉴定付出"学习成本"（长期的和短期的信息成本）。对所谓"同一产品"，不同人的主观偏好和感受不同，这样就无法用统一标准确定产品的同一性。在上述情形中，以"效用"一致作为确定"同一产品"的依据，是否存在"内在的不适性"（intrinsic unsuitability）或"内在的不确定性"（intrinsic uncertainty）？

　　第三，"效用理论"基于两个公理②："可比较性"（或"可测度性"、可识别性），

---

　　① 参见 European Union，OECD. 2012. Eurostat-OECD Methodological Manual on Purchasing Power Parities [M]. Luxembourg：Publications Office of the European Union：431

　　② 参见赫舒拉发 J，格雷泽 A，赫舒拉发 D. 2009. 价格理论及其应用[M]. 李俊慧，周燕，译. 北京：机械工业出版社：62-63.

当事人可知"效用"的大小；不同产出间的"效用"存在"可传递性"。但如果"效用"多元，则这两个公理：不完全成立，或二者可能互逆，或存在无法同时成立的情形。

试想，若将"效用"分解过细，则超出人们的认知能力，可识别性差；若产品定义过粗，则未必可传递。两个公理只能确保其一，至少两个性质之间有矛盾之处：可识别性与可传递性未必处处兼容，或不能同时成立；若增强可传递性，则会减弱可识别性，反之则会增强可识别性。然而，"效用理论"却要求这两个公理同时成立。"效用理论"的成立为什么需要这两个公理？需要思考并阐述其机理及其对研究结论的影响。

第四，"效用"本是多元的，但计算"单位效用"和"边际效用"，则需要假定"效用"是单一的、同质的、无差异的。在经济分析中，"效用"只能是不同"效用"因素的加权组合。如果"效用"并非同质，或是一种组合加权，那么在"效用同质性假设"下，对数量分析数据结果的影响是什么？例如，对"同一"消费项目（实物或服务）而言，不同消费者识别"效用"的着眼点不同，该因素的权数因而不同，这种主观性差异对"效用"比较的影响如何？

1.5　"域理性"还是"点理性"

"经济人理性"之说存在重大逻辑缺陷，不仅仅在于"完全理性"无法达成，人类在理性程度上不可能"完全"，因而只能是"有限理性"（limited rationality），其实更为关键之点在于，理性的认知和实现方式本为多元（multi-dimensional），故而应该校正为"多元理性说"[①]。

人们决策时往往从综合角度来进行"成本效益分析"，极少人极少数场合决策时会孤注一掷。既为理性，则必然是"合成理性"（synthesized rationality）或"综合理性"（comprehensive rationality），或者从空间角度看，是"域理性"（domain rationality），而非"点理性"（point rationality）。

若秉持综合理性，则消费者未必在意某个单项交易的得失。消费者追求利益最大化，但并不是单项地追求，而是综合地平衡。这一点，对于我们考虑价格构造和价格水平的形成具有特别的警示意义。精确定义"同一产品"，再进行其价格的比较，进而加权汇总，实际上隐含着"点理性"假设。按照 EU-OECD 国际比较手册[②]，"产品相等或相似"被定义为：以同等效用满足要求，以至于消费者对产品差异不敏感，不准备改变（增加或减少）支付数量。

---

① 笔者第一次正式提出"多元理性说"是在 2012 年，参见邱东. 2012. 中国非二[M]. 北京：中国统计出版社：238-284.

② 参见 European Union，OECD. 2012. Eurostat-OECD Methodological Manual on Purchasing Power Parities[M]. Luxembourg：Publications Office of the European Union.

然而在现实经济中，不同消费者对产品差异的敏感程度不同，在时间和空间上都会在不同应对方案之间"折中"（tradeoff）。消费决策本身也需要成本和时间，有时消费者为了减少决策成本和时间而多支付现金。此外严格而论，所谓"同等效用"实际上并不可测，"同一质量"（identical quality）也并不可测。

美国前总统特朗普当年收购过一个濒临倒闭的橄榄球俱乐部，花费了 900 多万美元，后来该俱乐部确实倒闭了。在外人看来，特朗普的公司损失了其投资，而特朗普本人却认为自己赚大了。因为通过打官司等后期活动，特朗普公司的知名度大增，其"总品牌价值"提升。特朗普自认为其收益远远超过 900 多万美元的投入，屡屡提起这件事儿，他总会认为这是一笔非常合适的投资。这件事可以作为"合成理性"的一个典型案例。

间接测算的金融中介服务（financial intermediation services indirectly measured，FISIM）的存在也表明了综合理性的行为方式。金融机构向客户提供间接金融服务，却未明确收费，但银行和金融公司并不是非政府组织，不是在做慈善，而是采用了一种"堤内损失堤外补"的取费方式，FISIM 恰是对这种综合理性下金融交易的一种记录方法。

现代物理学告诉我们，不同结构中的"相同个体"实质上并不完全相同。实物粒子如此，更何况人类社会事物？在"综合理性"的语境下，微观"还原法"的可用性值得深入考虑。再者，整体上可行的建模思想，采用微观"还原法"加总还需要具备分布条件，除非确信基础数据呈正态分布，否则其中隐含的测度（或比较）偏误会积累放大，而非相互抵消。统计工作者和数据用户应该牢记于心的是，"平均意义正确"意义有限，至少需要具备一个前提条件——基础数据呈正态分布。

1.6　支出法中是否可以考虑"生产者视角"的添加

厂商在交易（即价格决定）中的作用如何在购买力国际比较中加以体现？例如，厂商当前减价销售，可能是为了增加未来的潜在收益，或减少潜在的存货损失。虽然这种成本或收益具备或然性，但在空间价格比较中也应该加以考虑。国际比较有"生产法"路径与"支出法"路径的区分，是否采用了"支出法"，就无法或难以考虑厂商在定价中的作用？

如果将消费者视角和生产者视角结合在一起，采用"性价比"（cost performance ratio）指标进行比较应该更加符合经济现实，或许比单独考虑价格更好，这是不是国际比较的一种可能进路？当然，性能和价格都是不确定的事物，然而二者在一定条件下对比，其结果的不确定性或许反而会降低。

就国际比较而言，"支出法"路径与"生产法"路径孰优孰劣？支出项目中太多效用差异由消费者确定，而消费者对质量的看法千差万别，很难定出一个统一标准。而在"生产法"中，标准确定的可控性相对比较强些，从这个维度看是否更具比较优势？

1.7　多元文化差异对国际购买力比较的影响

由于多元文化之间的差异，服务标准难以形成一个唯一的评价序列，与其价值（价格）严格相对应，从而影响了服务标准的权威性。这里需要注意"水平"（level）与"集合"（set）两个概念的维度差异，当我们采用"水平"一词时，往往已经隐含了某种排序维度，而"集合"则是多元的。

比如，教育服务中，英语教师的水平标准就难以形成质量高低的序列，英式英语、美式英语、澳式英语等，很难确认究竟哪一种英语的教授质量更高。在这种多元文化的情形下，价格差异与质量差异究竟如何区分？如果在美国生活，美式英语教学更被看重，但到了英国，只有英式英语才更为正宗，所以两国语言培训市场的价格差异与其质量差异难以确切辨识。

再看市场发育程度对购买力国际比较的影响。价格制定者、价格构造参与者和价格接受者，在市场经济发达程度不同的交易中，经济主体的角色不同，在价格决定过程中的作用也不同。市场越发达，竞争越充分，消费者作为价格构造参与者的比例越高。

一般而言，发达国家的消费者作为价格构造参与者的比例高于发展中国家。SNA 本身有五大经济主体的设定，但世界各国的市场发育程度不同，故不同主体的身份实现程度也不同。采用一个统一模式进行国际比较，实际上假定了各国市场发育程度相同，恐怕难以真实地测度差异。

2　对货币三种相对能力的思考

在笔者前期关于 ICP 的两篇论文[①]中，对此话题已有论述，这里进一步展开。

通常我们强调：货币 PPP 是一个相对的概念，其实货币购买力乃至货币本身就是一个相对的概念。货币购买力是相对的，但需要强调指出的是，这种相对性并不仅仅表现为货币与商品的相对，而至少表现在三个主要方面。

[①] 参见笔者的两篇论文：《国际经济比较方法论问题的再思考——ICP 的 RAQs》，国家统计局 ICP 研究项目报告之一，正式发表在邱东、吕光明等所著的《国家统计数据质量管理研究》，北京师范大学出版社 2016 年版，第502-505 页。也可参见《看懂中国 GDP》，北京大学出版社 2015 年版，第 24-40 页。《PPP 同质度指数的设计》是笔者在上海财经大学 2013 年经济统计学研讨会大会报告的论文。可参见《看懂中国 GDP》，北京大学出版社 2015年版，第 40-45 页。

2.1 货币的购买力是货币与商品（货物与服务）相对的能力

相对于一定的物量①，若货币多，则其购买力弱，若货币少，则其购买力强，二者成反比关系。如同红军和蓝军两军对垒，"以一当十"还是"以一当一"？所谓势均力敌表现在数量和质量上的相互平衡关系。经济统计从宏观意义②上去估计这种对比关系，但需要注意如下几点。

（1）消费者并不是用"平均价格"去实现消费，他们是在其所存在的特定经济时空中消费，此时货币的能力应该表现为商品的实地实时价格。

（2）尽管我们计算了货币 PPP，但世界各种交易市场上，人们还是以时下的市场汇率为准进行各自的国际交易。

（3）不同国家的货币所对应的商品范围不同，强国的强势货币为其他国家的人所接受或需要，相应地其所能对应的商品就超出了其国家范围，所谓购买力强，恰恰是强国所辐射对应的商品范围广。

（4）还需要注意的是，货币本身也是一种商品，特殊商品，因大家都接受而成为一般性商品——"通货"，进而演变成信用符号，以国家权力（政府权力）为信用保障，成为一般等价物，这是货币从实现角度看的第一位功能，其他功能都由此生发而来。

2.2 货币购买力功能与货币其他功能相对的能力

购买商品的支付功能只是货币的功能之一、货币能力的作用去向之一。货币还有其他功能，比如价值尺度、储蓄手段、计价手段和世界货币等。

作为储蓄手段，货币与商品的相对关系可以在不同时间及其空间调配，这体现了货币在不同功能之间可以转换。从时间角度看，若同一消费者往期的储蓄存量中有部分转到当期购买商品，或有消费者从外地借款用于当期购买，则当期当地处于交易状态的货币量增多。存量与流量差异变动与货币在不同职能间转换相关，货币的购买力（purchasing power）与"储蓄力"（saving power）之间可能存在着某种消长关系，故而，比较不同货币的购买力，忽视其"储蓄力"恐怕不妥。货币的"储蓄力"，在时间维度上可体现其"未来的或潜在的购买力"（future or potential purchasing power），或未来更大的获利空间。

国际比较所考察的购买力（purchasing power）通常着眼于本期（即期或现期），

---

① 实物和服务是物量，而非同质前提下的数量（quantity），不同国家该物量集合不同，对应的货币量也不同。

② 在估算方法上则通常表现为加权平均数。

但如果人们着眼于未来消费或财富积累，本期货币收入并不一定用于本期使用，这样就部分个体而言，用于购买商品的货币量会减少，用于储蓄的货币量会增多。

从经济总体上看，用作储蓄的货币或许可能转化为他人用作购买的资金，某些人的"未来购买力"会转化为他人的"即期购买力"，如果这种转化全部实现，则在货币购买力比较中似乎无须考虑"货币储蓄力"问题。ICP 专注于货币购买力比较，实际上隐含了这种"货币储蓄力"全部转化的假定。

但就某个特定时间和空间对特定经济主体而言，用作储蓄的货币会表现为用作购买支出的总资金的一个减量。在一定空间内，较少用于消费的货币量与特定类别的消费品（货物和服务）相对抗，货币紧俏即其购买力趋于增强，则该类消费品（货物和服务）的价格趋于下降。反之，如果人们将前期储蓄的货币用于本期的消费，则表现为较多的货币与当期的消费货物和服务相对，货币宽松即其购买力趋弱，则消费品（货物与服务）的价格趋于上升。

当然，对某类经济主体而言，假设其储蓄全部自动转化成其他类别经济主体的购买，那么宏观上用于购买的货币总量不变。其货币购买力与储蓄力转换导致其对商品的需求变化，可能会同时引起其他经济主体对商品的需求变化，即设定货币在同一时空内发挥借贷功能，或者增加对投资品和消费品的需求，在这种隐含假定下，储蓄力与购买力总体上相同，此长彼消，故而在总量上无须考虑储蓄力因素。

但问题在于这种转化存在特定时空上的结构性差异，所以，比较不同空间货币购买力时仍然需要考虑这种流量之间或存量与流量之间的转换关系。总之，部分人群的储蓄并不自动转化为其他人群的消费，即便发生这种转换，消费结构也发生了变化，不同时空中货币与商品的相关关系会发生相应的变化。

2.3　某种货币与其他货币相对的能力

货币并非仅仅与本国的货物和服务相对形成购买力关系，还与其他货币相对形成购买力关系。从这个角度看，货币购买力可分为两类：一类是与购买对象（货物和服务）相对的能力，另一类是与其他货币相对的能力。货币作为"一般等价物"，也可以是其他货币购买的对象。货币对其他货币的购买力与对商品的货币购买力之间究竟是什么关系？是否隐含了 PPP 与汇率之间某种程度的"内在一致性"？需要深入探讨。

从空间角度看，除了国际贸易引发的外币流量需求之外，强势货币也会引发国外需求——作为财富或保值手段。强势货币不仅购买力强，而且其"储蓄力"也比较强。而储蓄力强的货币会导致其存量和流量的较大差别。若外国购买本国货币，或本国购买外国货币，则当期本国用于购买商品的货币相对减少；若在国外的本国货币回流，则当期本国用于购买商品的货币相对增加。可见，外汇市场与本国商品市场也可能发生相互作用，只有假定外币市场出清，或此类相互作用并不存在，才能在国际比较中忽略之。

强势货币容易成为世界货币，如美元几十年来一直是一种强大的储蓄和投资手段，用于形成跨期，特别是跨经济体的购买力，改变了当期某个经济体的购买力，即改变了与当期该经济体货物服务相对的购买力。除了美元以外，其他强势货币也存在此种与购买力之间的消长关系，只是程度不同而已。

货币与货币之间的购买力性质不同，美元的当期购买力究竟有多少是由于"铸币税效应"而得到强化或弱化的？也需要深入探讨。无论如何，美元与世界其他国家货币有着本质区别，在 PPP 的测度和比较中是否需要特别处理？值得深思。

崔之元教授在《路德宗教改革 500 周年的意义》[1]中指出：美元的价值储藏功能目前还很难被取代。2008 年"次贷危机"时美元竟然大幅度升值，这种"美国例外"为什么会发生？与各国投资者在高度不确定的危机时期寻求"价值储藏"避风港有关，而美国国债市场的流动性和深度提供了此功能，尽管购买美国国债的收益率并不高。Barry Eichengreen（巴里·艾肯格林）等用"原罪"一词来比喻发展中国家本币的长期国债市场不发达，无法用本币在国外市场发债，甚至欧盟都难逃此运，至今未能发展出统一的欧洲债券（Eurobond）。

当然，就货币之间的相对关系而言，不只是美元存在特殊功能，其他发达经济体的货币也能部分地表现出其特殊优势，他们的货币如英镑、日元和欧元，在一定程度上也属于强势货币。强势货币成为货币间交易对象的机会多，而弱势货币在这方面的机会就相当少，"特别提款权"（special drawing right，SDR）由强势货币构成，也存在此种购买力差异。在进行国际经济比较时，是否应该考虑剔除美元作为"世界货币"的因素？以美元为基准进行货币购买力比较，是否忽略了这一因素？是否会夸大测度货币的上述第一类能力（货币与购买对象即商品相对的能力）的偏差？

综上，货币购买力的比较应该是相对的，而这里"相对"至少包含三层含义：①货币与商品（实物与服务）相对；②存量与流量相对；③本币与外币相对。

笔者提出了三种不同的货币购买力的相对关系，需要深入思考的问题在于：货币购买力的这三种对应关系彼此之间究竟如何？它们如何相互作用？它们各自的作用可以做独立的分析吗？ICP 所测度的究竟是哪一种（或几种）对应能力？汇率反映的又是哪一种（或几种）对应能力？我们究竟应该测度货币的哪一种（或几种）对应能力？我们现在所采用的测度和国际比较方法做到了哪种程度？

---

① 2017 年 12 月 18 日"新雅讲座"Vol. 101，PPE 专场。

3　时间空间因素的混同与分解问题

时间比较中，名义价值剔除价格指数等于实际价值，这里实质上假定了产品质量不变，价格指数本来是对"纯价格"变动的测度，对质量因素而言应该是静态的。这是一种"点理性"：若基本空间单位足够小，且时间足够短，该假定近于成立；对宏观经济而言，若时间延长，空间扩展，则假定并不成立。

在真正的实证分析中，并没有纯粹的时间比较，或者说很少有纯粹的时间比较。只要时间序列的比较单位足够大，则必然包含空间因素。严格而论，时间序列分析中必然包含空间差异因素，时间比较指数的空间层次不同，所涵盖的空间范围越大，则所包含的空间差异的影响因素越多。比如国家时间指数与地区时间指数或城市时间指数相比，就包含了较多的空间差异因素。此时，就容易出现误将空间差异因素当作时间变动因素的风险，且此风险究竟能有多大？甚至我们不知道该风险是否可测。

同样，空间经济比较 PPP 需要计算基本类别的"年国家平均价格"，这个价格既要计算"年度"（指 ICP 项目的"基准年"）的平均价格，也需要计算"国家"的平均价格，前者就势必将时间变动因素包含在空间差异比较中。

时间变动因素与空间差异因素混淆在一起，不易分解，从这个角度看，任何数据本质上都是面板数据（panel data），由此需要深入考察面板数据模型的计算逻辑究竟如何？是否存在"测度不确定性"问题？在多大程度上存在此类问题？物理学中有测不准定理，事物的位置和变动率只能测准其一，经济学难道可以超越物理学，同时测准价格的空间差异和时间变化？是否可以这样去比较？也涉及了面板数据模型的法理性。

在 ICP 中，"年国家平均价格"的内涵应该做详细的分解。所谓"年"，是对时间的平均；而"国家"则是对空间的平均，综合在一起，这是时空的双重平均！计算年度的"国家平均价格"（national average price），时间比较肯定包含了空间比较因素，而空间比较也包含了时间比较因素。确定"年度国家平均价格"时需要做两种调整：空间因素调整和时间因素调整。[1]这就说明它是时空双重平均。

同样，时间指数也同时是空间指数，即便在同一空间地理范围（县、市、省或国家）内，其他空间因素的差异也仍然存在，仍然在变化中。好多空间因素其

---

① 参见 European Union，OECD. 2012. Eurostat-OECD Methodological Manual on Purchasing Power Parities[M]. Luxembourg：Publications Office of the European Union：17.

实是固定不了的，只有地理因素相对容易明了。这与时间因素不同，时间是单维的，容易做固定的人为切割，比如年、季、月、旬、周和日。

通常，在进行时间比较时我们需要假定同一空间，而实际上不可能做到完全的相同空间。在进行空间比较时也需要假定在同一时间，而实际上也做不到完全的相同时间。时空在绝对意义上是不可分的。

为了更好地进行某种特定维度的比较，我们在经济统计项目中需要专注于时间变化或空间差异，尽可能剔除其他因素。在时间比较时尽可能将相同（相近）空间事物作为比较对象，在空间比较时尽可能将相同时间的事物作为比较对象。此乃经济测度的一种"定格处理"，操作之所必须，关键在于这种定格处理的有效性。

事物本身不断地处于变化之中，但经济测度时需要假定其处于静止状态。事物本身与外部世界存在着千丝万缕的"有机"联系，经济测度却需要断然"切割"，假定事物的外部边界清晰可辨识。这就是经济测度的"定格悖律"，不得不与现实的时空状态相悖，非此便不能实现有效的测度。[①]

从比较维度多寡而论，空间比较方法可以用于时间比较，但反之则可能难以成立。因为空间比较单位是多维的，而时间比较单位是一维的。空间指数与时间指数存在两个基本差异：一是比较单位的维度不同，二是所面临的贸易障碍程度不同。

4　ICP 的基本悖境和"操作性悖境"

4.1　ICP 的基本悖境

"可比性与代表性之悖"在业内众所周知，ICP 需要在二者之间搞平衡，而不能只顾一端。

但需要深入探索如下内容。

第一，是否确实存在一个可以兼顾二者的区间？一端是必须达到的可比性水平，超越该水平之上便是比较所允许损失的可比性；另一端是必须达到的代表性水平，超越该水平之上便是允许损失的代表性。这两端合在一起构成一个区间，使得国际经济比较数据具备起码的可信度。

---

① 2015 年，笔者强调提出了"配第切割"的概念。配第先生开创政治算术是有其前提的，定量分析只应该针对那些可以定量的社会现象。我们还可以从圣经故事中得到启发，即便教徒所信奉的万能上帝，在为亚当创造夏娃时，也必须先让亚当沉睡，然后才能从其身体中取出肋骨，为亚当造出"汝人"，即他的骨肉至亲。笔者在《经济测度逻辑挖掘：困难与原则》中对相关基本理念做了阐述，参见该书第 108 页、第 122 页等处。

在这个区间里，能否考虑可比性与代表性的"损失替换比率"？考虑操作中可以损失多大的可比性以换取一定程度的代表性提升？或者反过来，可以损失多大的代表性以换取一定程度的可比性提升？是否存在这样一个一般性的"损失替换比率"，得以正确反映出二者在国际经济比较中的重要性程度？

在需要"纯价比假设"和"等价比假设"的情况下，如何证明 ICP 各种 PPP 汇总方法的有效性程度，这应该是国际经济比较研究中的重大课题，应该给出支出法 ICP 在这两个假设与经济现实不符时仍然优于汇率法和生产法 ICP 的证明，至少需要做出说明。

第二，销售量大小、价格高低与产品代表性强弱三者关系究竟如何？恐怕存在不同规律，未必全部表现为商品销售量大其价格就低，其代表性就强，未必这个"大、低和强三者组合"总是成立的。销售量大有代表性，但价格低未必就一定有代表性。"产品代表性"与"价格代表性"未必一致。

对不同层级的消费者而言，代表品不同，其质价关系也不同。对大众消费者而言，代表品销售量大，价格可能低。对高档消费者而言，代表品销售量未必大，价格可能高，销售额可能大。如何考虑这种消费层级区分的影响？在不同类型的国家，比如发达国家、新兴国家和发展中国家，高档消费品的比重各占多大？

断言销售量大、价格低的产品为代表产品，销售量小、价格高的产品为非代表性产品，是否需要进一步在世界各国搞实证分析，究竟多大比重的产品是这种情况？在日本就存在由文化习惯造成的反例，人们比较推崇本地产品，本地产品比某些外国名牌的产品价格还高，销售量也很大，如何解释？

ICP 比较基于这一判断：销售量大、价格低，该产品为代表品。如果存在其他类型的现象，又应该如何调整计算？这个判断是否仅在某个消费层级某些消费品中成立？"吉芬商品"和奢侈品是否为其异常情况？面临所谓异常情况又应该如何处理？

第三，如何理解国际比较的内在一致性？

应该明确认识到，一致性不等于标准的统一性。对一个国家而言，"一致性"有两种含义（进而有两种解读角度）：一是与国际标准一致；二是与本土经济现实一致。关键问题在于：哪一种含义优先？

在 ICP 的标准使用中，究竟哪一种处理更符合一致性？一是全球使用同一标准，二是不同类别的国家使用不同标准和方法：发达国家使用高标准和严格方法，因为其经济更为复杂；发展中国家使用低标准和宽松方法，因为其经济比较简单。这样都与其所面临的经济现实更为匹配。比如 ICP 需要确定产品目录，究竟是不同地区采用不同目录（EU-OECD 目录产品数目较多，其他地区目录产品数目较少），还是全球采用同一个产品目录？哪一种处理更为合宜？

对"一致性"的深入认识是否影响对可比性与代表性之间的折中处理？

4.2   ICP 的操作性悖境

除了基本性质的"比较悖境"外，国际经济比较项目还面临着一系列"操作性悖境"。

（1）只有参加项目的经济体多，才能成为全球性的国际经济比较，但纳入的经济体越多，数据基础差的经济体就越多，整体数据基础就越差；参与 ICP 越晚的国家，从经济发展水平看其经济异质性越强，客观上越不可比。而且，因为比较方法自身的"传递性"，低质量的价格和 GDP 数据是否会影响他国的 PPP 和"实际 GDP"（real GDP）？ICP 对基础数据质量敏感，总体数据结果恶化的可能性也就越大。一方面是追求 ICP 的全球性范围扩展，另一方面是数据结果质量的可靠性诉求，二者可能相悖。

需要明确的是：富国需要国外为其提供基础产业加工和廉价消费品，其获利往往基于全球平台，故而对全球经济比较的数据需求程度显然高于穷国。要求穷国参加 ICP 项目，提供作为国际比较项目基础的数据，即为一项全球公共品的生产提供原材料，客观上更多的是为富国利益服务。但从国际比较的必要性看，在富国，其 PPP 值与汇率值往往相近，而穷国二者则相差比较多，似乎穷国的数据更需要 ICP 的"校正"。这两个观察角度得出的认知相悖。

（2）产品分类越细，"产品重合率"（overlap rate）越低。但只有分类细致才能找到国际的"经济同一产品"①。确认产品时用的特征（characteristic）越多，则遗留在价格测度中的质量因素就越少，价格就越纯。匹配项目的价格比率越纯，包含的质量因素越少，则不同经济体之间的非匹配项目越多，这样对"等价比"的要求就越高。"纯价比要求"与"等价比要求"之间存在着彼此消长的关系。顺应"等价比要求"则产品的重合度应该高，用比例推算的价比数据较少。顺应"纯价比要求"则应该包含尽可能多的项目特征，容易导致"产品重合率"降低。

（3）只有比较方法精细，才能得出准确的比较结果，但方法越精细，需要的假设前提就越多，对经济事实的人为构造的成分就越多，结果就越可能是"构造性事实"（constructed facts），而不是"原发性事实"（primary facts）或"观察型事实"（observed facts）。观察值与估算值究竟何者为重？需要对此悖境做出协调。

（4）ICP 相关文献曾揭示，"总可比性"（overall comparability）与微观上的"项目可比性"（item comparability）并不完全相同（或一致），项目可比性提高

---

① 笔者在本文集《价格测度不确定性定理与"宾大效应"》中阐述了 ICP 的这个操作悖境。

了，总可比性反而可能下降。然而，"金字塔法"的可行性恰恰正在于总可比性与项目可比性二者的一致性，从而存在相悖的可能，究竟应该如何协调方法与现实的矛盾？

（5）从可比性要求看，方法改进不应该分区域局部地进行，否则总体数据可能出现系统性偏差。EU-OECD 国际比较手册 2012 年版（1.10）列示，GDP 物量的国际比较需要四个条件，其中第二个条件就是不同国家的 GDP 测度相同。但就国际比较项目中"教育产出"测度而言，如果发达国家由"间接法"改用"直接法"，就破坏了此条件。在全球背景下，其他地区的教育产出都采用"投入法"（即"间接法"）。EU-OECD 计算教育产出的具体指标是"学生受教育时数"，这个指标在非洲有些国家试算会造成不可接受的结果。计算方法不同，二者的数据结果就不可比，容易出现系统性偏误。但全球同步进行方法改进的可能性又比较小，通常是发达国家有需求且有条件，可以先行一步。方法改进的需求与可能二者相悖。

（6）若以人均 GDP 水平为代表指标，"经济距离"比较近的发达国家，其 ICP 结果与"汇率法"结果相差不多，仅从数据看似乎不必在汇率法之外另起炉灶再搞 ICP。但如果"经济距离"比较远的话，搞 ICP 的结果未必有那么重要的经济意义。迪顿教授在《逃离不平等——健康、财富及不平等的起源》中介绍过，SNA 的设计者理查德·斯通（Richard Stone）教授早年曾经质疑，富国与穷国进行经济比较的必要性究竟如何。

（7）如果区划合宜，则某区域内参比国的"经济距离"相近，经济相似性高，则区域的可比性高于全球比较，由此，区域 PPP 的数据质量高于全球 PPP，但 ICP 的使命是测度全球实际经济规模，究竟应该以何者为重？ICP 的"可比性诉求"与"全球性诉求"二者之间相悖。

（8）如果不完全否定汇率法，似乎 ICP 的存在意义就比较弱，毕竟研发 ICP 的动因就是要弥补汇率法的缺陷。但 ICP 又无法全面替代汇率法，也无法与汇率法完全切割干净。[①]两种情形相矛盾。应该看到，我们在国际比较中忽略了二者相一致的一面。

（9）ICP 发挥社会功能与数据中立性要求之间的悖境。如果不注意发挥 ICP 的社会功能，甚至项目所需要的资源都无法得到保障，但社会对统计数据又非常强调其中立性，从而可提升数据的可靠性。这两种要求相悖。[②]

ICP 操作中还存在哪些悖境呢？恐怕还需要深入挖掘。

[①] "相对价格水平"原来的名称更成问题，所谓"汇率偏差指数"把测度偏误完全推给汇率一边。

[②] 笔者在《如何深入解读 Ryten 的 ICP 评估报告和世界银行对之的观察报告》3.2 节中对此有过较为系统的论述。

5　空间结构与空间经济比较单位

2013 年笔者撰写了《国际经济比较方法论问题的再思考——ICP 的 RAQs》[1]初稿，该文第三节为"空间结构及其测度比较"，内容分为：①参与比较经济体的范围；②参与比较经济体的分组；③参与比较经济体的规模及其内部结构影响；④参与比较经济体的统计能力问题；⑤不同类别经济体测度和比较方法的选用。论文从以上五个方面展开了论述。

空间结构的视角对 ICP 深入研究非常重要，这里补充三个方面的认识。

5.1　全球生产链对国际比较的影响

"产业链位"（a position in the production chain，the chain position）这个概念很重要。若某经济体处于全球生产链的高端产业"链位"，则获益较多，受制于人的风险比较小，且它们对低端产业"链位"的经济体影响较大。由此可拓展出"交易链位"（a position in the transaction chain）[2]的概念。交易者在"交易链位"的哪里、哪一端？处于不同"链位"对产品的认识不同。如果以效用相同作为"产品同一性"的标准，则不易确定客观、同一的标准。

如果国内经济联系一定比国际经济联系紧密，那么就会先形成"国内产业链"，再连接"全球产业链"。但经济事实可能恰恰相反，是国际产业链的构建，撬动了某些国家内部的产业经济联系，形成了相应的国内产业链。可见，所谓"国际贸易品部门"和"非国际贸易品部门"之间并没有"柏林墙"，原有的产业和产品划分不能到处搬用，在产业全球化发展的当下和未来，沿用国内国际贸易的观念未必妥当，未必能得出符合经济实际的分析结论。

在国际贸易乃至全球化发展的大前提下，一国经济结构是以其他国家的经济结构为其背景的。例如，美国经济所谓"空心化"得以形成，乃是基于众多"他国"愿意为其提供廉价的实物产品，而其所标榜的"清洁生产"，则基于他国在一定市场条件下"自愿"为其承担产业链低端的"非清洁生产"。时至今日，"非清洁生产"仍然是全球产业链不可或缺的组成部分，而发达国家所谓的环保

---

① 国家统计局 ICP 研究项目报告之一——《国际经济比较方法论问题的再思考——ICP 的 RAQs》，正式发表在邱东、吕光明等所著的《国家统计数据质量管理研究》中，北京师范大学出版社 2016 年版，第 502-505 页。也可参见《看懂中国 GDP》，北京大学出版社 2015 年版，第 24-40 页。

② 在全球化背景下，生产链、交易链、价值链、财富链彼此之间存在着微妙的区别，需要国人认真辨识。

措施，并不是"消除污染"，好多行动只是"转移污染"：将其垃圾转移到他国处理，或将非清洁生产线以投资名义转移到新兴国家。

发展而非仅仅数量增长，关键在于一个国家在全球价值链中的"链位"（the chain position），能在国际竞争中切实得到应有的实惠，尤其是所谓"新兴国家"更需要提防发达国家转嫁危机，强国所谓"巧实力"之一，就是通过所谓"市场机制"得以撇清或减少其环保责任。发达国家标榜的"普世价值"并没有保障发展中国家免于经济剥削，反倒加重了其负担。

全球化发展对国际购买力比较已经或者将会产生哪些影响？这是需要我们与时俱进深化思考的。这里提出以下几点。

第一，所谓标准的经济结构实际上无法作为全球标准，经济比较以之为标准，实际上无法达到测度的中性要求。

第二，若从全球产业链的角度看进出口关系，"进口为出口""出口为进口"等交易的产生，与之配套的国内贸易也成为全球产业链的组成部分，在这种情形下，汇率就将对国内贸易产生影响，哪怕是间接影响。

第三，国内厂商与该国出口商的经济关系构成国内贸易关系，该国出口商与国外厂商构成国际贸易关系，前者是否一定弱于后者？国际比较中对这种关系的认知隐含了什么假定？其实，贸易关系的强弱程度关键在于厂商在产业链中的位置，而并不在于国内国外。如果按国内国外分组，则"组内差异"未必小于"组间差异"，因为分组标志多元，经济关系强弱程度关键在于从哪个分组标志做出判断。

第四，在高速运转的全球化市场体系中，"经济距离"因素与"地理距离"会大有区别，后者或许成为次要因素。相应地，直接交易关系与间接交易关系从经济距离上看或许可以等价。

5.2　ICP 区域分组的标志问题

空间经济比较的分组标志主要包括下列内容。①地理相邻性，以洲为单位尚可；②"经济水平相近性"，如市场经济比较发达的国际组织——OECD；③"经济结构相似性"，这个标志对 ICP 应该最为重要；④组织便利性，可以洲或国际组织为单位。

其中"组织便利性"既考虑了资料收集的便利，也考虑了满足用户需求的便利，特别是国际比较项目资金来源的保障。但组织便利性主要着眼于项目操作的可行性，无法从国际比较方法论的学理上深入讨论。

现在 ICP 实际上采用两种标志来分组，OECD-EU 主要按"经济水平相近性"和组织便利性成组，而其他五个区域（亚太、非洲、西亚、拉美和独联体）则按照地理区域（相邻性）和组织便利性分组。

以地理相邻性作为区域划分标志，隐含着一个重要的前提，即经济、社会和文化的发展没有"跨区跳跃性"，通常按照地理距离远近而展开。

但是，"经济水平相近性"并不等价于"经济结构相似性"，空间经济差别是多元的，二者并不相当。所以，将 OECD 中的非欧盟国家与欧盟国家放在一起比较未必那么妥当，其中隐含着一个重要假设："经济水平相近性"即"经济结构相似性"。当然，人均 GDP 水平高了，国家间的可比性程度总体上确实比较高，水平相近在一定程度上也属于"经济结构相似性"的一种成分。不过仍然存在不可比的因素。例如，日本参加"OECD-EU 组"的国际比较，由于东方文化特征而引发的经济结构差异，就难以得到本应有的重视。

为了从比较机理上确认数据结果的可靠性，我们应该探讨在国际比较中如何更确切地考虑"经济结构相似性"问题。例如，能否采用"国际贸易份额""国民国际往来人数"等作为辅助标准，以决定某个经济体究竟参与哪个区域组的比较？但也需要注意，经济的国际关联性高，未必就是其经济结构相似，如果贸易往来国家之间的互补性强，即便经济结构不大相似的国家间也会有强关联。

一般而言，PPP 结果是否取决于所参比组的国家结构？若是，分组不同会产生不同 PPP；若否，则地区如何分组并不重要。无论如何，经济的空间多元性，使得 ICP 难以找到或确定一个统一的经济比较框架。

5.3　在现有区域划分的前提下，需进一步思考的若干操作问题①

如果上述方法论思考有其道理，则 ICP 实践应该考虑做操作上的某些调整。

第一，个别国家组别调整对区域比较的影响。

如果 OECD 国家回到原地理区域参加比较如何？例如，美国、加拿大和墨西哥本身可以比较，日本、韩国、澳大利亚和新西兰回到亚太组（或亚洲组），智利回拉美，以色列回西亚，比较结果将会如何？分组变动后，这些地区其他国家的比较数据是否会发生变化？应该进行这种调整的"压力测试"。一般而言，国际购买力取决于其在所在地区的国家经济比重和结构，其影响应该通过试算加以确认。

不同比较框架下的国与国比较结果如果不同，就会产生不同分组及其数据结果选择问题。比如，"包含日韩澳新的亚太"和"不包含日韩澳新的亚太"，两种区域比较结果哪个更为可靠？哪个是现实国际经济对比关系更为客观的反映？也即国际购买力关系的"传递性"将如何体现？对测度亚太区域及其各国的实际经济规模而言，哪一种分组安排更符合经济现实？

---

① 笔者这些想法的写作时间比较早，可能涉及的有些内容在 2017 基年 ICP 中已经做了调整。为了留下对区域分组的原有思考，此次收录在文集时没有改动。

第二，个别国家组别调整对其自身的影响。

如果这些国家既参加 OECD-EU 组，又参加所在地区组，比较结果会有什么变化？如果有变化，那意味着什么？俄罗斯和埃及同时参加两组（OECD-EU 和独联体，OECD-EU 和非洲），同时又担任过比较的"环国"（ring country）（仅在第 7 轮），它们可以有 2 个甚至 3 个 PPP 值（OECD-EU 的 PPP 值、本地区的 PPP 值和作为"环国"的 PPP 值），对当事国而言，到底应该采用哪个？如果日本、韩国、澳大利亚和新西兰四国同时参加 OECD-EU 和亚太区域的比较，是不是会产生两个 PPP？如果是，其中哪一个对"日韩澳新四国"本身更为重要？哪一个更符合实际？更可靠？如何评判其优劣？

第三，区域比较与全球比较的重要性选择。

就测度实际经济规模而言，区域层次和全球层次哪一个数据结果更为可靠？哪一种比较更为重要？如果两个层级之间的 PPP 存在矛盾，应该如何选择？究竟以全球比较为准，还是以地区比较为准？能否为了一个牺牲另一个？如果认定地区比较结果更准确，是否更应该让"澳新日韩四国"回亚太参与比较？多重处理会得出多重结果，选择的标准是什么？

笔者认为，这个选择对 ICP 的组织和数据结果十分重要。无论是从数据结构的相似性来看，还是从方法原理的相关性（需求）来看，在其他因素相同的前提下，区域 ICP 数据结果的质量应该高于全球结果的质量。因此，以地区比较为主（地区比较优先）应该成为 ICP 的一个基本原则。2005 年轮 ICP 采用地区先分别搞国际比较，再综合全球结果的办法，是出于财力和管理的考虑，被迫那么做，而从国际比较机理看，强调区域比较应该成为一种自觉行为。

第四，"亚太组"的再区分。"亚太组"的国家地理跨度最大，经济差异也最复杂，彼此之间可比性相对最差，进一步划分为四个亚组，比较结果是否更为可靠？应该做出区域细分与区域总体比较的对比说明。不同比较框架下的国与国比较结果会有不同，比如日本和韩国是否参加亚太地区比较，会有两个数据结果，哪个结果更接近于经济现实？不同比较框架下的产品选取实际上也存在这个问题。

第五，是否考虑设立"太平洋组"。

"太平洋岛屿组"的国家不再参加亚洲组的比较，那么"亚太"这个概念在 ICP 地区比较中是否应该停止使用？太平洋岛屿组通过斐济（FIJI）与亚洲连接，通过澳大利亚、新西兰与 OECD 连接，会不会产生两个 PPP 结果？是否应该由澳大利亚、新西兰与之组建一个"太平洋组"？这样，"亚洲组"不再包括太平洋岛屿国家，以减少亚洲组内部的差异。2017 年第 9 轮 ICP 的处理应该考虑其连贯性。

第六，产品分类详细程度差异对购买力比较的影响。

OECD-EU 组是否采用 ICP 全球产品分类（global classification）？还是采用他

们自己的分类？也即"基本类别"的数目到底应该是 155 个，还是 220 个？富国采用全球产品目录，容易将质量差异作为价格水平差异处理。但如果富国组可以采用自己独特的产品分类，其他区域是否也可以采用不同的产品分类？如果都采用不同的产品分类，对全球 PPP 的影响如何？EU-OECD 国际比较手册①提出：方法既适合地区比较，又适合全球比较，如何做到？什么样的标准可以改变？标准的底线在哪里？

6　系统比较汇率法与 ICP 法的思路

6.1　为什么在"原理型"方法论研究中还应该探讨汇率法

从"原理型"方法论研究的一般思想方法看，不宜动辄宣判某种方法"死刑"，而以另外一种方法作为绝对标准。其理由有以下几点。①即便为方法原理，其体系的丰富和完善也是一个长期过程，过程并未结束，"结论"何以完全成立？②任何方法的立废，都需要在一定的使用环境中来评论，人类的认知是一个复杂过程，未必能把握所探索方法的全部时空背景。③从某个维度看颇为正确的方法，从另外一个维度看就可能存在问题，究竟选取哪个维度，需要研究的深入、提升和拓展。④所谓主流观点，未必就全然正确，反而更需要提防其中隐含的测度和比较陷阱。

当初设计所谓"汇率偏差指数"，就是将估算国际购买力关系的误差全都归结于汇率法，相对而言，ICP 法的结果似乎成了其"真值"。笔者的第一篇国际比较论文，就是出于对这种观点的反思。对汇率法的批判是否理论上通透？甚至，是否会反弹到 ICP 自身？

PLI = PPP/MER

即 PPP = PLI × MER

或 MER = PPP/PLI

按照如上的定义式，是否存在所谓市场汇率错误传递出来的可能？若市场汇率不正确，恐怕意味着（PPP/PLI）不正确，则 PPP 或 PLI 二者中必然至少有一项将包含不正确的因素。但在 ICP 结果的诸项应用中，PPP 和 PLI 都作为正确的指标被业内和社会所接受，这两种态度之间是否隐含着深层次矛盾？

笔者的相关思考也坚持了质疑绝对真理的态度，力图深入思考 ICP 在"原理

---

① 参见 European Union，OECD. 2012. Eurostat-OECD Methodological Manual on Purchasing Power Parities[M]. Luxembourg：Publications Office of the European Union：281.

型"方法论上是否通透。仅仅将 ICP 作为一种指数技术来应用，是否足以支撑全球的国际购买力比较？相关内容在笔者本文集的几篇论文中有所涉及，本文再补充几点认识。

6.2　国际贸易和国内贸易与市场汇率的关系

市场汇率是货币的国际市场价格，货币是一般等价物，所谓"通货"，本身具有综合性（comprehensiveness）。多边汇率不仅是多国交易间的均衡，而且是国际市场各种因素博弈的结果。

第一，汇率影响因素的过程内生性。

影响汇率变动的主要因素包括货币投机、利率、政府干预和国际资本流动。这些因素是否也影响着国内交易？是否也可能是国内交易过程内在的价格决定因素？比如国际资本流动，不同购买力的货币对应的商品时空范围不同，强势货币对应的商品比较多，还对应于其他货币和存量需求（如前述"储蓄力"），其作用空间范围与国界并不一致，自然会引起资本跨国流动。资本为什么会产生空间流动？根子仍然在于地区间货币购买力的潜在差异和人们的预期，由此产生基于外汇的套利行为，投机和投资能够真正区分开吗？所以，资本跨国流动及其货币投机都应该是货币购买力的决定因素，应该包括在国际比价分析中。

对市场汇率用于国际比较的一种批评是，它受到了资本运动、投机等因素的偏误影响。问题在于，难道资本运动与商品运动之间没有关系吗？大宗商品的期货交易与资本运动、投机等因素不是紧密相连的吗？这些因素不是内生于国内国际一体化的经济过程吗？如果说确实存在所谓"汇率扭曲"，那么，垄断企业对汇率的扭曲完全可能大于政府对汇率的扭曲，由石油输出国组织（简称欧佩克）对油价的垄断可知，单一大宗产品的价格也可能被扭曲，且其影响完全可能大于对一国综合汇率的扭曲。

对应来说，ICP 在计算 PPP 时能确保将国际资本运动、投机等因素剔除吗？是采用什么方式剔除的呢？有过严格的证明吗？我们构造 PPP 时采用了各种商品的价格数据，其中没有隐含资本运动和投入等因素的影响吗？我们以为这种另类因素不应该包含在 PPP 估算中，却很可能是分散地隐含在不同商品的价格和价比之中，只是我们没有察觉而已。

第二，国内贸易与国际贸易及汇率的关联性。

国际贸易市场与国内贸易市场至少存在间接关系，并非截然分开。空间货币购买力差异，本身包含国际的和国内的两方面。国内贸易与国际贸易之间并不存在那道切割联系的"柏林墙"，二者的相互影响或许人们看不见，但很可能存在，而且可能密切存在。部分国内贸易的价格、数量变化对国际贸易的影响甚至可能大于其对其他国内贸易的影响。现在存在大量的"为出口而进口"，或"为进口而出口"等经济现象，而且所占比重并不一定很小。

市场汇率就是国际、国内交易市场的综合反映，或许它与国内市场没有直接联系，但完全可以有间接联系。不同交易价格之间的联系可能如同神经网络一样，可能具有我们看不见的紧密且快速的联系，哪怕是间接的联系也可能超出我们想象的速度。事物的内在联系、市场因素之间的相互影响可能快速进行，市场机制的内在运行关系及其效率我们无法做出完全的估计，间接关系的影响力度和速度未必总是小于和慢于直接关系。

市场汇率对一经济体实体经济的影响，一是看该经济体的外贸依存度，二是看外贸品在该经济体产业链中的地位，该经济体在全球产业链中的地位。不同"链位"的产品和经济体，其"链程"长度不一，汇率变动的放大力度不同，对其作用的影响也不同。国际贸易产品交易中的价格形成是一个多维复杂过程，人们通常无法看到国内贸易产品交易对其的影响，断定市场汇率只反映国际贸易产品的比价，这种偏误或属于"关联忽略症"（linkage blindness）。对复杂系统而言，忽略各因素间的"及其关系"是许多"测度偏误"问题的根源。

第三，货币价格与购买力的对应关系。价格与其购买力一体两面，汇率是市场给出的不同货币供求关系（稀缺性）的信息，或其相对价值的信息，是把各种相对价格联系在一起的综合相对价格（价格总是相对的！）。

但是，以下三个原因使得二者的匹配或许只是初步的。①汇率永远不可能使两种货币的购买力绝对对等，因为交易障碍的存在使得价格信号可能在一定程度上失真。②一般而言，汇率对国际贸易商品相对价格的反应速度快于国内贸易商品的相对价格，因为国际贸易对货币交换而言是直接需求、第一级需求、原生性需求；而国内贸易对货币交易而言是间接的、派生性的，二者的价格弹性可能不同。③货币资产升值（贬值）预期的影响，此预期属于自我加速实现的类型，由预期导致的各种套利行为会使得汇率对不同货币购买力（或价格）的反应趋于剧烈，敏感性正好表明其处于经济利益博弈的关键地位。

6.3 汇率与 PPP 一致性的例证与思考

人们对汇率与 PPP 的差异关注较多，但对于二者的"一致性"却不大在意。本文补充提出这方面的例证及其思考，以强调 ICP 方法论研究中的这一思路。

第一，巨无霸价格数据与汇率法的相似性。

美国哈佛大学曼昆（N.Gregory Mankiw）教授在其经济学教科书中列举了 7 个国家在 2013 年 1 月的巨无霸相关数据：①巨无霸价格；②巨无霸预期汇率，即按巨无霸价格推算出来的汇率；③现实汇率。当时美国的巨无霸价格是 4.37 美元。

将巨无霸预期汇率与现实汇率比较可以得到各国的汇率比值。巨无霸的相关数据具体如表 1 所示。

表 1　巨无霸数据[①]

国家/地区	巨无霸价格	巨无霸预期汇率	现实汇率	汇率比值
印度尼西亚	27 939 卢比	6 393 卢比/美元	9 767 卢比/美元	1.53
韩国	3 700 韩元	847 韩元/美元	1 085 韩元/美元	1.28
日本	320 日元	72 日元/美元	91 日元/美元	1.26
瑞典	48.4 克朗	11.2 克朗/美元	6.4 克朗/美元	0.57
墨西哥	37 比索	8.5 比索/美元	12.7 比索/美元	1.49
欧元区	3.59 欧元	0.82 欧元/美元	0.74 欧元/美元	0.90
英国	2.69 英镑	0.62 英镑/美元	0.63 英镑/美元	1.02

　　按照汇率比值的推算结果，这 7 个国家及地区大致可分为三组：①英国和欧元区为一组，预期汇率与现实汇率比较接近；②印度尼西亚和墨西哥为一组，现实汇率是预期汇率的 1.5 倍左右，预期相差较大；③韩国和日本为一组，现实汇率是预期汇率的 1.27 倍左右，居于另外两组之间。瑞典情形则比较特殊。

　　笔者对这三种数据的社会经济含义解释是：经济越发达，巨无霸在不同经济体间的同质性或相似性就越强，如表 1 数例中的英国和欧元区。反之经济条件越差，巨无霸所隐含的"优势文化"因素等差异就越强，巨无霸在富国与穷国之间就越容易体现为异质品，如表 1 数例中的印度尼西亚和墨西哥。

　　从曼昆教授宏观经济学教科书中可见，汇率法结果与 PPP 结果可以存在一致性，表 1 提供了一个典型例证。

　　第二，汇率法与 ICP 结果相近的图形表现。

　　市场和经济越发达，汇率法和 ICP 法的结果就越接近。这种关系可以用两个图显示出来。①如果画一个包含 45 度线的图，分别以"汇率法"结果和"ICP 法"结果为横轴和纵轴，则发达国家靠近 45 度线。将各国 PLI 值按大小顺序标入图中，可以看出不同国家类别（如富国与穷国两大类）的差异。②还可以分别以汇率和 PPP 为两个纵轴，各国按二者数值差额大小在横轴排序，该图也能表现出不同国家类别间的差异。

　　第三，汇率是否部分地调整了购买力空间差异？

　　在国际交易中，市场汇率当然是"货币转换因子"，但这未必是其全部功能。如

---

① 参见曼昆 N G. 2015. 经济学原理（第 7 版）——宏观经济学分册[M]. 梁小民，梁砾，译. 北京：北京大学出版社：212.

果它同时可能起到空间价格差异调整的作用，则可能成为一种"购买力空间差异调整因子"（spatial price deflator）。如果汇率也（部分地）具备了价格空间差异调整功能，则用汇率换算成同一货币单位时，也就同时进行了空间差异的（部分）调整。

可能有人对这个问题持否定的答案。可相关联的问题在于，如果我们完全否定市场汇率具备价格空间差异调整功能的话，那为什么在对进出口交易部分进行国际比较时又用汇率作为"参考 PPP"（reference PPP），这种做法的法理性又该如何解释？

故而需要深度思考：市场汇率仅仅是"货币转换因子"？绝对不是货币购买力的"空间差异调整因子"？在换算货币单位时，一点都没有发挥调整国家间价格水平差异的作用？还是一定程度上做了调整？

6.4　结果的奇异值与汇率波动性

如果仅着眼于汇率法是否会出现奇异值，对国际货币购买力差异反映准确与否，则在方向上有所偏差，因为同样的理由可以用来否定 ICP 的某些结果。

尽管计算 PPP 采用平均法，ICP 的比较机制和过程还没有那么完善，但是还不能保证 PPP 一定不会出现奇异值。事实上，PPP 值也可能出现偏差，甚至比较大的偏差。例如，印度尼西亚、印度与美国建筑支出的比较①，印度建筑支出是美国的 1.25 倍，而印度尼西亚的建筑支出是美国的 78%，有悖于人们的日常认知。不同"基年"的 ICP 结果中还有没有其他奇异值？所谓奇异结果的判定标准是什么？公布数据时是否应该对此做出交代？是否应该对此做出专门的分析？

汇率可能剧烈波动，这是汇率法不宜用来反映购买力对比关系的一个重要理由，但如果采用移动平均方法处理市场汇率基础数据呢？还有，金融交易统计中采用了"期权波动率"等指标，数值波动更为剧烈，能不能参照该指标的处理方法来修正汇率？类似的修匀处理能不能使之更好地反映货币的 PPP？本来对付波动的市场数据，统计应该是最拿手的。放弃对所谓波动指标的使用，转而搞"国际比较项目"，即意味着"市场汇率法"根本不可改良，只能另起炉灶？世界银行"图表集法"对市场汇率的修匀无效吗？

6.5　sub-national PPP 的法理性

同一货币流通范围（经济体）内货币种类相同，但货币的购买力却可能不同，即同样存在购买力差异问题，但汇率法却无法将之表现出来，也无法表现同一经

① 参见世界银行 2011 年第 8 轮 ICP 报告，第 155 页表 2.17。

济体内各地区货物和服务的价格差异，恐怕这才是汇率法用于空间经济比较最大的缺陷所在。

考虑到 PLI = PPP/MER，若 MER = 1（就同一经济体内而言），则有 PLI = PPP。

汇率法无法反映国内不同地区的购买力差异，可见其在空间比较时的两个身份中，应该是以货币转换为基准，而购买力差异调整的作用隐含其中。如果汇率法只能进行国家间比较（super-national comparison），则 PPP 比汇率的优越之处在于，还可以进行国家内地区间比较（sub-national comparison）。由此而引发了国内地区间购买力比较的必要性①。

按照迪顿教授在《逃离不平等——健康、财富及不平等的起源》中的观点，在市场充分发达的国家，并不存在国内购买力比较的问题，因为市场自身已经做好了调整。迪顿教授指出："在这里，跨国这个词意义重大，当我们计算一个国家内部的不平等时，会认为不调整地区之间的差异是正确的。……大城市的高物价水平就意味着这里提供了更多物有所值的便利。"②如果迪顿教授的说法成立，那么应该如何看待开展 sub-national PPP 的倡议？其必要性和法理性究竟何在？

与 sub-national PPP 相关联的一个考虑是，国际比较中对"特大经济体"的处理，是否其内部再划分几个区域，从而可以分别进行相应的比较，此外，如何处理国内经济差异比较大的经济体，是否同样可以再做区分？例如，中国能否按照东部、中部和西部三个部分分别参加国际比较？试想，中国东部地区参加 OECD-EU 组比较，国际购买力比较结果是否更为可信？当然也可能，在考虑收入消费水平比较后，中国西部或许没那么落后。

6.6　汇率法与 ICP 法——观察值与构造值

汇率法主要是对国际市场货币交易价格的记录，相对于 ICP 而言，往往只有对原始记录的初步加工。若汇率法的结果有悖于人们的日常认知，可能是汇率法的结果在某些情形下的偏误，其可靠性不如 ICP 法的结果。这些情形也可能属于极端情形，汇率法或许仅仅是极值意义上的偏误。但也有可能（当然这种情形出现的概率很小）是所谓"常识"有误，或许可能形成某种"认知之谜"（puzzle）。

ICP 本质上是平均法，是对市场商品价格记录的精加工，这样它出现奇异结果的可能性或许可以大大降低。这使得它在平均意义上优于汇率法，但是，ICP 法的结果未必在所有的场合都靠近"真值"，未必处处优于汇率法的结果。

---

① 但需要注意，这两部分的 PPP 在作用方向上可能相反，故还不是作用范围大小的"纯包含关系"。

② 迪顿，《逃离不平等——健康、财富及不平等的起源》第 186 页，中信出版社，2014 年 8 月中文版。值得指出的是，如果该书中的"大城市"换成"发达国家"，那么他的观点就可以用来质疑整个 ICP 的法理性。笔者在《国际比较项目基本类别 PPP 中隐含的"纯价比假设"及其经济意义》中较为系统地论述了这个观点。

就对总体质量差异和结构质量差异信息的捕捉而言，ICP 采用国家间支出项目与项目成对比较的方法，再自下而上地逐层地汇总。由于人为加工的局限，可能容易遗漏相关信息。而汇率法是对市场汇率的记录，是市场在做综合，无数单笔交易综合作用（博弈），最后形成了货币的价格———一个综合价格。故而汇率法其实是市场从总体着眼的，本身是一种宏观方法。因此，汇率法反而未见得容易遗漏，至少，应该比 ICP 法遗漏的机会少一些，尽管我们并不知道汇率法的作用过程，这是一个黑箱———包含种种相关差异信息的具体机制。

ICP 的结果是"构建性事实"（constructed facts），汇率法的结果是"修饰性事实"（decorated facts）。ICP 采用集中处理数据的方式，而汇率法则实际上是由市场采用分散处理数据的方式。采信 PPP 结果实质上意味着：ICP 操盘者比市场更聪明。

总之，ICP 与汇率法的比较涉及经济测度的一个基本问题：究竟是"观察值"重要，还是"构造值"重要？人工模型的计算是否一定优于市场观察记录？以往的经济统计实践，大多以观察值为要，而 ICP 却是一个非常特殊和重要的例外。

参 考 文 献

（1）邱东.2021a. 深入探索 ICP 隐含的经济测度问题——评《GDP、福利和健康：2017 年轮 ICP 的若干思考》[J]. 统计研究，（9）：143-156.

（2）邱东.2021b. 基石还是累卵：经济统计学之于实证研究[M]. 北京：科学出版社.

（3）World Bank Group. 2020. Purchasing Power Parities and the Size of World Economies：Results from the 2017 International Comparison Program[M]. Washington DC：World Bank.

（4）邱东. 2018a. 国际比较项目基本类别 PPP 中隐含的"纯价比假设"及其经济意义[J]. 经济统计学（季刊），（2）：38-67.

（5）邱东. 2020. 国际经济比较中的购买力平价与市场汇率之辩[J]. 中国统计，（4）：4-6.

（6）邱东. 2018b. 经济测度逻辑挖掘：困难与原则[M]. 北京：科学出版社.

（7）邱东. 2016. 国际经济比较方法论问题的再思考[M]//邱东，吕光明，等. 国家统计数据质量管理研究.北京：北京师范大学出版社：493-507. 可参见宋旭光. 2015. 看懂中国 GDP[M]. 北京：北京大学出版社：24-40.

（8）迪顿 A. 2014. 逃离不平等——健康、财富及不平等的起源[M]. 崔传刚，译. 北京：中信出版社.

（9）Lequiller F，Blades D. 2014. Understanding National Accounts：Second Edition[M]. Paris：OECD Publishing.

（10）勒盖耶 F，布莱兹 D. 2017. 理解国民账户（第二版）[M]. 国家统计局国际信息统计中心，译. 北京：中国统计出版社.

（11）Ryten J. 1999. Evaluation of the International Comparison Programme[C]. The Statistical Commission at Its Thirteenth Session.

（12）UN ESC. 1999. Observations of the World Bank of the Report on Evaluation of the International Comparison Programme[R]. E/CN.3/1999/8/Add.1，United Nations，New York.

附录一　国际经济比较方法论问题的再思考——ICP 的 RAQs[①]

2014 年，世界银行等国际组织主持开展的第 8 轮 ICP 结果公布于世，再次引起对国际经济比较问题的热议。在经济学界主要有两种认识：从事国际比较的专家多数对 ICP 持赞成态度，高度认定 ICP 的基本思想和比较框架，只是比较方法的技术细节尚有改进的余地。也有的经济学家对 ICP 方法及其结果持怀疑态度。

笔者高度尊重 ICP 专家的创造性贡献，但认为 ICP 并没有神圣到不可置疑的地步，其方法论中尚有值得深思的问题，并坚持认为汇率法也有其可取之处。本文分四个方面展开讨论：①比较同质性前提的设定；②ICP 法与汇率法比较的再思考；③空间结构及其测度比较；④国际经济比较需要进一步研究的问题和建议。文中坦率地提出了笔者的思考，有的只是提出了笔者对国际比较基础逻辑的疑问，期望能得到专家指教，也期望能为国际经济比较方法论的进一步探索做出贡献。

1　比较同质性前提的设定

交易是商品与货币相对，表现为货币的购买力与单位相同商品价格的相对关系。价格低，意味着货币强势，可购买的商品多，购买力高。价格高，意味着货币弱势，可购买的商品少，购买力低。价格与货币的购买力成反比。

商品总值包含了数量、质量和价格三个因素，剔除了数量和质量因素，就只剩下价格因素，从而可以指向购买力的比较。商品采用单位价格计量，就去掉了数量因素。如果能够确认为相同商品，就剔除了质量因素，那么，商品单价之比就可以体现货币购买力之比。可见，要比较不同货币的购买力，确认商品同质性是非常重要的前提。

笔者认为，商品同质性主要有微观和宏观两个层面：一是支出项目的同质性，二是所比较经济体的同质性。

---

① 本研究受国家社会科学基金重大项目"国际统计标准测度问题挖掘与中国参与的方法论基础研究"（项目编号：18ZDA123）的支持。

1.1　支出项目的同质性

同质支出项目的价比才是货币购买力的反映，如果支出项目异质，则包含质量因素，不能真实地反映货币购买力的状况。

然而，经济现实中要做到同质比较非常困难。《经济学人》杂志设立了专门的汉堡指数，用单一产品来反映货币 PPP，此举甚至受到经济学家的热捧。表面看来，汉堡在世界各地都有门店，且产品按照统一标准生产和销售，可比性最佳，似乎足以反映各国的货币购买力差异。深入思索，汉堡指数是有大问题的。且不说用单一产品来推断整个 PPP 多么荒唐，即便汉堡本身也并不是完全同质的。汉堡在欠发达经济体与在欧美国家就有很大区别，一个汉堡并不是一个汉堡。汉堡在欧美国家是快餐，在欠发达经济体则是一个文化符号，是现代生活的一种象征，是时髦的体验式消费，是表明自己开放和热爱生活的一种经济行为，是孩子接受大人奖励时的一种优先选择。汉堡在欠发达经济体包含了太多的文化内涵，远超出发达国家那种简单的快餐性质。按照亚洲开发银行（公布第 8 轮 ICP 结果的机构）报告的说法："汉堡在发展中国家不仅仅是汉堡！"

商品的同质性可以从产出、投入、过程及综合等不同角度来确定，为什么某一个角度相对于其他角度更好，选择时应该提供充分的论证。投入不同，产出即便达到统一标准也未必全然相同。比如汉堡产品，其投入的肉、面粉、土豆、油、西红柿、包装纸、操作工人皆有其不同，很难说其产品就完全可比。

人不可能两次踏入同一条河流，世界没有绝对相同的事物，所谓同质，只能是相对而言的。严格确定产出或支出项目的同质性，是人类发展至今共同面临的经济统计难题。在实践中只能变通处理。

ICP 强调各国产品实物量的比较，实行所谓实物原则，"一个马铃薯就是一个马铃薯"，就是按照可行理念所做的变通，实物原则是同质性原则的现实延伸，或者说，经济统计原则也是有层次的，实物原则是同质性原则的次位原则，是一种工作标准，更偏重可行性。我们知道，国际经济比较也可以采用生产法进行，之所以最后选择了支出法，与其更容易确认同质性有很大关系。

正是由于这种相对同质性，或者说同质的近似性，我们在选择比较方法和使用比较结论时，应该采取更为审慎的态度。

我们不应该忘记或者忽略：现实世界中，一个马铃薯不是一个马铃薯。即使物理形态完全相同的产品也很难确定其为同质，销售地点、条件往往不同，给人们带来的经济福利和生活质量也往往不同，也就是说，其内在质量可能大异，发达国家与发展中国家的主要差别就在于此。比如，发达国家出售商品时还包含"可退换"等后续服务约定，显然，如果剔除这些服务约定等质量差别，其价格将会下降许多。在这种差异中，发展中经济体的商品价格低，并不是其货币购买力强，而是该商品包含的服务少。发达经济体的商品价格高，也不是其货币购买力弱，而是该商品包含了更多的服务。忽略这种商品质量差异，必然高估发展中国家的货币购买力，而低估发达国家的货币购买力。

还应该注意到经济发展的趋势，个人偏好对价格决定的作用更为重要，私人定制使得经济项目的同质性降低，所包含的服务差异加大，定制化生产是对经济同质化的反动，此类因素的存在可以保障经济的活力，产出或支出不会单一地趋向同质。经济现实中既有同质化的取向，也有异质化的取向。这种趋势对国际经济比较的影响究竟是什么？至少产品的定制化发展不利于 ICP 法的推广。

1.2　所比较经济体的同质性

对可比较项目，操作中要确定其同质性，不过问题还在于：所有的支出项目都可比吗？我们知道，ICP 对调查地区的基本要求是：市场商品种类丰富，客观上存在可比较对象。这个要求告诉我们，各国经济中确实存在着不可比的项目，由此构成了宏观意义上的同质性问题。

笔者在《PPP 同质度指数的设计》（2013 年）中提出：不同国家的商品集合之间存在着不可忽视的差异，不少国家的市场中有其"特征商品"，即其他国家市场中没有或罕见的商品。比如，A 国货币的购买能力包含着对其特征商品 a 的部分，也包含着对共有商品 c 的部分，同样，B 国货币的购买能力包含着对其特征商品 b 的部分，也包含着对共有商品 c 的部分。

在这种市场差异情况下，如果计算 PPP 一定要满足全面性要求，势必需要比较特征商品 a 和 b 的比价，但经济现实中并不存在这种交易，遑论比价！这就是说：货币购买力总比价中包含着空的子集。这意味着，ICP 的比较对象中存在着不可比的部分，它需要比较并不存在的支出项目！这是否意味着 ICP 存在超越测度边界的问题？

对于这个困难，ICP 采用代表品替代的方法加以解决，即采用"取其有、代其无、表其全"的办法，着眼于所有支出项目中的可比部分，直接计算其比价，并假设非代表品的价比等于代表品的价比。因为支出类别细分，每一细类中二者的差别似乎得到了限制，非代表品不至于过度偏离代表品，非代表品价比如果存在，也不至于过度偏离代表品价比，假定似乎可靠。

用代表品替代，实际上是假定了经济同构。经济发展水平相近的经济体更适用于开展 ICP，就是同质性要求的表现。那么，其余不可比的部分怎么办？对于外人的质疑，光回答比较项目"很大程度上重叠"（considerable overlap）还不够，还得说明究竟有多少重叠（overlap），为什么重叠（overlap）多了就好？究竟多少重叠（overlap）可以达到必要条件？不同国家重叠（overlap）的水平不同，是否意味着其结果可靠性水平的差异。支出项目中不可比部分恰是经济结构不同的直接体现，因而笔者建议，计算不同国家商品篮子的同异程度，可按品种或支出额计算，以反映国际比较的可靠程度。

还需要注意的是，在 ICP 处理过程中，非代表品与代表品的差异并没有被消除，只是被分解，局限在细类之中。当我们对代表品价比进行加总处理（平均化）时，这种差异实际上也同时被加总了。经济结构不同，用代表品替代的影响究竟如何？这是个值得关注的问题。

ICP 初期都是在市场经济较发达的国家进行，或能得到较为精准的计算结果，但后期在全世界推广普及，经济结构差异的影响就大大加深了。适用于充分竞争市场经济的核算模式，能否有效地反映"不完全市场经济"的运行？会不会出现用一种统一模式套裁现实的危险？这是我们在评估 ICP 结果有效性时应该认真考虑的。

第 8 轮 ICP 是参与比较经济体最多的一轮，同时也是异质性经济体参与最多的一次。存在着实质上相悖的一个基本事实：只有参与比较的经济体多，才能更为真实地反映全球的经济规模。但通常晚加入 ICP 的经济体，往往是异质性比较强的经济体。于是，参比经济体增加得越多，ICP 的同质性保障就越困难，更不容易做到准确比较。

2　ICP 法与汇率法比较的再思考

有汇率法进行国际比较，为什么还要研究 ICP 法？初衷是为了更准确地测度各不同货币的购买力水平，进而在经济体、区域和全球层面上测度真实的经济规模。

由此必然引发出 ICP 法与汇率法之间的比较问题。一直以来，从事国际经济比较的多数学者推崇 ICP 法，而对汇率法颇多批判。有关著述中出现了许多以 ICP 法为标准的明示和暗示。然而，最近出现了一个微妙的信号：ICP 最新方法论手册中关于二者的表述有所变化，不再极端地否定汇率法。笔者认为，这是一种科学的态度，我们的确应该更为开放地思考：ICP 法的结果一定优于汇率法结果吗？或者说，ICP 法在经济的哪些方面体现了其真实性？又在多大程度上体现出其真实性？从另一面看，汇率法的结果果真一无是处吗？这些问题还有深入探讨的必要。

2.1　国际比较结果真实性的指向

在现实经济生活中，汇率是人们国际交易的基础尺度。任何人到国外旅行，兑换货币时，并不能要求以 ICP 的比较结果为标准，而只能依照市场汇率。第 8 轮 ICP 简要结果公布后，国际上有人评论说，中国不能用 PPP 标示的价比去购买导弹、船只、手机和德国汽车，他们还得按照汇率来支付，这就是在比较国家实力时为什么汇率更重要的原因。这并不是中国搞特殊，哪个国家不是如此呢？显然，市场汇率更好地测度了一国国民和企业在国际市场上的购买能力。因而，汇率法的真实性有其微观经济基础，是单个交易项目意义上的，其真实性建立在日常国际交易的实际操作上。特别是就国际贸易品的货币购买力比较而言，汇率法结果或许更为真实。

那么，ICP 法结果的真实性又体现在哪些方面呢？我以为，那应该是宏观经济意义上的、平均意义上的真实。这意味着，ICP 法结果并不是时时处处都优于汇率法结果。

好多人认为，汇率没有反映出各国货币在本国市场的相对购买力，汇率法仅能反映国际贸易中货物和服务价格比例关系。我认为，从直接意义上看，这个“仅能”或许成立，但从间接意义上看，则汇率法未见得全然“没有反映”。从比较的范围看，汇率法似乎只包括贸易品价比，但那只是表象。

众所周知，市场不是完全切割着的，国内市场与国际市场是相连接的。价格不是孤立的，不同商品的价格是相互影响、无法切割开的。贸易品价格与非贸易品价格在形成过程中并没有绝对界线，它们彼此相互影响。为何汇率投机得以存在？不正是购买力差异使然吗？汇率投机方向和程度正取决于货币购买力差异的大小，能够反映贸易品价比的汇率法，也能够在一定程度上间接地反映出非贸易品的价比，如果它没有直接反映的话。可见考虑到间接影响，指称汇率法的这个所谓“缺欠”有失公允。作为综合方法，汇率法诚然不能区分（分解）出单项的价比关系，但不能“区分”（分解）并不等于其中没有“包含”。

2.2　如何看待所谓汇率的政治扭曲

质疑汇率法结果，一个主要原因是汇率容易受到非经济因素的干扰，直而言之，就是政府对汇率的可能干预，所谓政治扭曲造成信号失真。这里有以下几点值得考虑。

第一，汇率和价格被扭曲的等位性。汇率不过是国际货币市场的价格，也是众多市场价格中的一种，不过是综合价格而已。在一个经济体中，政府对经济的作用力并不是单向度的，政府干预并不只针对汇率。如果汇率被扭曲，那么价格通常也会被扭曲。现实经济中不只汇率可能被扭曲，所有价格都可能被扭曲。充分竞争的完美的市场并不存在，价格信号对供求关系的反映总有一定程度的扭曲。

　　第二，扭曲的多元主体。如果说价格扭曲存在的话，那么在现实经济生活中，不只有政治扭曲，还有经济领域中垄断行为造成的扭曲，如垄断企业对价格的干涉。政府和垄断企业都会"干预"市场价格，甚至非政府组织和"国外"（即国外的居民、企业、政府和非政府组织之和）对价格决定的影响都很大。SNA 设计了五大经济主体：居民、企业、政府、非政府组织和"国外"。它们都内生于经济过程，价格正是在这五大经济主体的博弈中形成的。在现代国际经济比较中，如果还不承认居民和企业之外的经济主体，将其对价格的作用视为外在干预，那就与SNA 的逻辑框架相悖，与 SNA 结构设计的基本思想相悖。

　　第三，扭曲的程度和层次。如果说政府扭曲存在的话，那么汇率扭曲是集中体现的，汇率法接受的是一种总体性的扭曲。而价格扭曲则是分散体现的，ICP采价，即采信市场价格数据，意味着接受各国现实市场中对支出项目价格的扭曲。把不同的扭曲接受了之后再加总处理。如果采价本身即为接受扭曲信息，那么它与汇率法就只是接受扭曲在程度和层次上的差别，这样问题就转化为：在哪个层次上接受扭曲，是直接接受，还是间接接受？可能有人会提出，众多价格信息的扭曲可以彼此抵消，果真如此，就需要就各种扭曲的分布形态等相关问题给出论证。

　　第四，"对扭曲的扭曲"。政府对于价格的作用，并不纯粹出于政治目的，政府从来就与经济活动密切相关。世界各国的经济史告诉我们，所谓"守夜人"定位不过是经济理论的一个神话，"李斯特梯子"从来就存在于经济发展的"阁楼"之下。只是发展阶段和地位不同，国家政府参与经济的程度或许有所不同。对于经济弱国而言，政府"干预"价格是对抗经济强国和垄断企业（跨国公司）干预的必要手段，可能起到正向调节作用，具有正能量，未必就是扭曲。恰恰相反，还可能是对其他扭曲的反作用，是"对扭曲的扭曲"。比如，最低工资限额是不是对价格的扭曲？政府对企业与工会之间工资谈判的规制，是不是正向调节？政府反垄断法的实施，本身难道不是反价格扭曲吗？作为超级政府，世界银行和国际货币基金组织等国际组织对各国经济的作用，能统统归结为对价格的扭曲吗？ICP本身也是一种政府行为，能将之视为对 PPP 的扭曲吗？

　　基于上述四点原因，所谓政治扭曲并不能作为否定汇率法的充分理由。在这个方面，ICP 法并不一定优于汇率法。如果政府对汇率的干预不可接受，那么政府对价格的干预同样也不应该被接受。

2.3 精细方法有效空间的局限

从方法精细程度和复杂程度看，ICP 法的确优于汇率法，这是毋庸置疑的。但这种优势在结果上未必能得到充分保障。从结果上看，技术含量高的方法未必一定优于技术含量低的方法，ICP 法未必一定优于汇率法，我们不能把方法优势绝对等同于结果优势。

2006 年，笔者在《偏差测度悖论与方法改进陷阱》一文中专门论述了这个问题：人往往有技术崇拜倾向，更愿意相信和采用技术含量更高的方法。人们在评价某种测度时，往往会依据其方法自身的优良程度来推测其结果的可信度。通常的推断是：方法精细，结果就准。实际上方法精细只是得到准确结果的一个必要条件，而不是其充分条件。如果必要的前提得不到满足，很可能用特别精细的方法得出一个错误百出的结果。人们在比较不同方法及其结果时，往往容易（或愿意）忘记改进（或创新）方法所隐含的假定前提条件，或没有意识到技术创新陷阱的存在。而且，这比用粗略方法得出的结果更可怕，因为方法的精细往往使人更容易确信其可能错误的结果。也就是说，人们的技术崇拜倾向加剧了方法改进陷阱的危害。

"技术先进的方法，比起简单的方法，往往需要更多的假定前提条件，才能确保结果的精确，通常是：技术越先进，需要的假定前提条件越多。""但在测算现实中，数据取得并不能一定满足这些假定前提条件。为了实现或完成测算，就必须放松这些假定前提条件。"

"从空间角度看，技术越先进，对应更多的假定前提条件，其应用的有效空间范围就越窄小，先进技术方法有效空间（小空间）与现实空间（大空间）的不匹配，导致了先进技术方法在其有效空间外的失灵，而人们往往忽视这两种空间的差异，将一定空间内有效的技术方法放大到其失效空间去应用，并盲目认同其应用结果，从而进入了方法改进或创新的陷阱。"

就国际经济比较而言，ICP 法需要逐项比较 GDP 支出，需要尽可能保证所比项目的同质性，这本身就是非常困难的。而采用各国的经济统计数据，也增加了误差种类和误差概率。参比国越多，比较结果的全面性越强，但其可比性也就越难保证。相比而言，汇率法即使同样存在这方面的问题，也没有 ICP 法这样明显。

2.4 ICP 和汇率法的综合比较

时至今日，某些经济学家还在用"汇率的变化无常"（其实价格同样变化无常）来否定汇率法，似乎忽略了世界银行图表集法的修匀工作，忽略了汇率法的进步。

可能出现奇异结果，但难以给出合理解释，曾经是否定汇率法的重要原因之一。值得指出的是，ICP 法同样不能确保不出现奇异结果，归纳性描述不能保证"永远不会出现意外"，演绎性描述也不能做出此类保证。一旦测度模型确定，计算过程总是会有一部分黑箱，计算者不能确保计算结果一定符合理论预期。

概括来说，汇率是国际市场现实存在的货币交换价格比率，采用汇率法记录市场指标数值后加以调整，实质上属于交易结果的记录。相对 ICP 法而言，汇率法直接比较的项目范围小一些，主要是国际贸易品。汇率法是笼统地比较，属于综合比较方法。

ICP 对 PPP 的计算从单个项目（商品和服务）算起，逐层递推，通过设定的一个支出分类体系，确定了不同国家间的价比关系。这是自下而上的分项比较，属于结构比较方法。归结 ICP 的指标计算性质，PPP 即是不同经济体（国家或地区）相同支出项目价格比率的加权平均。相对汇率法而言，ICP 比较的范围更为全面，包括了全部 GDP 支出项目。由于 ICP 法经济意义的宏观性，PPP 是人为计算出来的经济分析指标，属于人工构造指标。

从思想方法、指标计算的基本设定看，ICP 法和汇率法有很大的一致性。从最基本的思想方法上看，二者都存在着价格比较的平均化处理，由于汇率本身的综合性质，汇率法体现了经济过程本身内含的平均化，ICP 法则是外在的人工构造的平均化。在价比的测度中，汇率法实质上设定了非贸易品价比等于贸易品价比，ICP 法则假定非代表品价比等于代表品价比。

比较计算两种方法结果的数值序列，我们可以看出，二者存在着高度的相关性，对发达经济体而言尤其如此。从理论概念看，市场发达的经济体更适用于 ICP 法，但如果不考虑结构数据的话，发达经济体的 PPP 与汇率法结果相差很小，实施 ICP 的价值又没有那么大。

我们还应该看到，ICP 的应用实际上面临着一个悖境。不否定汇率法，似乎自己的存在意义就比较弱，毕竟研究 ICP 的动因就是为了弥补汇率法的不足。但 ICP 法又无法完全与汇率法切割干净，或者说，为了 ICP 本身的应用，也无法完全否定汇率法结果。

一个最明显的例证就是"相对价格水平"指标的设置。按照 ICP 方法论手册的定义，相对价格水平（PL）是 ICP 法 PPP 与汇率法 PPP 之间的对比关系，即

$$PL = F（PPP，exchange\ rate\ reference\ PPP）$$

按照三者的关系，如果认可 ICP 法 PPP 和相对价格水平指标的数值，就得同时认可汇率法的测度结果。从一般逻辑看，如果说汇率法的结果存在着扭曲，那么这种扭曲一定会传导到 ICP 结果上，不是扭曲到 PPP 上，就是扭曲到相对

价格水平（PL）上。那样，对汇率法结果的否定，也在一定程度上否定了 ICP 法的结果。

总之，汇率法并没有通常所认定的那么差，ICP 法的最大优势在于 PPP 的结构测度，由此，在推行 ICP 时可以极大地推动世界各国的经济统计水平提高。当然，取得这种优势是以经济统计的巨大投入为代价的。

3　空间结构及其测度比较

ICP 与汇率法最大的区别和优势在于：ICP 法是一个结构分析方法。也正因为自身是结构分析方法，比较结构问题的适度设计和处理对 ICP 更为重要。

由于价格水平不同、参与经济体不同、分组不同、方法不同，故不同基准年的 PPP 不可比。这个计算性质说明：不同的比较结构，其比较结论也会产生差异，换言之，ICP 的比较结果与其比较结构相关性较强，比较结果对比较结构的敏感度较高。

由此相关性还产生出一个不同比较结构的选择问题，要让人信服国际比较的结论，就需要证明现有的比较结构是诸结构中最佳的。

笔者认为，就比较结构而言，主要有五个方面的问题需要特别关注：参与比较经济体的范围、参与比较经济体的分组、参与比较经济体的规模及其内部结构影响、参与比较经济体的统计能力、不同类别经济体测度和比较方法的选用。

3.1　参与比较经济体的范围

一般来说，参与国际比较的经济体越多，比较范围越大，全球比较结果越趋于接近真实。第 8 轮 ICP 中，较大国家中唯有阿根廷缺席，该国没有参加拉美地区和全球的 ICP。那么，类似大国不参与比较的统计后果是什么？对比较结果的真实性意味着什么？此次比较中，巴西占拉美地区经济总量的 56%，这个数字是否考虑了阿根廷不介入的影响？如果已经做了考虑，又如何能较为适当地做出估算和调整？

日本和韩国是亚太地区的经济大国，它们参与了全球比较，但没有参加亚太地区的比较。如果它们按照地理区域加入进来，亚太地区的比较结果会不会有变化？如果有变化，又会有怎样的变化？按照经济发展水平，日本和韩国当然更应该参与 OECD 的比较，而通过 OECD 参与全球比较也是顺理成章的。可是，日本和韩国的缺失会不会改变亚太地区经济比较的结论呢？这两个国家能不能同时参与 OECD 和亚太地区的比较呢？至少，能不能做这样的试算，以期验证亚太地区现有比较的结果呢？

还有一个问题值得关注：依据 ICP 法计算过程内含的传递性，全球 PPP 数据中，欧美国家数据的真实度会不会因统计水平低的国家加入而降低？若此，虽然有新加入国家因此提高全球 PPP 数据的真实度，但由于欧美国家的重要性更高（数据所占的比重更大），如果其比较结果的真实度下降，全球比较效果也可能并不比规模扩充前好，纳入更多低水平国家，仅从这一点看或许得不偿失。

3.2　参与比较经济体的分组

除了参与比较经济体的范围外，还有一个参与比较的经济体如何分组的问题，这涉及各经济体间的经济发展水平差异。

目前，ICP 采取按地域和按发展水平相结合的办法进行分组，即 OECD 与欧盟作为一组，它们是 ICP 的核心成员，余下的经济体按地区分组。OECD 与欧盟组跨越了欧洲、美洲、大洋洲和亚洲四个大洲，这说明地区分组与地理空间并没有绝对关联，与时间指数不同，空间指数计算可以跳跃自然地理区域，而经济空间的考量更为重要。

地理区域划分与经济、文化等比较因素有一定的关联，而且比较容易操作，可以得到各洲国际组织的支持，这是近两轮 ICP 成功的重要经验。

那么，所谓地区分组是不是应该考虑多种因素？比如，经济发展水平，按收入组进行国际比较？还有经济体规模（人口和地理面积两个方面）、生活文化习惯、地理距离等。综合诸因素进行分组可能提高国家比较的质量，但会增加统计负担，有的条件从工作组织角度看一时还难以具备，不同分组选择间到底如何平衡，也是需要精心设计的。

3.3　参与比较经济体的规模及其内部结构影响

经济体规模大小对 ICP 结果准确度有无影响？这牵涉到一个基本问题：经济体之间当然存在着货币购买力的差别，那么，同一经济体内是否也存在货币购买力的差别？经济体间比较需要关注其经济发展水平差异，那么，经济体内部各地区之间是否也需要关注这一差异呢？比如，中国经济发展在各地区间极不平衡，上海、深圳等地区的经济水平已经可以跟 OECD 国家的发展水平相比，但中西部却有不少地区刚刚脱离贫困线。

对内部各地区间差异大的大型经济体而言，国家平均价格的代表性难以有效保证。市场经济不发达，经济要素和商品流通不充分，支出项目的多样性，都会加大经济体各地区之间的差异，极可能减弱平均价格的代表性。平均价格代表性差，由其推出的比较结论就容易产生偏误。

这种问题在市场经济发达的大国不会出现，同样是大国，如果市场竞争充分，商品流通顺畅，地区间的差异就不会那么大，采用一个国家平均价格，其代表性容易得到保证。盲人摸象，容易以偏概全，但如果盲人摸草垛，那就不会做出误判。

由此提出的问题是：是否需要在异质大型经济体分区实施 ICP，是否需要在异质大型经济体内部设立"同质区"，以分别参与全球不同组的国家比较？如若需要，又以多大范围合适？比如，中国上海、广东等省市同时参与 OECD 组的国际比较，可否进行此类试算？

3.4 参与比较经济体的统计能力

除了经济同质性要求外，ICP 地区调查还有一个基本要求，即参与比较的经济体统计力量较强，主观上资料可得。否则，ICP 结果就难以保证其结论的可靠性，从这个要求可知 ICP 推广工作的困难。

ICP 所包含的国家越多，越容易反映全球 PPP 的真实水平，但同时这也就意味着：不同经济体间经济统计水平的差异就越大。第 8 轮 ICP 是参与比较经济体最多的一次，这同时也就意味着，这是经济统计基础薄弱国家最多的一次。

一般而言，某经济体加入 ICP 越晚，其经济发展水平和经济统计工作水平就越低。于是，国家增加越多，ICP 的质量保障就越困难，更不容易做到准确。对提高 ICP 工作质量而言，这是一个相悖的境地。采用各国上报数据，对 ICP 结果的影响究竟如何？如果不尊重各国的经济统计基础，ICP 的扩展容易失败；而所谓尊重则在一定程度上意味着对不合标准的现状妥协。为保证比较质量，ICP 工作团队采取了一系列措施，这些措施是否足以弥补发展中经济体统计水平的缺欠，使之达到应有的标准，需要系统加以检验，社会和 ICP 结果的用户需要阐明此类问题的系统报告。

3.5 不同类别经济体测度和比较方法的选用

国家经济比较方法是一个大系统，其中包含了各种各样的测度和比较方法，不同方法有其特点和适用场合，由此，不同国家具备了选用不同处理方法的可能，同时，又要尽可能保持 ICP 的系统自洽性。如何选用，对比较结果可能产生不小的影响。

发达国家采用先进方法，发展中国家采用粗略方法，整个比较的自洽性如何？会对结果产生什么样的影响？相比之下，如果所有国家都采用同一方法处理，比较的自洽性是否更高？这种考虑是否意味着方法改进存在某种悖境：如果没有发达国家率先改进方法，整体比较水平无法提高；但如果部分国家先行，多数国家沿用旧法，本轮比较的自洽性又难以保障。

一个较为突出的事例是教育的测度，欧盟和 OECD 从投入法（间接法）改用产出法（直接法），而其他国家仍然采用投入法，整个系统的教育测度是否更为精确？

另外，用国际学生评估项目（the program for international student assessment，PISA）调整教育生产率也可能存在需要进一步思考的问题。不同社会不同群体，对教育功能的认识也可能不同。受教育到底是为了提高素质，还是为了就业？教育产出的指向不同，所谓效率及其测度也可能不同。PISA 到底打算测什么？到底能够测什么？是不是得到了全球各经济体的基本认同？不同国家不同时期教育的指向不同，民众对教育的诉求也不同，如何确定统一的教育测度指向和结构？如果 PISA 确实是调整教育生产率的不二选择，那又该如何准备其实施条件？对尚未开展 PISA 的经济体而言，其教育生产率如何调整？还有，PISA 并没有对应教育的所有层级，对 PISA 尚没有涉及的层级，教育的生产率又如何调整？特别是高等教育，与科学研究难以明确区分，其生产率调整问题更加需要系统考量。

4　国际经济比较需要进一步研究的问题和建议

4.1　"发展中方法"与慎用结论

我们看到，在 ICP 发展过程中，上一轮所用方法在当时看是最可行的选择，但到了下一轮实践中又被发现问题，故而需要改进。再比如，采用"重要性权数"，将 3：1 作为重要性指标，同时还测试其他权重（如 2：1、5：1、10：1）。这也表明了 ICP 方法论上的实验性质。可见，ICP 是一个发展中的经济统计方法，它不是绝对完善的，是可以对其进行质疑和讨论的。

ICP 包含了不少人为设定和计算。由于经济测度"中性悖律"的存在，模型构建不可能做到完全客观，不同专家对指标和模型的偏好反倒是一种客观存在，因而模型构建会受到构建者方法偏好的深刻影响。在评价国际比较结果时，应该充分意识到这种影响的存在。

世界银行提出：PPP 只是一种统计估计，所有的统计都存在着抽象误差、测度误差和分类误差，因此 PPP 应该被视为真值的近似。由于收集数据和计算 PPP 过程的复杂性，甚至无法直接估计误差范围。

基于这些理由，应该提出慎用 ICP 结论的警告。

4.2　需要进一步研究的问题

国际经济比较是相当复杂的经济统计工作，我们在讨论不同比较方法时应该始终保持"问题意识"。本文试提出一二。

ICP 侧重于不同货币购买力的比较，然而货币的功能是多元的，且是相互影响着的，货币的储蓄力（saving power）是否需要测度？它与货币购买力是什么关系？货币储蓄力的测度会不会影响货币购买力的测度？ICP 设计中是否需要考虑此种影响？或者说，ICP 是如何考虑此种影响的？

由于 ICP 是一个基于 GDP 统计的项目，因此 GDP 统计上的种种性质，包括优势和不足，都会传递到 ICP 中来。国民收入核算从 1993 年 SNA 起就以 GDP 为核心指标，而 GDP 是国土意义上的，然而支出却更立足于国民意义，收入是 GNI，能支出的应该是 GNI，分解支出项目的也应该是 GNI。那么，ICP 是否应该或者可能基于 GNI 开展？

ICP 对支出项目价比可以采用多种合成方法，这对综合比较结果意味着什么？ICP 结果是否具有不唯一性（或表述为：ICP 结果不具有唯一性）？那么，其经济意义又该如何解释？

4.3　对进一步拓展国际比较研究的补充建议

除了前面文中提出的改进建议外，还有以下补充建议。

1. 设计 PPP 同质度指数

在《PPP 同质度指数的设计》（2013 年）一文中，笔者提出应该设计专门反映 PPP 代表性程度的指数。将一国 CPI 代表品篮子与 ICP 代表品篮子对比，就可以最严格地反映该国消费品结构的同异，得到核心同质度比率。再对该国 ICP 代表品篮子外的支出项目分解，可以得到同质度增量指数，核心指数与增量指数相加可以得到同质度总指数，用以考察 PPP 的代表性高低。

2. 对国际对比进行专题研究

尝试用双边比较来印证全球多边比较结果，发动或联合重要经济体（内部发展差异比较大的经济体、经济总量占全球比重大的经济体）开展此项工作，不要轻易否定某些经济体对 ICP 结果提出的异议。还应该借用其他调查，如美国美世咨询公司（Mercer）的全球生活成本调查，来推算比较全球比较结论的可靠性。

开展新兴经济体比较结果的专题研究。注重地区大、人口多、GDP 规模大、市场发育程度低、是否成为 OECD 成员等诸项指标，选择诸如巴西、印度尼西亚、印度、中国等作为重点关注经济体，以进一步支撑全球比较结论。

关注大都市经济体，如新加坡、卢森堡，以及中国香港等，研究其在 ICP 结果与汇率法结果中的相关性，也研究此类经济体与其他经济体在国际比较上的差异。

3. 对国际比较项目采取开放的发展战略

对未来社会开放，比如，预先考虑大数据发展对 ICP 的影响，是否需要探讨基本类别 PPP 不再使用代表品推断的前景，大数据的发展在 ICP 发展不同阶段能有多大作为？

对持不同见解者开放。经济界和经济学界对 ICP 有着不同看法，有的甚至认为 ICP "没有前途"。建议把所提出的问题和看法集中起来，列出一个表，鼓励对这些问题的解答和深入研究。

特别是，应该改变 "重 ICP 轻汇率法" 的传统倾向，实行二者并行发展的战略，将两种比较结果相互参照使用，而非定于一尊。

参 考 文 献

（1）The World Bank. 2013.Measuring the Real Size of the World Economy, the Framework, Methodology, and Results of the International Comparison Program—ICP[M]. Washington：The World Bank Group.

（2）邱东. 1996. 对国际经济比较方法的若干思考[J]. 统计研究，（6）：16-21.

（3）邱东. 2013a. 偏差测度悖论与方法改进陷阱[M]//邱东. 经济统计科学论. 北京：中国财政经济出版社：95-107.

（4）邱东. 2012. 宏观测度的边界悖律及其意义[J]. 统计研究，（8）：83-90.

（5）邱东. 2013b. 经济统计学科论[M]. 北京：中国财政经济出版社：3-21.

（6）邱东. 2013c. PPP 同质度指数的设计[R]. 2013 年上海财经大学经济统计学研讨会报告.

附录二　PPP 同质度指数的设计①

1　从"定义概念"到"计算概念"：PPP 的计算过程

　　从经济学的理论定义或"定义概念"上看，货币作为通货是针对所有商品的，从而，PPP 是一国货币购买能力与外币购买能力的总体对比。为了分析实际经济过程，经济统计需要让这个定义可操作，将其从"定义概念"变成一个"计算概念"，需要设计出一个可计算的总价比指标。从指标的计算性质看，PPP 是不同国家全部支出项目价格比率的加权平均。

　　然而，"可计算"并不能真的都去计算，所谓"全部支出项目"在经济统计实践中还需要打折扣。社会再发达，从事经济统计仍然会遭遇资源约束，人们可以用在货币购买力比较上的资源肯定是有限的。故而 ICP 只能采用比较节约和可行的方法：货币可以购买的商品成千上万，尽管理论概念中有着"全面性要求"，但也不能真的就去计算每一项支出的价比，因而只能选择一部分作为代表品，计算其价比。

　　ICP 计算 PPP 的过程是：首先将所有支出分成"基本类别"、"大类"、"组"和"门类"几个层次。先计算最低层次类别中代表品的价比，用代表品的价比代表其所在类的价比，再将"代表品价比"按 GDP 支出额比重加权平均，推断出更高层次类组的 PPP。这个过程从"基本类别"开始逐层汇总，直至全部支出的总价比，使命得以完成。

2　可比性缺失的根源：购买力与购买力平价的定义域不同

　　这个计算过程有没有值得深思之处？

　　按照前面提到的理论定义，货币购买能力的比较应该针对一国市场中所有的交易对象（商品），甚至隐性交易也应该包括进来。对其计算口径有着全面性的要求。

---

　　① 本文初稿曾在 2013 年 7 月上海财经大学经济统计学研讨会上做大会报告。

　　文中七节的小标题是本次纳入文集时添加的，这是因为多数读者没有时间和精力去捕捉每部分的核心内容。

现实问题是，不同国家的商品集合之间存在着不可忽视的差异，不少国家的市场中有其"特征商品"，即其他国家市场中没有或罕见的商品。比如，A 国货币的购买能力包含着对其特征商品 a 的部分，也包含着对共有商品 c 的部分，同样，B 国货币的购买能力包含着对其特征商品 b 的部分，也包含着对共有商品 c 的部分。

在这种市场差异情况下，如果计算 PPP 一定要满足全面性要求，势必需要比较特征商品 a 和 b 的比价，但经济现实中并不存在这种交易，遑论比价！这就是说：货币购买力总比价中包含着空的子集。这意味着，ICP 的比较对象中存在着不可比的部分，它需要比较并不存在的支出项目！

众所周知，PPP 合成公式中不乏乘法运算，然而计算对象如果包含为 0 的子集，是不能采用乘法运算得出总值的，这也反映出 PPP 计算的微观基础的部分缺失。严格而论，不同货币的购买力整体上其实是不可比的，计算 PPP，非要比较那些不可比的支出项目，原本是一项不可完成的使命。

3　计算指标的"经济性要求"掩盖了"比价子集"为空的困难

幸好，计算经济统计指标时还需要满足"经济性要求"，即便比价都存在，也不能逐项计算。于是，"比价子集"为空的现实困难就因为经济性计算而被解决并掩盖了。正是采用代表品的方法使得 PPP 的"定义概念"发展成为 PPP 的"计算概念"，人们躲掉了特征商品比价不存在的困难，对于那些不了解 PPP 计算过程的用户而言，这个尴尬甚至不存在。

笔者认为，用代表品价比替代组内非代表品的价比，即假定某类组内非代表品的价比存在，且等于该类组代表品的价比，或者说，代表品篮子外商品的国际价比关系由篮子内同层级代表品的国际价比关系来代替，这是 ICP 最基本的假定之一，它是比较满足同质性（笔者将另文专述）的必然要求。

假定二者价比一致或相等，是采用 GDP 支出额加权合成总价比的基本前提，PPP 的经济统计意义能否成立，关键就在这个假定。就不同的商品而言，这项假定可能完全成立，可能部分成立，也可能并不成立。这项假定能否满足，能够满足多少，决定了 PPP 数据结果的质量。

计算 PPP 所用的商品篮子只是一个代表样本。如果一个国家的经济现实中特征商品多，且份额大，而它参与国际比较时遵循全球的（或地区的）PPP 商品篮子，就是用一个有偏①的样本来反映本国货币的购买力，计算得出的 PPP 就是一个基于有偏样本得出的数值，就会影响该国货币购买力比价的准确程度。

不仅如此，由于 ICP 计算过程内在的传递性，一国的有偏样本进而还会影响到其他国家货币购买力的比较数值，可能降低其准确程度。因此，在没有基本的可靠性估计之时，对 PPP 计算结果不应该过度解读，更不能绝对地视其为货币购买力的真值。

采用一致的代表商品篮子，可以保证 PPP 的可计算性，即 ICP 过程和结果的逻辑一致性，在这个代表商品篮子之内，即在 PPP 模型的有效空间内 ICP 正确、自洽。但其得出的比价关系，即其对一国货币购买力的总体比较，不能绝对地外推到现实空间中去。

就现实空间与 PPP 模型有效空间一致或重叠部分而言，ICP 结果完全正确。而当现实空间大于 PPP 模型有效空间时，就会有一定程度的偏误，空间越扩展，偏误可能越大。由两种空间不一致所造成的偏误是不可完全避免的，只可以尽量减少。

4　"可比性原则"与"代表性原则"的博弈

为了保证 PPP 质量，ICP 在选取代表品篮子时确定了若干原则，其中最重要的有两条，可比性原则和代表性原则。如何解读或评价这两条原则？

笔者认为，可比性原则是 ICP 的必要条件，满足可比性是要解决 ICP 有无的问题。没有可比性，就无法进行 ICP，就无法得出 PPP。而代表性原则是 ICP 的充分条件，满足代表性是要解决 ICP 意义大小的问题：PPP 质量好与差，其经济意义大与小。ICP 的主要困难和矛盾就在于如何处理好这两条原则的关系：如何在满足所比商品可比性的必要前提下尽可能地满足其代表性？

由于研发 ICP 的经济学家的开创性智慧，PPP 计算中采用了层级化处理，一种自下而上的构建金字塔式 PPP 的方法，这一设计或许较大地限制了基本假定失效的可能范围，从而 ICP 成为 20 世纪经济统计的重大进步之一。

ICP 提出了选取代表品的代表性原则，但没有进一步考察：如果这一原则落实程度有所欠缺，对 PPP 偏误的影响究竟有多大，不知道偏误或失真究竟有多少。如果我们计算了某种可靠性指数，就更具备了方法论自信，就容易减少 PPP 应用中可能产生的负面影响，甚至异化。

---

① 相对于本国经济而言。

5　PPP 的"核心同质度指数"

代表品篮子中所选取商品代表性缺失的程度，就是 PPP 可靠性下降的程度，故而可以设计出一种专门指数——"核心同质度指数"，用以表明 PPP 计算中代表性缺失（即最基本假定不能完全得到满足时）的后果对 PPP 可靠性的影响。"核心同质度指数"是其代表性损失程度的指数，也是 PPP 可比性程度高低的指数，是 PPP 的"最低可靠性指数"。

以消费品为例，一国的 CPI 代表品篮子和 ICP 消费品篮子存在着差异，有的商品 CPI 篮子有，而 ICP 篮子没有，这个差异主要反映出一国经济的特征商品；有的 CPI 篮子没有，而 ICP 篮子却有，这部分商品在更大经济空间内是重要的，但对该国而言却仍然缺失，或许是经济发展阶段的差别所致。

除去这两部分，两个代表品篮子共有的商品既满足代表性又满足可比性，这部分商品的价比是实实在在地直接计算得出的，而不是推算出来的，计算中不需要那个最基本的假定。计算出这部分商品支出额在本层次 GDP 支出额中所占的比重，就可以视为 PPP 的"核心同质度指数"（core homogeneity ratio）。这个检验 PPP 数据可靠性的指数，名字还可以叫作"核心一致性指数"或"最低可靠性指数"（mini-reliability index）等。

用支出额比重加权分层计算，需要有一致的代表品篮子层次结构。目前 CPI 的分类层级结构与 ICP 的分类层级结构是否一致？如果不一致，最好调整一致，以便计算系列的"可靠性指数"。

6　PPP 的"可靠性增量指数"

"核心同质度指数"可能数值很低，但这并不说明 PPP 的可靠性只有那么低，它只是最低的"可靠性指数"。不可比商品的价比推算也会具有一定程度的可靠性。

不可比部分的价比关系分为两种情况。

一是的确与可比品的价比一致，基本假定可以满足，这可以提高比价推算的可靠性。但其程度不同，有大有小，大了则可靠性提高得多，小了则作用没那么大。

也有的是某国家唯一的特征性商品，就该商品而言完全不可比，但该商品内部可能存在可比因素，可以进一步分解之，找出可比因素，再通过相近商品的价比推算近似的价比。

二是与可比品的价比方向相反，确实反映了 PPP 代表性损失的部分。（但需要思考会不会使得"最低信度"再降低。）其程度也不同，如果相反变化的程度高，则 PPP 代表性损失得多一些，反之就少一些。

在计算"同质度指数"的基础上进一步对不可比商品中支出额比重较大的部分进行分析，专门调查其价比关系，通过可比部分再进行间接推算，可以得出"可靠性增量指数"，将"最低可靠性指数"的值与"可靠性增量指数"的值相加，可以得出总的"可靠性指数"。

7 "可靠性指数"系列

不可比的部分有的商品地区可比，但全球不可比。这样应该分空间层次计算同质度指数，比如经济体的、地区的和全球的。地区内的经济文化差异小于地区间的经济文化差异，由此可以推论，在其他因素相同的前提下，地区 PPP 质量通常应该优于全球 PPP。

"同质度指数"可以分支出类别计算。比较 CPI 与 ICP 消费品篮子的差异，可以得出消费品 PPP 的"可靠性指数"；比较 PPI 与 ICP 投资品篮子的差异，可以得出资本形成 PPP 的"可靠性指数"。还可以计算政府支出 PPP 的"可靠性指数"，进出口品 PPP 的"可靠性指数"。一般来说，消费类的"同质度指数"会高一些，而投资类等其他类则会低一些。

用"世界银行图表集法"（汇率法）得出的货币购买力比价关系也存在这个问题。就汇率法计算本身而言，由于价比的对象都是可贸易品，尚未包含特征商品的价比确定，所以此阶段的计算结果并没有这种类型的推断失误。

但是，当我们把"汇率法"结果解读为货币的总体购买力比值时，其中自然就包含了特征商品部分的比价推断，即在"汇率法"结果的"使用阶段"，同样存在用"可贸易品价比"来替代"非贸易品价比"的问题。

就用可比商品的价比代替不可比商品的价比这一点而言，ICP 法并没有超越"汇率法"，反而由于在"计算阶段"就涉及了特征商品如何确定价比的困难，不可比问题暴露得更早，也更为明显。

以 CPI 和 PPI 的商品篮子为比较对象计算同质度，也包含着一个假定，即各国价格统计中代表品的选取充分代表了该国（比较对象国）的经济社会文化特征。一般来说，统计工作水平越高，价格指标所捕捉到的经济文化特征信息越充分。这个假设也不是完全成立的，就统计工作水平而言，发达国家远远高于发展中国家，毋庸讳言的是，发达国家的"同质度指数"与发展中国家相比，其可靠性更高。

参 考 文 献

（1）The World Bank. 2013. Measuring the Real Size of the World Economy，the Framework，Methodology，and Results of the International Comparison Program—ICP[M]. Washington：The World Bank Group.

（2）邱东. 1996. 对国际经济比较方法的若干思考[J]. 统计研究，（6）：16-21.

（3）邱东. 2013. 偏差测度悖论与方法改进陷阱[M]//邱东. 经济统计科学论. 北京：中国财政经济出版社：95-107.

附录三 偏差测度悖论与方法改进陷阱①

由于现实测度中存在"真值不可知"，本文以国际经济比较中常用的"汇率法"和 PPP 法（ICP）为例，讨论了不同方法测度偏差的测度存在难以察觉的悖论，测度方法的改进存在着需要提防的陷阱。

1 问题的提起

在对现实世界的测度中，人们总是会遇到"真值不可知"的问题，又总是希望能够接近真值，总是希望能够有更为精确的方法，总是不断地创新，以改进原有的方法，或者说，发明新的方法，这是一个漫长的追求真理的过程。

当人们有了不同的测度方法时，自然又会对已有的不同方法进行比较，在比较的过程中，人们通常有一个倾向：愿意过多地肯定现有方法中较为先进的那个方法，而过多地否定相对比较"传统"的方法。在对二者进行比较时，往往把先进方法的结果视为基准，有的时候，计算出了"传统"方法结果与先进方法结果的差距，就将这个差距作为"传统"方法对事物真值的偏差。

实际上，测度方法的改进存在着需要提防的陷阱，而对不同方法测度偏差的测度存在着难以察觉的悖论，我们先从国际经济比较方法说起。

我们知道，在国际经济比较中，主要使用"汇率法"和"ICP 法"，而 ICP 方法的产生，源于对"汇率法"结果的质疑。随着 ICP 研究的深入，"汇率法"逐步失去了其在国际经济比较中的主导地位。不仅如此，"汇率法"的测度现在只是以一个粗略的参照值权且存在着。

世界银行《世界发展报告（2005）》发表了全球 100 多个国家用汇率法和 ICP 方法计算的 GNI 数据，从中可以看出，两种方法的结果有着明显的差别。对于两种方法结果的差别，统计学界通常采用一个指标来测度，这就是"汇率偏差指数"，也有人称之为"汇率偏离系数"。

如何看待这个指标？如何看待两种方法这么大的差距？有的学者指出，对这

① 本文为 2006 年第一届中国统计学年会的大会特邀报告，也收录于笔者所著的《经济统计学科论》中，中国财政经济出版社 2013 年版。该书的英文版由 American Academic Press 2018 年出版。

个问题的思考要从"汇率法"的缺点入手，因为"PPP 法"①是对"汇率法"的改进，二者之差异必然主要来自汇率法的缺点，"汇率偏差指数"具有测度"汇率法"估计误差的计量意义。

从一般的逻辑关系看，做上述判断是很自然的。但我们应该注意到，国际经济比较也是一个"真值不可知"问题。"汇率法"本身的确存在着种种弊端，但同时我们也并没有得到严格的证明,ICP 结果本身就是衡量国际经济比较准确程度的绝对标准，很可能它只是离"真值"比较近一些而已，ICP 结果对国际经济比较的"真值"可能也有偏误，在一个平面线性的结果比较中，这种偏误可能是正的，也可能是负的。

如此说来，所谓"汇率偏差指数"的说法就是不科学的。这个指标设计的一个前提就是，以 ICP 结果为判定国际经济比较准确与否的基准，将之视为"真值"，从而度量"汇率法"比较所造成的偏误。实际上，"汇率法"结果与 ICP 方法结果之间的差距并不等于"汇率法"本身的偏误。"汇率法"结果当然会有偏误，但由于 ICP 结果对国际经济比较也可能有偏误，而且其偏误的方向还可能与"汇率法"不同，由此，"汇率法"对国际经济比较的偏误完全可能小于它与 ICP 结果的差距。比方说，如果两个国家的 PPP "真值"为 8：1，"汇率法"结果为 4：1，两个国家 ICP 结果为 10：1，那么"汇率法"结果的偏差只应是 4 个单位，而不是 6 个单位。由此看来，我们在应用所谓"汇率偏差指数"的数据时，应该注意避免被误导。

然而，在国际经济比较的种种著述中，出现了对"汇率法"基本否定的倾向，而 ICP 方法则在科学的光环下用之于四海，不少经济学家并没有细究 ICP 方法的测度过程，就对其结果深信不疑，在多种场合放心地使用，用来分析不同国家的实际经济问题，并提出他们的对策建议。他们的权威式的确信又导致了普罗大众对 ICP 结果的确信，似乎 ICP 的结论成了天经地义，毋庸置疑。

问题是，ICP 的结果真的有我们所确信的这么好吗？而"汇率法"的结果真的就有我们所确信的那么差吗？"汇率偏差指数"的确是"汇率法"所造成的与 PPP 比率真值之间的偏差吗？笔者在 1996 年曾撰文进行质疑，20 多年后的今天，再从"偏差测度悖论"和方法改进陷阱的角度进一步分析这个问题。

2　"偏差测度悖论"

将"汇率偏差指数"所揭示的问题一般化，我们认为，偏差测度实际存在着至少三个悖论。

---

① 即本文所说的 ICP 方法，考虑到"汇率法"的测度是以 PPP 理论为依据的，为避免混淆，本文对 ICP 所用的方法一般不用此称谓。

2.1　悖论 1（行为意义悖论）

从指标定义看，严格地讲，指标真值是不可知的，这与[海森堡]不确定性原理（[Heisenberg] uncertainty principle）相一致，或者说相印证。

理论上不可知，实践中却需要去求知，二者间存在着巨大反差，这决定了我们只能尽量地逼近，即用对指标的测度值去尽可能地逼近指标的真值。不同的逼近方法产生不同的测度值，这就有了不同测度方法的准确度比较，或其偏差的计算问题。

从概念的定义来看，偏差本来应该是现实值（测算值）与真值之差。但按照这个定义，真值却成了计算偏差的手段，按此定义，不知指标的真值，就不可知指标的偏差，偏差与真值一样是不可知的。

但如果已知真值，就没有必要计算偏差，仅就此而言，这个概念的设计失去了行为意义。这是从概念上或行为意义上看的"偏差测不准定理"，或"偏差的行为意义悖论"。

2.2　悖论 2（比较对象悖论）

从偏差测度的行为意义悖论可知，只有当人们把某一种逼近方法得出的测度结果作为真值时，再将其他方法的结果与之比较，这样才会形成所谓的偏差。任何偏差的计算实质上只能是两个测度值（A 与 B）的比较。

同样，由于真值不可知，我们就不能事先确定，一个测度值一定优于另一个测度值，但偏差测度的设计和计算的本意在于：两个相比之值中要有一个为基准值，或要求先验地确定一个基准，或至少要求两个测度值中有一个更逼近真值。

于是产生了又一个悖论，如果基准值（假定为 B）存在且已知（或可知），换言之，已知 B 优于 A，那么另一个测度值 A 就无必要再进行测度，或者说，从某种角度看测度值 A 的必要性不足。这是从比较对象上看的"偏差测不准定理"，或"偏差的比较对象悖论"。

2.3　悖论 3（测度结果悖论）

仅仅在平面空间中的线性状态下，加入对测度中指标重叠程度、逼近方向和量值大小三个因素的考虑，就可以发现从测度结果看的偏差测不准定理，或偏差测度的第三个悖论——"偏差测度的结果悖论"。

我们来考虑三个值（真值 T、测度值 A 和测度值 B），测度值 A 是用原有方法

A 测度出来的，测度值 B 是用改进了的方法 B 算出来的，通常人们认为，测度方法 B 要优于测度方法 A，那么测度值 B 应该比测度值 A 更接近于真值 T。这种认识对不对呢？

如果从不同角度或因素来深入地分析这个问题，即可能会发现三者间的不同关系。

第一，它们可能在很偶然的情形下重叠，或三者重叠，或者两两重叠（A 与 T，B 与 T，A 与 B）。

第二，在平面空间的线性状态下，测度值 A 与测度值 B 可以从不同方向或相同方向逼近真值 T。

第三，同样在平面空间的线性状态下，真值 T、测度值 A 与测度值 B 的量值大小可能会有不同的关系。我们无法得知真值的大小，但对于它与测度值之间的关系可以做出某种推断。

表 1 是考虑了三个因素后三个值之间多种关系的一个归结。

表 1 列示了三个值之间关系的 17 种可能情形，从表 1 中可以得出以下认识。

在情形（1）时，三个值（T、A 和 B）完全重叠；在情形（2）和情形（3）时，两个测度值（A 与 B）间重叠，此时不存在测度偏差问题，当然，这种情形是相当罕见的。

在情形（4）和情形（5）时，测度值 B 与真值重叠，原来对偏差的认识，对测度方法 B 的认可，都是正确的，即 $|T-A|=|B-A|$。但我们应该认识到，首先，这同样是相当罕见的情形；其次，我们并不能真正知道这两种情形有没有发生，何时发生。

在情形（6）和情形（7）时，测度值 A 与真值 T 相重叠，反倒是原来以为更为精确的测度值 B 远离真值 T，即 $|B-A|=|B-T|$，此时原来对偏差的认识正好相反，不能成立。当然这也是罕见的，是不可知其有，不可知其时的。

在情形（8）和情形（9）时，两个测度值 A 与 B，从不同的方向逼近真值 T，所计算的偏差大于真实偏差，即 $|B-A|>|T-A|$，即我们得到了一个自身就有偏差的偏差测度值，我们原来对偏差的认识是有偏误的。

从情形（10）到情形（17），是两个测度值（A 与 B）从同一个方向逼近真值 T，这时所计算的偏差与真实偏差间的关系更为复杂，可能会产生三类结果。

在情形（10）、情形（11）、情形（12）和情形（17）时，所计算的偏差将会小于真实偏差，即 $|B-A|<|T-A|$，所计算的偏差本身就存在偏差。

在情形（14）和情形（15）时，所计算的偏差将会大于真实偏差，即 $|B-A|>|T-A|$，与情形（8）和情形（9）在偏差关系上相同，也存在计算偏差。

在情形（13）和情形（16）时，所计算的偏差在量值上恰好等于真实偏差，即 $|B-A|=|T-A|$，这也是相当罕见的情形。

表 1　真值 T、测度值 A 和测度值 B 之间的各种关系

序号	重叠度	逼近方向同异	数值大小	结果	图形
（1）	完全重叠			$B=A=T$	$A(B,T)$
（2）	$A=B$		$A=B>T$	$A-T=B-T$	$T\ \ A(B)$
（3）	$A=B$		$A=B<T$	$T-A=T-B$	$A(B)\ \ T$
（4）	$B=T$		$A>T=B$	$B-A=T-A$	$T(B)\ \ A$
（5）	$B=T$		$T=B>A$	$B-A=T-A$	$A\ \ T(B)$
（6）	$A=T$		$A=T>B$	$B-A=B-T$	$B\ \ T(A)$
（7）	$A=T$		$B>A=T$	$B-A=B-T$	$T(A)\ \ B$
（8）	不重叠	异	$B>T,\ B>A,\ T>A$	$B-A>T-A$	$A\ \ T\ \ B$
（9）	不重叠	异	$A>T,\ A>B,\ T>B$	$\lvert B-A\rvert>\lvert T-A\rvert$	$B\ \ T\ \ A$
（10）	不重叠	同	$T>A,\ T>B,\ B>A$	$B-A<T-A$	$A\ \ B\ \ T$
（11）	不重叠	同	$A>B,\ A>T,\ B>T$	$\lvert B-A\rvert<\lvert T-A\rvert$	$T\ \ B\ \ A$
（12）	不重叠	同	$T>A,\ T>B,\ A>B$	$T-A>A-B$	$B\ \ A\ \ T$
（13）	不重叠	同	$T>A,\ T>B,\ A>B$	$T-A=A-B$	$B\ \ A\ \ T$
（14）	不重叠	同	$T>A,\ T>B,\ A>B$	$T-A<A-B$	$B\ \ A\ \ T$
（15）	不重叠	同	$B>A,\ B>T,\ A>T$	$B-A>A-T$	$T\ \ A\ \ B$
（16）	不重叠	同	$B>A,\ B>T,\ A>T$	$B-A=A-T$	$T\ \ A\ \ B$
（17）	不重叠	同	$B>A,\ B>T,\ A>T$	$B-A<A-T$	$T\ \ A\ \ B$

　　值得注意的是，在两个测度值（A 和 B）从同一方向逼近真值 T 时，情形（10）和情形（11）是与原来对偏差的认知相一致的，即测度值 B 是对测度值 A 的改进，B 比 A 更接近真值 T；但在情形（12）至情形（17）这 6 种情形中，对方法偏差的认识结论则正好相反，测度值 B 并不是测度值 A 的改进，反倒是测度值 A 更接近真值 T。

　　归纳存在测度偏差的 14 种情形，从情形（4）至情形（17），我们可以从两个角度来思考：一是原结论的方向与现实是否一致，二是原结论在量值上与现实偏差的大小，进而得出总体认识，归纳为表 2。

表 2　逼近方向、数值与现实的一致性比较

方向	量值			
	一致		不一致	
一致	情形（4）　　情形（5）		情形（10）　　情形（11）	所计算偏差小于真实偏差
不一致	情形（6）　　情形（7）		情形（12）　　情形（17）	
	情形（13）　　情形（16）		情形（8）　　情形（9）	所计算偏差大于真实偏差
			情形（14）　　情形（15）	

　　从表 2 可以看出，偏差测度在结果方向和量值大小上都与原认识一致的只有情形（4）和情形（5），但如前所述，这恐怕是相当罕见的；仅在量值上一致的有 6 种情形，也是相当罕见的，仅在方向上一致的有 4 种情形。相反，在量值上不一致的有 8 种情形，在方向上不一致的有 10 种情形，而在量值和方向上都不一致的则有 6 种情形。

　　总之，要计算的是偏差的真值，但计算出来的却往往是有偏差的值，结果与目的相悖，悖论 3 也可以称为测度结果意义上的偏差测不准定理。

　　以上，我们指出了偏差测度中可能出现的种种问题，当然这可能只是其中的一部分，但仅仅这些问题也足以使我们发问，并进行深入的思考：为什么理应先进的方法 B 竟可能劣于原有的方法 A？之所以要提出方法 B，就是因为方法 A 的结果不尽理想，还需要改进，怎么改进了的方法反倒可能不如不改进呢？我们认为，产生这种可能性的原因在于，现实世界中存在着方法改进或创新的陷阱。

3　方法改进陷阱

　　本部分从三个方面来分析这个问题。

3.1　方法改进通常隐含的陷阱

技术先进的方法，比起简单的方法而言，往往需要更多的假定前提条件，才能确保结果的精确性。通常是，技术越先进，需要的假定前提条件越多。

创新者在改进或创新方法时，对所需要的前提条件是比较在意的，通常考虑得比较周全；而新方法的初学者对其前提条件也是比较注意的，从而可以从内心接受这一新方法。

但是当新方法被接受的程度越来越高时，其更广范围的使用者反而容易忽略该方法的前提条件。

但在测度现实中，数据取得并不一定能满足这些假定前提条件。为了实现或完成测算，必须放松这些假定前提条件。

这种放松将对结果的精确性乃至准确性造成一定程度的损害，由此可能产生方法改进陷阱：因改进或创新可以提高某方法的精确或准确程度（$+\Delta B$），而实践中因为放松该创新方法的假定前提条件，又会损失其精确或准确程度（$-\Delta B$），如果后者超过了前者，即（$+\Delta B$）<（$-\Delta B$），那么改进或创新的方法 B 就不如原有的方法 A，此时改进或创新的结果就不如没有改进或创新时的原有结果，或者说，要真正得到更精确的结果，还需要进一步的改进和创新。

从空间角度看，技术越先进，对应其更多的假定前提条件，其应用的有效空间范围就越小。先进技术方法有效空间（小空间）与现实空间（大空间）的不匹配，导致了先进技术方法在其有效空间外的失灵，而人们往往忽视这两种空间的差异，将一定空间内有效的技术方法放大到其失效空间使用，并盲目认同其结果，从而进入了方法改进或创新的陷阱。

现实生活中也有技术创新陷阱的例子：精密的 VCD（video compact disc）机很难播放质量比较粗糙的碟片，反倒是质量稍微差一些的VCD机能够"超强纠错"，即使碟片质量粗糙一些也能播放下去；精密的水管用于含杂质多的水容易出问题，反倒是质量不那么好的水管更适应低质量水的侵蚀；……这就是现实生活给我们的启示，揭示了这种改进和创新陷阱的道理。

3.2　"方法万能论"对测度的影响

人往往有技术崇拜倾向，更愿意相信和采用技术含量更高的方法。人们在评价某种测度时，往往会依据其方法自身的优良程度来推测其结果的可信度。通常的推断是，方法精美结果就准。

实际上，方法精美只是得到准确结果的一个必要条件，而不是其充分条件。如果必要的前提得不到满足，很可能用特别精美方法得出一个错误百出的结果。人们在比较不同方法及其结果时，往往容易或愿意忘记改进或创新方法 B 所隐含的假定前提条件，或没有意识到技术创新陷阱的存在。而且，这比用粗略方法得出结果更可怕，因为方法的精美往往使人更容易确信其可能错误的结果。就是说，人们的技术崇拜倾向加剧了方法改进陷阱的危害。在评价国际经济比较结果时，过多地否定"汇率法"，过多地肯定 ICP 方法，就是受到了"方法万能论"的误导。

而且，计算机软件的使用在给人们带来便利的同时，也容易使人们忽略对方法应用过程的监审，不去深入考察，哪些假定前提条件被放松了，被放松到了什么样的程度，而这种放松对计算结果的影响又有多大。当人们使用计算机软件时，往往容易把计算过程当成一个黑箱，更注重方法是否优良，结果如何分析，而对计算过程没有更深入的掌握。

过多地依赖技术和方法，其后果之一是可能产生"比较悖论"：在现实测度中，有时人们实际上是在比较不可比较的东西。大家知道，比较的前提是被比较的东西必须具有可比性，但在实践中，人们往往不得不比较并不可比的东西，或实际上在比较并不可比的东西。在《对国际经济比较方法的若干思考》一文中，笔者就指出了国家间经济可比因子逐步降低以至于丧失的危险。

3.3 从统计效益看测度方法的选择

崇尚技术和方法论，还可能将技术和方法的先进性作为评价与取舍的唯一标准，但在现实测度实践中，还有一些重要的因素必须纳入视野，这就是统计投入问题及其相关的统计效益问题。

第一，是经费对比较结果准确性的限制。经济学原理告诉我们，天下没有免费的午餐，统计测度也是如此。以国际经济比较为例，经费不足，参加 ICP 的国家就比较少，或者所提供的资料就不全、不准。所应该采取的减少误差的措施就难以实施。

这样 ICP 出于一种两难的境地：要减少比较误差，提高代表性，必然导致比较过程复杂，耗费过大；而过程越复杂耗费越大，实施比较的可能性就越小。现在只是西欧、北美等发达地区的国家才有实力保证 ICP 的常规性实施，这造成一个颇具讽刺意味的现实：只有到了不大需要实施 ICP 时[①]，才会有经济实力来搞 ICP。

_____

① 对发达国家来说，其 ICP 结果与"汇率法"结果的差距不大。

第二，从 ICP 结果的及时性看，标准 ICP 通常需要间隔几年才能搞一次，每次持续的时间又比较长，数据严重滞后，不如汇率法那样简便。所以，单单用 ICP 方法进行国际比较，还需要其解决时效性问题。

第三，测度过程的可控性。在国际经济比较中可能会遇到价格资料收集时的人为调整。ICP 要求各参比国上报平均价格资料，而各国在资料上报中有很大的灵活性，样本城市和平均方法的选择都有很大的调整余地。这里 ICP 也处于一种两难的境地：如果将其结果用于政策目的，各国将产生"修正"数据的倾向；而如果 ICP 仅用于研究目的，各国对之的兴趣和投入又不大。

联系各种类型的投入来看其结果，也就是从统计效益的角度来看，ICP 并不一定比"汇率法"优越。尽管"汇率法"比较简单，结果似乎难以令人信服，但所需要的投入很少；相比之下，ICP 所需要的资金、人力和时间却是惊人的。如果想得到较为准确的结果，其投入就更为可观了。

这样就有一个结果精确度与投入大小之间的平衡问题，是不是精确度越高越好？实践中能不能做到这一点？通常费用约束对统计测度的实施影响较大，这是一个硬约束，往往要在这种约束下来寻求测度结果的精确度。选取方法的标准究竟如何确定，到底是精确性、及时性还是经济性？不同的用途应该有不同的选取倾向。只考虑一个因素，在实践中是会产生问题的。

4　科学麦田守望者的责任与价值

4.1　"回到基本问题"

本文所探讨的不是经济统计方法的技术层面的问题，而是一个基本问题。在 ICP 方法已经大行其道时再回过头来审视这个基本问题，看起来是不合时宜的。但对这个基本问题如何回答，却关系到 ICP 方法和汇率法今后的走向，也关系到对国际经济关系分析的基本判断，实际上是绕不开的，这是我们欠下的隐性债务，总是要还的，这是我们科学工作者的职责所在。

这里必须指出，"回到基本问题"（back to the original），并不是本文首创的，这实际上是国际科学研究中值得国人注意的一个趋势。

应该看到，尽管本文以国际经济比较为例来展开讨论，但并不仅是国际经济比较中存在着这种需要进一步思考的基本问题，实际上，在我们已经视为常识的一些经济统计方法中，也都还存在着这类基本问题。

比如经济周期波动的测度中，我们的教科书在论述传统方法时，都把基准周期的确定作为非常成熟的方法写了进去；也有的学者更愿意使用现代测定方法，认为这种技术进步可以更好地测度实际经济周期，但二者都存在基准问题。

4.2 经济周期测度中的基准问题

在传统的经济周期测定方法中，一个非常基础的问题是基准周期的确定。这里涉及两个方面：一是根据基准周期来帮助选定哪些指标可以作为周期测度指标；二是根据基准周期来确定周期指标的类别，某个指标是周期测度的先行指标、同步指标，还是滞后指标。在周期指标的确定中，有六条选择原则，其中有两条与基准周期有关：一是周期的时间性（timing），二是周期循环方向的一致性（conformity）。

如此重要的作用，基准周期的确定本身就更为关键了，需要重视的是：为什么说所确定的周期是基准的？这个基准到底是绝对的，还是相对的？有没有人给出证明？这里的一个基本工具是"历史扩散指数"（historical diffusion index，HDI），它隐含的前提条件又是什么？

韦斯利·米切尔先生[①]说过："经济历史不断重复，但是总要有一些区别。"[②]他又说："严格来说，每一个经济周期都是事件序列当中唯一的一个。"[③]我们应该如何把握这些论断对确定经济周期基准的意义？如果基准并不是绝对的，那么周期指标的选定会不会有偏差？而其所谓的先行、同步和滞后三大类划分，其置信程度又应该如何把握呢？

有人会说，经济周期波动测定的传统方法已经不大使用了，而其现代方法就不存在所谓的基准周期问题了。其实，现代方法也是存在基准问题的，我们知道，现代周期波动测度方法是要从一个经济产出序列中剔除长期趋势、季节变动和不规则变动的影响，从而得出经济的周期波动状况。

这里，某个产出指标（通常是 GDP）序列是否就可以代表整个经济的变化呢？采用现代方法，实际上隐含着两个前提：①以 GDP 作为整个经济的基准，GDP 是最综合的经济指标，但它本身也在不断地随着经济现实的变化而调整测度方法；②经济变动有且只有四种方式，即长期趋势、周期变动、季节变动和不规则变动。由于对周期变动的测定采用的主要是剩余法，因此只有当对另三个变动的测度都准确的前提下，经济周期的测定才会是准确的。

这里的基本问题是：这两个前提到底成立与否，或者在多大程度上成立？GDP

---

① Wesley Clair Mitchell，美国著名经济学家，哥伦比亚大学教授，制度学派的重要代表人物。他主持国民经济研究局工作，在美国国民收入、生产指数和物价指数、经济周期分析等方面做出了开创性贡献，培养了一大批经济统计学家。

② Mitchell W C. 1913. Business Cycles[M]. Berkekey：University of California Press：449.

③ Mitchell W C. 1913. Business Cycles[M]. Berkekey：University of California Press：450.

是经济运行的基准代表吗？经济运行是不是只有四种类型的变动呢？如果经济变动还有其他类型的变动，那么我们对不规则变动的测定就会有系统偏差，因为我们对不规则变动的测定使用的是随机方法，而其他类型的变动会有自己的变动规律，需要专门的测度方法，对还隐含着其他类型变动的所谓不规则变动而言，仅用随机方法去测度显然是不够的。

可见，如果这两个前提不能得到充分的满足，我们对经济周期的测度实际上就是建立在空中的楼阁，所谓现代方法，在这一点上并不比传统方法更令人放心，尽管它属于参数方法。

4.3　在学习新方法时应该重视批判体验

有位名字叫杜鸿的人说："人的审美体验是不可靠的，天生需要新鲜的刺激做动力的审美，永远走在追求潮流的路途之上。真正可靠的是人的否定与探索精神。"[①]对此说法笔者深以为然，而且笔者以为，科学研究中的审美大概也存在这个问题。

对于处于"科学话语权"弱位的学者（主要在发展中国家）而言，其批判者的自觉意识不太强，而学生身份的自觉意识则较强，比较容易为科学上的审美所征服。

特别是，中国文化有着兼容的传统，中国人血液里固有的谦逊美德和包容心态，更加大了这种可能性。也正因为如此，中国的学者更应该提醒自己更多地重视批判体验，或极而言之，应该重视现代方法引进中的审丑体验！

4.4　学者的价值

学者的价值何在？在于其具备独到的眼力——能够成为科学麦田里的守望者，能够发现前人成果中的缺陷，能够看出方法的支持和不支持，看出数据的支持和不支持，能够指出方法和结论的相对性，能够警示社会，特别是警示方法和结论的使用者应该注意的问题和陷阱，从而不把已有方法和结论绝对化。学者不能随波逐流，在专业问题上不能把自己混同于普通的老百姓，更不能成为虚假学术泡沫的鼓吹者。

还需要说明的是，本文提出"偏差测不准定理（偏差测度悖论）"，不是要放弃对偏差的测度，而是为了更好地逼近真值；指出方法改进或创新陷阱，也不是不要方法改进或创新，而是为了避开陷阱，求得真正的改进或创新，求得更佳效果的改进或创新。

---

① 《中国国家地理》2005 年增刊第 21 页。

参 考 文 献

（1）邱东. 1996. 对国际经济比较方法的若干思考[J]. 统计研究，（6）：16-21.

（2）高敏雪. 2006. 国民经济核算原理与中国实践[M]. 北京：中国人民大学出版社.

（3）王成岐. 1993. 联合国国际比较项目（ICP）若干问题研究[D]. 大连：东北财经大学

（4）吕光明. 2006. 经济周期波动：测度方法与中国经验分析[D]. 大连：东北财经大学.

（5）萨尔斯伯格 D. 2004. 女士品茶：20 世纪统计怎样变革了科学[M]. 邱东，等译. 北京：中国统计出版社.

附录四　对国际经济比较方法的若干思考[①]

在国际经济社会一体化的大趋势下，国际经济比较越来越重要。这样对国际经济比较方法的研究也就更有意义。世界银行每年都发表基于"汇率法"的各国经济比较，ICP也进行了6个阶段的试验。然而，国际经济比较方法在经济统计学中仍然处于"发展中"的地位，还有许多问题，甚至是一些基本问题，需要人们进一步的思考。

1　不能完全否定汇率法

ICP的产生，源于对"汇率法"结果的怀疑。随着ICP研究的深入，"汇率法"逐步失去了其在国际经济比较中的主导地位。在国际经济比较中，甚至出现了对"汇率法"完全否定的倾向。我们认为，无论是从其结果，还是从其理论基础看，对"汇率法"都不能完全否定。

1.1　"汇率法"结果有其积极的一面

对"汇率法"的否定，主要是由于其结果与经济统计的其他评价存在明显的矛盾。由此找出了"汇率法"可能失准的若干原因。然而仅就"汇率法"结果本身而言，以下几点是不容忽视的。

首先，"汇率法"结果在相当长的历史阶段内是被国际社会接受的。在20世纪70年代以前，美元的金本位地位尚未崩溃，各国的汇率还算稳定，利用美元作为国际比较的同一货币，并用汇率换算有关国家的GDP，基本上能反映参比国的经济水平差距。只是到了后来，参比的国家越来越多，而汇率制度又发生了很大变化，"汇率法"的结果才出现了某种偏差。

其次，高收入国家的"汇率法"结果是被接受的，因为与ICP方法的结果颇

---

　　① 本文发表于《统计研究》1996年第6期，《统计与咨询》1996年第6期也转发了。2003年中国统计出版社出版笔者的经济统计论文集《谁是政府统计的最后东家》（列入"统计百家丛书"），本文也收录了这个文集。笔者在该文前加说说："这是一篇特别反潮流的文章，对许多人基本否定的汇率法多有肯定，而对许多人完全肯定的ICP则挑了一堆毛病。"

为接近。按照 ICP 专家的估计，高收入国家组的"汇率偏差指数"数值很小，大大低于低收入国家组。"汇率法"估计与 ICP 估计的差距随着实际 GDP 的上升而下降。从这一规律可以引出如下的结论：如果世界各国的经济得以顺利发展，待提高到一定程度后，"汇率法"进行国际比较的结论就是可靠的。

最后，"汇率法"结果与 ICP 结果之间存在着相当稳定的相关关系，"货币指标捷径法"就是基于这种关系而提出来的。这意味着，如果 ICP 结果可以接受，那么"汇率法"结果在一定程度上也是可以接受的。

从上述三点可见，对"汇率法"的结果并不能完全否定。

1.2 "汇率法"有其内在的理论基础

尽管"汇率法"计算简单，但它也有着自己的理论依据，这就是著名的 PPP 理论。

PPP 理论是关于国家间货币汇率如何决定的理论，它把两国间的货币汇率与该两国的价格水平或价格变动结合起来。

按照 PPP 理论，汇率具有等于 PPP 的趋势，尽管存在诸多因素可能对这一趋势产生阻碍作用，但 PPP 是揭示汇率的一个最重要的系统性变量。

国际经济比较要以可比的方式来测定和评价有关国家的经济水平和状况。这里的"可比"，除去统计指标口径的差异外，还要求参比国的货币名称是一致的。更为重要的是，用于指标计算的货币单位在不同国家的购买力应该是相同的。如果汇率反映了 PPP，那么就可以按照汇率来换算有关国家的价值指标，以进行物量水平和价格水平的空间对比。而汇率的使用，就意味着对 PPP 理论的认可。

在现代社会，汇率波动的原因多种多样，从而汇率决定理论也是形形色色的。PPP 理论仅是其中的一种。除此之外，还有国际借贷论、汇兑平价论、利率平价论、综合平价论、汇兑心理论等。在这些理论的基础上，出现了一种诸家学说相互渗透、相互融合进而做出综合揭示的趋势。

汇率决定理论的融合，说明汇率在现代经济生活中与其他经济因素的关系越来越密切，即汇率越来越具有综合因子的性质。我们认为，汇率的综合性便是"汇率法"能够在一定程度上反映 PPP 的原因，便是"汇率法"结果在高收入国家与 ICP 结果相近的原因，便是捷径法可以将"汇率法"结果用作决定变量的原因。由此，"汇率法"的继续存在，还是可以找到其理论支撑点的。

1.3 "汇率法"结果不是名义收入

有的学者把用汇率换算的结果称为名义收入，把按照 ICP 法得出的结果称为实际收入。我们认为这种划定并不科学。

首先，从产品功能经济学的一般意义上看，名义收入与实际收入的区分在于：是否消除了价格在时间上的变动（通货膨胀或通货紧缩）影响。就这一点，"汇率法"（或"世界银行图表集法"①）已经有所考虑，对通货膨胀因素已做了剔除处理。因而其结果不能说是名义收入。至少在将"汇率法"结果说成名义收入时，要注意它与我们原来所说的名义收入有所区别。

其次，从"汇率法"和 ICP 法的对比看，也并不是"名义"与"实际"上的差别。无论是 ICP 法还是"汇率法"，都对不同国家的经济指标做了货币购买力转换的处理，其差别在于方法不同，转换的程度可能有其高低。但这里并不存在是否进行购买力转换的差别，绝不像名义 GDP 和实际 GDP 那样，一个剔除了价格影响，一个则根本没做剔除。

1.4　对"汇率法"发展前景的展望

"汇率法"发展的方向之一是：深入进行方法论上的研究，寻找有效的修正措施，以期作为一种独立的国际经济比较方法存在。

人们对"汇率法"采取了极端的否定态度：发现它的结果可能与其他评价有出入时，就另起炉灶，花费了极大的人力和财力去开发新的国际经济比较方法——ICP。

我们没有考虑："汇率法"产生偏差的原因有哪些？这些偏差是否可以避免？能不能采用某些方法对"汇率法"进行修正，以得出较为准确的结论？是否一定要另起炉灶？

在实践中，我们采用了"世界银行图表集法"。这事实上是对"汇率法"的某种修正，发现汇率波动可能影响国际比较结果的稳定性，就将之平均化，以抵消这种影响。对此种影响可以做某种修正，那么对其他影响的调整是否也可以做到呢？这会不会是国际经济比较的另一种选择，或"汇率法"发展的一个方向呢？我们仅仅把"世界银行图表集法"当作 PPP 法（ICP 法②）没有成熟时的权宜之计，是否过于偏颇呢？无论如何，断然否定修正"汇率法"的思路是当今国际经济比较主流派的逻辑缺陷之一。

"汇率法"的另一个发展方向就是：与其他方法相结合，为其他方法提供基础数据，作为一种国际经济比较的辅助方法而存在。现在的"捷径法"中，"汇率法"所起到的就是这种辅助作用。

---

① 这是对汇率法的改进，通过移动平均处理消减了其剧烈波动的影响。

② 因为 ICP 法的核心指标是 PPP，所以人们也称 ICP 法为 PPP 法，但 ICP 法仅是指数方法在空间比较中的应用，并非基于某种经济学理论设计出来的国际经济比较方法，不能说 ICP 以 PPP 理论为其理论基础，此处不能望文生义，混淆认知。

我们的另一设想是：如果"汇率法"具有某种马太效应，即有低估发展中国家收入水平，而高估发达国家收入水平的倾向；而 ICP 方法具有某种"逆马太效应"，即有高估发展中国家收入水平，而低估发达国家收入水平的倾向，那么，能不能考虑将二者的结果做一综合，而得到一个对收入水平更为准确的估计呢？这或许是"汇率法"的另一用武之地。

2 关于"购买力平价法"（ICP）的前提

PPP 的应用并不是无条件的，它需要满足许多前提条件，否则也不可能得到国际经济比较可靠的结果。然而在这些条件的满足上，ICP 遇到了不少的困难。

2.1 "购买力平价法"中代表性商品选取的两难处境

在实施 PPP 法时，ICP 不可能比较所有的商品，而只能选择部分代表规格品。在这方面，应用 PPP 法的基本前提是：选择代表性规格品时要遵循"集中选择"准则和"共同性"准则。"集中选择"要求代表规格品为类别内支出额最大的商品。"共同性"则要求：所选的规格品对参比国家而言是共同使用的。

没有代表性，就不可能测度出参比国的实际收入水平；而没有共同性，比较就没有意义了。然而这两个准则往往是难以同时达到的。比方说，黄油在西方国家是普遍的食品，但在中国其市场份额则很小；反过来，大米在东方国家是很受欢迎的主食，但在西方国家则被面粉所取代。在这种情况下，ICP 所能做的，也只是在满足两种准则之间选取平衡点。

由于经济发展水平、自然条件、资源、管理体制、生活习俗等诸多方面的原因，世界各国所使用的商品在其人均总量上和构成上都有一定的差异。其差异水平不同，可以说形成了一个序列。在这个序列中，比较接近的国家间进行比较，既可以满足代表性要求，又可以满足共同性要求，其结果较为理想。而序列中相差较远的国家进行比较，其结果就会有所偏差。相差越远，可比性就越差，最后实际上是将不可比的东西放在一起强行比较。

下面用一个假设的模型来说明这一点。如果国家间按照"经济距离"排列，则"经济距离"相近的国家之间可比的因子就比较多，而"经济距离"远的国家之间可比的因子就比较少，表 1 列示了一种典型的国家间可比较因子的分布情况。

表 1　国家间可比较因子的一种典型分布

国家	可比较因子
1	a b c d e f g h i j
2	b c d e f g h i j k
3	c d e f g h i j k l
4	d e f g h i j k l n
5	e f g h i j k l n o
6	f g h i j k l n o p
7	g h i j k l n o p q
8	h i j k l n o p q r
9	i j k l n o p q r s
10	j k l n o p q r s t
11	k l n o p q r s t u

如果 11 个国家的比较因子呈现表 1 所列示的关系，那么各国之间可比因子的个数如表 2 所示。

表 2　各国间可比因子数目

国家	1	2	3	4	5	6	7	8	9	10	11
1											
2	9										
3	8	9									
4	7	8	9								
5	6	7	8	9							
6	5	6	7	8	9						
7	4	5	6	7	8	9					
8	3	4	5	6	7	8	9				
9	2	3	4	5	6	7	8	9			
10	1	2	3	4	5	6	7	8	9		
11	0	1	2	3	4	5	6	7	8	9	

现实生活中的序列当然不一定会是这么典型，但这个模型指出了可比性逐步减弱乃至消失的可能。即使邻国双边比较时其可比因子的比率高达 90%，序列中首尾两类国家的双边比较也可能没有一个可比因子！而这种可比性递减并不要求国家类型的序列很长，最快只要十个国家类型便可完成从 9 到 0 的转变。

2.2 综合方法对比较性质的满足状况影响其可靠性

在进行不同国家间经济的双边比较和多边比较时，ICP 确立了一系列比较应该满足的性质，这包括：①基国不变性；②因素反向检验；③传递性；④矩阵一致性；⑤特征性；⑥世界代表性；⑦交易平等性；⑧统计效能。其中前四条性质属于要么被满足要么不被满足的情况，而后四条对各比较方法而言则只是满足程度上的差别，有的方法满足程度高些，有的则低些。

我们注意到，ICP 中几种著名的综合方法，并不是完全满足了这些性质。有的在满足这几条性质上具有优点，有的则在满足那几条性质上略有长处。而这些性质满足得如何，对 ICP 结果的可信度是有决定作用的。

2.3 ICP 的"实物原则"对其结果可靠性的影响

ICP 强调各国产品实物量的比较，实行所谓"一个马铃薯就是一个马铃薯"的实物原则，不考虑代表商品由销售环境、服务水平等非物理因素差异所引起的附加价值的高低。而事实上，同样物理性能的商品由于销售地点、条件的不同给人们带来的经济福利和生活质量是绝不相同的，也就是说其内在质量是绝不相同的，发达国家与发展中国家的主要差别就在于此。忽略这种商品质量差异，一方面必然高估发展中国家的货币购买力，而低估发达国家的货币购买力；另一方面，也是与 ICP 代表商品质量相称的原则相违背的。

3 关于"购买力平价法"（ICP）的结果

3.1 ICP 结果也有令人存疑之处

"汇率法"固然有其与经济现实相悖之处，但 ICP 的结果有时也是令人生疑的。

从世界银行 1992 年世界发展报告所列示的国际比较资料看，发达国家的人均 GDP 只有瑞士略高于美国，而其他国家则不超过美国的 80%。这种结果是否真实地反映了发达国家间的经济水平差异？有的专家提出了疑问，这确实值得做进一步考察。

按照 ICP 第二阶段提供的分析数据，当改用"国际价格"而非汇率作为计算手段时，穷国和富国 GDP 中商品和服务呈现出与人们通常认识截然不同的比例关系：低收入国家消费服务的数量多于其消费的商品数量，而高收入国家的情况正好相反。这意味着：随着人均收入的上升，花费在服务上的份额却趋于下降。

能不能接受这种新认识？怎样解释它与产业发展时序的反向关系？怎样解释它与人类需求层次发展上的反向关系？这是不是意味着 ICP 测度上也隐含着某种缺陷？

3.2　ICP 中存在着一系列产生偏差的诱因

尽管 ICP 在设计上力求精美，但它在进行国际经济比较的过程中还是存在着一系列使其出现偏差的诱因，包括如下内容。

第一，GDP 统计上的差异。ICP 要以 GDP 统计为基础，但各国统计在指标范围、计算方法、数据可靠性方面都是不同的，这很可能导致国际比较结果上的偏差。

第二，市场价格的扭曲。世界各国的市场化程度是不同的，但只要不是完全竞争性的市场，就会存在价格扭曲，而且其扭曲的程度和方向不尽相同。价格补贴就是一种典型的扭曲。这样当以市场价格作为国际经济比较的基础时，就难免受到一定的影响。

第三，价格资料搜集中的人为调整。ICP 要求各参比国上报平均价格资料，而各国在资料上报中有很大的灵活性，样本城市和平均方法的选择都有很大的调整余地。这里 ICP 也处于一种两难的境地：如果将其结果用于政策目的，各国将产生"修正"数据的倾向；而如果 ICP 数据仅用于研究目的，各国对之的兴趣和投入又不大。

第四，服务的异质性。有相当一部分服务在国际的可比性很差，而且难以测度，这也给国际经济比较增加了难度。

第五，权数确定中发达国家的影响。尽管 ICP 为消除权数中发达国家的影响已经做了很大的努力，但权数确定中发达国家仍然会起主导作用。因为世界经济的格局就是少数经济大国拥有多数经济资源，只要比较中将价值指标用作权数，发达国家的影响就不可避免。

第六，经费对比较结果准确性的限制。经费不足，参与 ICP 的国家就少，或者所提供的资料就不全、不准，所采取的减少误差的措施就难以实施。这样 ICP 处于一种两难的境地：要减少比较误差，提高代表性，必然导致比较过程复杂、耗费过大；而过程越复杂、耗费越大，比较实施的可行性就越小。现在只有少数发达国家才有实力保证 ICP 的常规性实施，这造成一种颇具讽刺意味的现实：只有到了不大需要进行 ICP 时[1]才会有经济实力来搞 ICP。

---

[1] 发达国家的 ICP 结果与"汇率法"结果相差不大。

3.3 ICP 不是国际经济比较的绝对标准

应该说，国际经济比较是一个"真值未知"问题。ICP 结果本身并不是衡量国际比较准确与否的绝对标准，可能只是离"真值"比较近一些而已，ICP 结果对"真值"也会有误差，这种误差可能是正的，也可能是负的。

这样，所谓"汇率偏差指数"的说法就是不科学的。这一指标设计的一个前提就是，以 ICP 结果为判定国际经济比较准确与否的标准，将之视为"真值"来度量"汇率法"比较造成的误差。实际上，"汇率法"结果与 ICP 法结果之间的差距并不等于"汇率法"本身的偏误。"汇率法"结果当然会有偏误，但由于 ICP 结果对国际经济比较偏误的方向性不同，"汇率法"对国际经济比较的偏误完全可能小于它与 ICP 结果的距离。比方说，如果两个国家的 PPP "真值"为 8：1，"汇率法"结果为 4：1，而 ICP 结果为 10：1，那么"汇率法"结果的偏误应该是 4 个单位，而不是 6 个单位。由此看来，我们在见到所谓"汇率偏差指数"等说法时，应注意避免陷入其误导。

3.4 "方法万能论"对 ICP 的影响

在评价国际经济比较结果时，还会遇到"方法万能论"的误导。人们在评价某种测度时，往往会依据其方法来推测其结果的可靠性。通常的陷阱是：方法精美，结果就准。实际上，方法精美只是得到准确结果的一个必要条件，而不是其充分条件。如果必要的前提得不到满足，很可能用特别精美的方法得出一个错误的结果，这比用粗略方法得出结果更可怕，因为方法的精美往往使人确信其错误的结果。

3.5 从统计效益来看 ICP 的结果

联系投入来看其结果，也就是从统计效益的角度来看，ICP 并不一定比"汇率法"优越，尽管"汇率法"比较简单，结果似乎难以服人，但它所需投入很少；相比之下，ICP 所需的资金、人力和时间却是惊人的。如果想得到较为准确的结果，满足比较的前提和性质，其投入就更为可观了。

再从 ICP 结果的及时性看，标准 ICP 通常每五年才能搞一次，每次持续时间至少要需要五年到六年，数据滞后严重，不如"汇率法"那么简便。所以，单单用 ICP 方法进行国际比较还只是个理想。

　　我们并不认为"汇率法"优于 ICP，但当对 ICP 充分肯定而对"汇率法"过分否定时，我们只好多讲"汇率法"的可取之处，多讲 ICP 的不足之处。总之，在接受国际经济统计的新方法时，应注意摆正它们的位置，就某种方法而言，既不应该完全肯定，也不应该完全否定。

参 考 文 献

（1）中国统计学会国际统计研究组，国家统计局国际统计信息中心，中国社会科学院世界经济与政治研究所．1993．国际比较论文集[M]．北京：中国统计出版社．

（2）王成岐．1993．联合国国际比较项目（ICP）若干问题研究[D]．大连：东北财经大学博士学位论文．

（3）余芳东．1995．购买力平价用于国内生产总值国际比较的方法、局限及完善措施[J]．统计研究，（1）：67-72．

后　记

1990 年以来，笔者已经出版了 15 部以个人具名[1]的学术作品（包括两部学位论文、两部经济统计论文集、一部经济学文集、一部教育管理文集、当代经济统计学批判系列三部，还有六部随笔集[2]），去掉不同文集中交叉的部分，已经超过洋洋 300 万字[3]。其中，2009 年来出版 11 部。然而，本书却是构思、撰写和出版花费时间最长的一部，居然跨越了 12 个年头。回顾过往，不免唏嘘。

笔者第一次接触 ICP 的内容，是在 20 世纪 90 年代初期。1992 年 5 月，博士生导师佟哲晖教授和笔者合著《国民经济统计学》，由中国统计出版社出版。顺应国家改革开放大势，该教材将"国际经济关系统计"作为单独的一章，而"国际经济比较指数"则作为专门的一节。回顾看来，这应该是中国学者第一次将 ICP 内容比较系统地写入经济统计学教材。

不过，当时笔者并没有直接参阅 ICP 的英文资料，只是参考国内学者的文献加以概括阐述，大约有 1.6 万字。而且，当时的姿态是尽可能地吸收国外先进的经济统计方法，并没有进行方法论批判。

1993 年，笔者参加了东北财经大学王成岐的博士学位论文答辩，发现了国际比较方法定于一尊的偏向，激发了笔者对相关经济统计方法论的思想碰撞。经过一段时间的文献阅读和思考，笔者撰写了《对国际经济比较方法的若干思考》[4]，开启了 ICP 研究之旅。

2006 年，天津财经大学肖红叶教授发起召开第一届中国统计学年会。笔者接续并拓展了 1996 年所发论文的研究思路，撰写《偏差测度悖论与方法改进陷

---

[1] 其中有的论文集中包含了以笔者为主与人合作的论文，选入条件是，这些论文的核心观点必须是笔者独立思考而得出的，这些作品中不包括集体合作的作品。从事经济统计学教学和研究以来，笔者参与或挂名主持了不少教材、丛书和课题的工作。不过在各种申报中，笔者并不将之作为个人学术观点的代表，因为那些是集体工作的产物；更主要的是，其中质量令笔者不够满意的部分颇多，较真来看，其实有些内容是对自己学术声誉的"负面消费"。虽然从集体发展角度来看不得不参与其中，或出面主持，但内心未必全以为然，无奈的部分只能留待将来去厘清。个人具名的作品好在文责自负，不太容易引发这些知识产权问题。

[2] 笔者一直以来都认为随笔是思考和学术研究的一个组成部分。例如，《中国非二》中提出的"多元理性说"，就是非常重要的原创性观点，虽然没有数学公式，但远胜于没有学术思考的"大作业"。笔者最看重的是学术研究中独立思考所体现出来的思想性，至于论文是否发表，在哪里发表，都不过是一种外部评价。

[3] 经济学文集只包括以笔者为主撰写的论文。

[4] 该文发表在《统计研究》1996 年第 6 期。

阱》①，被邀作为大会报告。当然，这篇论文的研究不限于国际经济比较，而具有针对经济测度的一般性认知。

如果不算最早的这两篇论文，笔者对 ICP 的深入思考主要从 2008 年开始。人言"板凳坐得十年冷"，自以为可算作是一个笃行者，虽其间不得已换了几次"板凳"（经历了 4 所大学），但"冷坐"依然，有时难免自己生疑：难道成了现代版的堂吉诃德？

2009 年 3 月，笔者正式从大学行政管理岗位退出，回归原本所在的专职教师岗位。首先要感谢天津财经大学（当时统计学科唯一的国家重点学科单位）高正平教授（时任副校长）和肖红叶教授及其团队，笔者得以作为教育部"长江学者特聘教授"开始专职的学业研究。毕竟得师出有名，2008 年笔者辞去高校管理岗位的职务，原因委实不少，其中之一便是专业心结：多年来缠绕、积累了诸多的学术疑问，挥之不去，理不得心不安，总想专门花时间去厘清，给自己也给学生一个大致的交代。

其时恰逢第 8 轮 ICP 开局不久，由时任国际统计中心主任文兼武先生提名，国家统计局推荐，笔者出任了世界银行 ICP 技术咨询组成员。这是发展中国家第一次有人成为技术咨询组成员，由此，需要笔者把更多的学术精力放在 ICP 相关文献上。

作为后来者，深入学习当然是主要任务。然而，笔者并不是将 ICP 现有方法和标准奉为圭臬。秉持多年养成的学术习惯——保持"问题意识"和批判精神，笔者的思考重心放在 ICP 的方法论（为什么这么做），而不仅放在方法（如何做）②上。经过一段时间的文献阅读，总体感觉，ICP 深层次的研究和论述并不是很充分，笔者的疑问也越来越多，也逐步形成了自己的体会和想法。

在这十年多的研究历程中，不能不提及的是笔者在北京师范大学开创国民核算研究院的种种努力。毕竟，中国当代经济统计学研究需要年轻人为主体的队伍，需要更多的学术交流平台。当初开创国民核算研究院，所设定的宗旨是方便三方面的交流：国内本学科相关学者之间的交流，国内学者与国外学者之间的交流，国内学者与国家统计局等政府部门专业工作者之间的交流。

2011 年以后的相关研究工作应该感谢北京师范大学的诸位领导，他们宽容地

---

① 该文 7 年后收录在笔者的《经济统计科学论》中，中国财政经济出版社 2013 年版。可见，笔者在论文发表上投入的精力不足，而且并不大在行。

② 笔者的研究定位显然与"技术咨询"不大协调，但内心的执着在于：如果把重心放在技术咨询上，应该具备的基础性前提是，ICP 方法论研究已经成熟，所余下的仅仅是方法如何应用的问题。但笔者越来越深刻地意识到，系统组织 ICP 的方法论研究，应该是其可持续发展的必要组成部分。

允许笔者去尝试选择一项不大流行的研究取向——建立国内唯一的实体性的国民核算研究院。尽管笔者直言不讳地报告，这个研究院并不是给北京师范大学建的，而是要搭建一个专业学科平台，时任诸位校领导还是给予研究院莫大的支持。作为北京师范大学校内的兄弟单位，经济与资源管理研究院李晓西院长，经济与工商管理学院沈越教授和李实教授，还有政府管理学院的唐任武教授等也对研究院的建立和运行给予了大力支持。

我们顺利地创办了研究院，开展了若干工作[①]：开建了"配第书屋"（经济统计学文献库），开始整理"经济统计学英文文献索引"，与财政部、国家统计局开展合作研究，创办了《经济统计学（季刊）》，由徐滇庆教授领衔编撰年度的国民核算报告。

国民核算研究院创建后，笔者便退回"读壁斋"，主要精力用于国际比较和经济测度方面[②]的国际文献阅读与思考。如果了解创建"配第书屋"的过程，就会知道，国外经济统计学的学术文献其实非常丰富，需要中国经济学界潜心研究。

2013 年第 8 轮 ICP 数据结果公布，引起了世界范围内的一些质疑。在讨论国家间匹配项目多寡的问题时，ICP 资深专家沃格尔（Frederic A. Vogel）先生给了一个不那么明确的回答——"可观的重合"（considerable overlap）。笔者认为，这种解释远远不够，世界银行 ICP 团队应该采用一个直接表示"匹配重合程度"（overlap degree）的指标，给出一个估计。还应该告诉用户，达到多大的重合率（overlap rate），ICP 数据结果才是可靠的。

为此，笔者拓展了考察 ICP 数据质量的思考。2014 年在上海财经大学主办的全国经济统计学研讨会上，笔者的论文《PPP 同质度指数的设计》作为大会报告。同年 8 月，北京师范大学王亚菲教授与笔者一起参加了国际收入财富协会的讨论会，该文提交作为大会论文，会后还应邀发表在独联体的统计期刊上。

在 2010 年以后开展国家社会科学基金重大招标项目"国家统计数据质量管理研究"[③]时，笔者把对 ICP 数据质量的基础性思考作为其中的一部分。2014 年完成

---

① 令人痛心的是，这些对国家高质量发展非常重要的基础性工作无法为继，或许可作为公共地悲剧（the tragedy of commons）的一个典型例证。

② 如果真正开展 ICP 的方法论研究就会发现，国际比较许多问题需要真正理解经济测度的机理，以之作为前提，这是笔者回溯经济测度问题、同期开展两个方面研究的原因。按说，ICP 专题研究是当代经济统计学批判系列中笔者所预设的第一部。

③ 项目批准号：09&ZD040。北京师范大学吕光明教授为该项目组织和议题研究做了大量工作，河南财经政法大学陈相成教授、天津财经大学杨贵军教授、东北财经大学杨仲山教授率领团队参与了子课题的研究，特在此再次表示衷心的感谢！2016 年，《国家统计数据质量管理研究》由北京师范大学出版社正式出版，笔者对 ICP 再思考的论文作为该书的第 21 章。

还需要说明的是，2015 年出版的《看懂中国 GDP》，货币购买力国际比较是该书的重点内容，王亚菲、陈梦根、李昕教授等就相关议题发表了独到的见解。应徐滇庆教授力邀，笔者的两篇 ICP 新作被纳入该书，编为第 2 章，出版时间上反倒比笔者的社会科学重大课题研究成果更早一些。

了《国际经济比较方法论的再思考——ICP 的 RAQs》一文。这是 1996 年笔者所发表的第一篇 ICP 论文的接续，也可看作本研究领域进一步思考的新起点。

2015 年 10 月至 2016 年 3 月，经广岛修道大学张南教授推荐，笔者接受佐和隆光校长的邀请，到日本滋贺大学担任一个学期两门课程的教学工作。时间虽然不到半年，但此番经历对 ICP 研究作用却相当大，笔者自己最看好的"纯价比假设"一文，就是在日本获得了灵感和思路。似乎讲学邀请就是命运的一种安排，课程教授之余，使得笔者在 ICP 研究上取得重大突破，此前笔者主要关注 PPP 合成中的"等价比假设"，此后却转到更为基础性的"纯价比假设"。

近 5 个月的日本实地生活，与短期出国访问不同，对笔者专业思考的触动相当大。住上个把月，就明显感觉到：发展中国家与发达国家的产品质量隐性差异太大了，基于这种差异，全球不同国家之间匹配产品的取得何其艰难！由此，笔者思考国际经济比较方法的重心有所转变。

就中日之间商品质量隐含差异而言，实际上很难真正找到两国间的匹配品。比如，日本公交车与中国公交车是同一种服务吗？貌似相同的公交车服务，是否定时、是否配有车上和站点的行车动态信息系统、是否配有冷暖空调、间隔长短、是否能为残障者提供便利、票价种类设计、公交车与其他交通工具的衔接等差异，使笔者惊讶，试想，计算两国公交车票价之比对中日购买力比较有什么正面意义呢？

还有两国之间铁路运输所谓"慢车"的差异，也令人吃惊。国人意识里的"火车"在日本叫"电车"，自然也有快慢之分。我们印象中的慢车不只是慢，得给快车让路，其他条件也都相应地降级。但在日本慢车恐怕仅仅是慢一些，其他服务因素与快车并没有多大区别，如冷热空调是少不了的，如果带着"绿皮车"的儿时记忆去坐日本慢车，自然会喜出望外。

仅仅出行这两项的差异就让笔者震惊。还有生活中的种种其他差异呢，这让笔者深切地体会到："纯价比要求"或"纯价比假设"对 ICP 更为重要，连"等价比假设"也需基于其上。原来笔者以为，ICP"比价之锚"挂定在"岩石"上，没有什么大问题，只是"比价之锚"的锚链会漂动，从而容易出现偏差。如果考虑到"纯价比假设"，ICP 所谓的"锚"竟然挂在一块"滚动的石头"上，这可怎么得了？理论是灰色的，生命之树常青。如果理论与现实之间出现了矛盾，那么必须在理论方法上寻找问题，而不能断定实践出了毛病，将违反原设想的基础数据当作奇异值处理。

课余，笔者参考相关文献撰写了《PPP 计算中隐含的"纯价比假设"与宾大效应的弱存在》，该论文的相关内容在日本立命馆大学经济学部做了讲座，论文的主要内容则提交给一个研讨会（workshop），该会议由日本国民核算研究会召集人作间逸雄（Sakuma）教授专门组织，半天时间只安排张南教授（日本广岛修道大学）和笔者做了两份报告，我们分别报告了自己研究的主要观点，与到会的日本学者，还有当时在一桥大学从事经济学研究的伍晓鹰教授，进行了较为深入的交流。这才是真正的会议，会议之为会议，在于议，若不议，会又何为？

正是日本四个多月的工作和生活让笔者深刻地认识到：国际比较中"同一产品"确实存在着本质性困难，从而可以提出"ICP 基本类别价格比率计算隐含着纯价比假设"这样一个经济统计学命题。从日本回国后，按照学术惯例，该文还在北京师范大学国民核算研究院做了学术研究汇报。

十多年来，笔者有幸参与了国内外关于 ICP 的各种学术交流。

首先是几次世界银行 2011 基年 ICP 的技术咨询组会议，坦白地说，中途入场，参会主要是学习和观摩，会上发言不多，会下则积极交流，向 ICP 资深专家请教，尽量摸清楚 ICP 研究的宏观格局。一次技术咨询组会议上笔者提出，特征性与可比性之间的平衡不宜硬性统一规定，标准产品清单的确定应该充分尊重参比国的意见。

2015 年，在巴西里约召开的第 60 届国际统计大会上，北京师范大学国民核算研究院组织了 ICP 专场报告，王亚菲教授、王岩博士等数位中国学者宣讲了论文，受到与会 ICP 世界级专家的重视。世界银行 2011 基年 ICP 全球执行官米歇尔（Michel Mouyelo-Katoula，ICP 2011 Global Manager）先生强调指出，这是国际统计大会历史上第一个由单个国家而非国际组织组织的 ICP 专题研究分会。笔者欣慰的是，在这个分会做学术报告的是来自中国的年轻学者。该次会议结束后，国际比较项目创始人宾夕法尼亚大学 Alan Heston 教授专门就笔者的提问进行了单独交流，对于笔者来说这真是莫大的荣幸。

2016 年，江西财经大学统计学院罗良清院长领导学院师生举办了南昌 ICP 国际研讨会——"国际 PPP 及 GDP 与生活水平的国际比较"，世界银行 ICP 技术咨询组成员 D.S.Prasada Rao 教授等十余位外国学者出席会议，笔者提交了大会报告《价格测度不确定性》（"Price Measurement Uncertainty"）。来自新西兰 Massey University 的 Srikanta Chatterjee 教授在报告结束后对笔者说，你对价格测度的见解非常有道理。同年年底，在北京大学组织的"北京论坛 2016"上，该论文又被接受作为小组报告论文。

2017 年，笔者的论文《国家空间比较何以可能？》受邀作为中国统计学会第 17 次大会的特邀报告。同年笔者还准备了 49 个"鲜被提及的问题"（特意与 FAQs 相对），以学术思考迎接 ICP 的 50 周年。笔者原以为，这个特殊年份应该有一系列重大的学术活动，而最好的纪念就应该在方法论手册（handbook）之上提升，撰写并出版关于 ICP 的"脑书"（headbook）。

　　2017 在摩洛哥召开的国际统计大会，北京师范大学国民核算研究院再次组织 ICP 专题研讨会，在笔者主持的 ICP 专场中，浙江工商大学向书坚教授、东北财经大学徐强教授等宣讲了论文，世界银行 ICP 专家尤里·迪克汉诺夫（Yuri Dikhanov）先生作为论文评论人。

　　2018 年 10 月 29 日到 30 日，北京师范大学国民核算研究院组织了 ICP 国际研讨会——"国际比较项目成立 50 周年：成就与展望"[①]，笔者主要就"纯价比假设"的研究在会上做了报告。

　　2019 年东北财经大学统计学院杨仲山院长在学校的大力支持下，领导学院师生举办了 ICP 专题研讨会，特邀笔者做大会报告。

　　这些学术交流激发了笔者对国际经济比较方法论的思考，其间笔者做了大量的读书和思考笔记，有的整理成论文做了讲座，有的已经发表，还有的仍然处于笔记的状态。鉴于国际比较对当下国势研判不可或缺的重要性，尽管本人的思考仍在进行中，也该把阶段性的论文结集出版，毕竟，这种思考是要从底层逻辑开启，而非终结，对 ICP 方法论的深度研究。而且，哪怕笔者的思考仅有部分内容确是"真问题"，也会对切实推进 ICP 发展发挥应有的学术作用。

　　在各种学术活动中笔者得到了国内外好多专家学者的指点和帮助。

　　澳大利亚昆士兰大学 Prasada Rao 教授对笔者和北京师范大学国民核算研究院的支持最多，他几次到研究院为我们讲授经济统计学课程（不是讲座！）。笔者有幸多次向这位智者请教，他耐心听取并部分阅读了笔者的研究心得，对笔者的研究思路给予了热诚的肯定，对笔者提出的部分问题给予了解答。在本书出版之际，笔者必须向 Prasada Rao 教授表达最衷心的感谢和最诚挚的祝福！

　　笔者还与国内外多位学者交流研究 ICP 的心得，他们主要是：日本国民核算研究会召集人作间逸雄（Sakuma）教授、日本广岛修道大学张南教授、澳大利亚统计局高级主管魏辉先生、北京航空航天大学任若恩教授、天津财经大学/河南大学肖红叶教授、中央财经大学乔宝云教授、清华大学许宪春教授、国家统计局文兼武先生、余芳东女士、王磊先生、王金萍女士，在此谨致以笔者的敬意！

---

　　① Fifty Years of International Comparison Program：Achievements and Moving Forward，这是一场高水准的 ICP 学术会议，领衔组织会议的是澳大利亚昆士兰大学 Prasada Rao 教授和北京师范大学王亚菲教授，参会专家有国际比较项目创始人宾夕法尼亚大学 Alan Heston 教授（视频出席）、世界银行数据发展局局长傅海珊女士、经合组织统计部主任 Paul Schreyer 先生、世界银行国际比较项目部 Yuri Dikhanov 博士、英国牛津大学 Perter Neary 教授，国际比较项目技术咨询组专家：Prasada Rao 教授、Robert Hill 教授、Robert Inklaar 教授（视频出席）、许宪春教授等，我国出席的专家有国家统计局余芳东博士、李宝瑜教授，向书坚教授、杨仲山教授、王亚菲教授等，还有国家统计局国际统计信息中心王金萍女士。东北财经大学王岩博士、谢长博士和黄雪成博士参会，并做了大会报告，被 Prasada Rao 教授誉为 ICP 研究的第四代学者。

　　国家统计局副局长盛来运先生、国际统计信息中心历任主任赵云城先生、王军先生、张军先生，还有石婷女士、胡雪梅女士，北京师范大学冯家豪博士、江西财经大学郭同济博士等，对笔者的 ICP 研究工作给予了大力支持，特表示感谢。

　　平日里就 ICP 议题交流比较多的年轻学者主要有：北京师范大学王亚菲教授、吕光明教授、李昕教授、王岩副教授，还有东北财经大学徐强教授、谢长博士、黄雪成博士，感谢几位教授和博士背负那么繁忙的任务，还能够积极响应笔者的思考和咨询。

　　感谢国家统计局曾玉平总统计师和科研所闻海琪所长、何强研究员，特邀笔者为《统计研究》撰稿，《深入探索 ICP 隐含的经济测度问题——评〈GDP、福利和健康：2017 年轮 ICP 的若干思考〉》得以在《统计研究》2021 年第 9 期发表。

　　笔者在"当代经济统计学批判"系列第 2 部的后记中，提到了给予支持和帮助的诸位，感激之念铭记在心，这里不再一一列示。

　　河南财经政法大学李冻菊教授亲自承担了本书的格式修改工作，笔者的批判系列由李冻菊教授主持翻译，并联系在海外出版英文版，李冻菊教授做出了浩繁、细致、艰苦的基础性工作，在此表示衷心的感谢！

　　本书是国家社会科学基金重大项目"国际统计标准测度问题挖掘与中国参与的方法论基础研究"（18ZDA123）的阶段性成果。王亚菲教授为该课题做了大量的基础性工作，在本书写作中也得到了王亚菲教授的及时帮助，在此表示衷心的感谢！

　　科学出版社经管分社马跃社长一如既往地支持本系列的高质量出版工作，本书由徐倩女士担任责任编辑，曹彦芳女士担任文案编辑，在此对几位认真、辛勤的工作表示衷心的感谢！

　　本书即将付梓，笔者不胜荣幸！然而种种原因所致，国民核算研究院（包括国际比较研究院）却无以为继。笔者内心以为，人得有敬畏心，得把事（对教师来说就是教书育人和专业发展）当作事儿做，得把人（老师、同事和学生）当成人待。偏偏会有专事一己名利钻营之徒，并不认可这个为人为学的底线，实在令人悲愤。坦白地说，笔者这本文集之所以拖延这么久，也与后期的心力耗费有关，虽竭力挽救国民核算研究院，却每每遇阻。为了自己规划已久的"批判系列"，只好无奈放弃为平台的抗争。

　　有的人说笔者管得太宽，个人这张书桌安置好就得了，干吗还去为专业发展操心？固然，明摆着有相对自由支配的时间，还有长江学者特聘教授的优厚待遇，个人还用求什么？几年的抗争过程让笔者深切地体会到，在社会科学领域做学问，只有时间和待遇这两样还不够，还得有能安心思考的学术小环境。就精神生产而言，这一条弥足珍贵。曾经有位年轻教师跟笔者诉苦，他有想法、有数据、会用模型，就是被折腾得没有心情，笔者还批评他定力不够，后来才切实体会到他的苦处，这里应该向他致歉。

　　人生之不如意十之八九，平心而论，笔者遇到的"不如意"总体看起来还没有那么多，一个平民的孩子，夫复何求？感恩于命运厚爱，唯有努力贡献公共产品，潜心从事这种没有多少人愿意做的基础性研究。付梓之际，这部论文集为自己的思考留下了白纸黑字，也算对人生有个交代。

　　2020 年 10 月起，江西财经大学时任书记王乔教授和时任校长卢福才教授（现任书记）看重笔者的专业学术贡献，指示统计学学科首席教授罗良清先生和院长平卫英教授等，为一个超过正常退休年龄的学者开绿灯，构建安心研究的小环境，以助力完成笔者心思所系的"当代经济统计学批判系列"，这里再致敬意！

　　"批判"尚未成功，笔者仍需努力。这才是第三部，第四部、第五部、第六部等早已开始谋篇布局，每一部都有文稿等待整理，壁上堆着那么多书等待阅读（"斋"之所谓"读壁"），书里书外，那么多问题等待我们厘清，不容懈怠。

　　身边的赵老师，读书、思考、写作，管笔者茶饭，还为笔者推荐她认为与专业关系较大的文史哲著作，实在是不小的激励。2020 年隆冬的一天，窗外浓云密布，"读壁斋"的两位饭后闲望，赵老师指给笔者，不远处树林间，有一只鸟落在高枝上，有如枯叶。于是抓紧用手机把它拍下来，过后还有了 28 个字的《冬日守望》："高孤一雀叶疑枯，瘦木千枝细竟如。翘望灰天白雪落，春泥厚润化新葅。"笔者不懂平仄，恭请诗家莫笑，门外汉不过记录一下当时所见引发的感悟。

　　笔者的经济统计之书，一己之见固然不少，但提出问题、指明陷阱者更多。没有什么现成答案，无法用巧。特别是揭露基础性陷阱往往容易砸人家的饭碗，不受待见也在情理之中。可是，学问就是学问，如若不问，何以为学？但愿笔者的提问能够为诸位提供一个思考的基础，如果有提供思路、提供框架之功，那就更好了。哪怕是有人把笔者所问之谬当作靶子，痛加批判，让广大经济统计用户心明眼亮，也是一份公德。于是，斗胆把愚见抛给大家。或许，人工智能时代，这些机器难以替代的"另类"思考更为珍贵。

江西财经大学讲席教授

邱　东

2021 年 11 月于读壁斋

当代经济统计学批判系列：

1.《经济测度逻辑挖掘：困难与原则》（2018 年 11 月出版）

2.《基石还是累卵——经济统计学之于实证研究》（2021 年 6 月出版）

3.《国际比较机理挖掘：ICP 何以可能》（本书）

4.《"真实链位论"：当代国势研判的一个框架》

5.《"使女"的揭露：当代经济学的基础性缺陷》

6.《事理与数理的纠缠与厘清》

7.《国际政治算术与全球化图景的重构》

8.《面向福利：能否测度不可测度之现象》

9.《未完成的 W：经济统计学说史纲》

10.《经济测度悖律及其意义》

11.《敢问路在何方：21 世纪的经济统计学》